JN202556

# 排外主義の国際比較

先進諸国における外国人移民の実態

樽本英樹 編著

ミネルヴァ書房

# 排外主義の国際比較——先進諸国における外国人移民の実態【目次】

目　次

# 序章　外国人・移民と排外主義

樽本英樹

## 1　なぜ排外主義を問うのか

### 噴出した排外主義

排外主義が世界中を席巻している。周知のように日本ではヘイトスピーチが大きな社会問題となるだけではなく、ネット右翼と呼ばれる人々による差別的な言説がインターネット上をはじめとしてあちこちにあふれかえっている。ヨーロッパ諸国に目を転じると、社会民主主義的な政党や政治勢力は軒並み力を失い、極右ポピュリズムが台頭してきている。社会意識の右傾化も広く見られる。

具体例に触れておこう。ドイツは、人口の五%、約四〇〇万人のムスリム移民を抱えている。全国的極右組織「ドイツ国家民主党」(National Demokratische Partei Deutschland : NPD) とドレスデンを拠点とし「反イスラム」を標榜する団体「ペギーダ」(「西洋のイスラム化に反対する愛国的欧州人」Europäer gegen die Islamisierung des

Abendlandes, 通称 Pegida) が有名ではあるが、他にもオギーダ(オストフリースラント)、デュギーダ(デュッセルドルフ)、ボギーダ(ボン)、ダギーダ(ダルムシュタット)、ホゲーザ(ハノーバー、ケルンなど)、ベアギーダ(ベルリン)、レギーダ(ライプチヒ)、バギーダ(ミュンヘン)といった団体が各地で「反イスラム」を掲げて活動している。また二〇一三年に結成された政党「ドイツのための選択肢」(Alternative für Deutschland : AfD)が反ユーロ、反移民、反イスラムを掲げて二〇一八年現在議会で議席数を増やすなど党勢を伸ばしている。

フランスの国会では、右派の国民運動連合(Union pour un mouvement populaire : UMP 二〇一五年に共和党 Les Républicains : LR に改名)と左派の社会党(Parti socialiste : PS)が二大政党制を形成していたけれども、二〇一八年七月現在政権を担当しているのは、エマニュエル・マクロン率いる共和国前進(La République en marche : REM)である。第三の政党として反移民・反EUを掲げる極右政党の国民戦線(Front national : FN)が大きく支持を伸ばしており、二〇一七年に行われた大統領選挙では国民戦線党首マリーヌ・ルペンが有力候補となった。二〇一八年六月には国民連合(Rassemblement national : RN)に改名した。ムスリムに関する社会的緊張も高まっている。ムスリム女性のヴェールのうち、頭部のみを覆う「ヘジャブ」については他の宗教的シンボルと同様に公立学校における着用を禁じ、全身を覆う「ブルカ」については公共の場一般における着用を禁止する法を二〇一一年に制定した。二〇一六年には水着「ブルキニ」の海岸での着用も南仏などの自治体が禁止する動きを見せた。これらのヴェール禁止の措置は世論の多くの支持を獲得しているのである。このようなイスラム嫌悪への反動として、風刺画を得意とする週刊新聞『シャルリ・エブド』襲撃事件やパリ同時多発テロなど頻発するテロ事件を捉えることもできるだろう。

英国では保守党と労働党による二大政党制が弱まっている。二〇一〇年から二〇一五年には第三の政党である自由民主党が保守党と連立政権をつくっており、それ以前の一九九〇年代には移民やムスリムの排斥を主張する英国国民党（British National Party：BNP）が議席をとるようになった。近年ではポピュリズム的手法をとる英国独立党（UK Independence Party：UKIP）が急速に支持を集めるようになっている。二〇〇一年の「人種暴動」後、エスニック・マイノリティが集住し日常生活において白人系マジョリティなどと交流しない「平行生活」が「暴動」の主な原因だという発言を、メディアや政治家らは繰り返している。イスラム過激主義者の活動が活発化していることもあり、イスラム嫌悪など排外主義の雰囲気が英国社会に広まっている。二〇一六年六月二三日の国民投票によるEU離脱決定は英国社会の移民に対する排外主義的傾向を反映しているとも言われる。

### 社会学の課題としての排外主義

他にも多くの社会に排外主義が蔓延している。ここに、メキシコや中東諸国などからの移民の流入阻止を主張するドナルド・トランプのアメリカ合衆国大統領就任を付け加えることもできるだろう。[1]これらは相互に独立した事象にとどまらず、一体となって社会学および社会科学への挑戦を形成している。一九七〇年代初めあたりまで、社会学では社会が近代化によって高度化し成熟すれば、人種や国籍など属性を根拠とする差別や排外主義は消えていくと信じられていた（樽本 2016a）。ところがグローバル化と保守化が急速に進行している現在、先進諸国は深刻な状況に陥っている。近代化によって高度化した社会は、属性に基づいた差別や排除などを克服できるのではなかったのか。高度化したはずの社会で、なぜこのような排外主義が現れるのであろうか。どのようにしたら排外主義を解決できるのであろうか。

二〇世紀になって、特に第二次世界大戦を経て人類が明確に認識したことのひとつは、排外主義が民主主義に対する大きな脅威だということである。その脅威は、近年さらに増大しているように見える。というのも、二一世紀になってグローバル化がより深化しており、なかでも国境を越える人の移動はますます盛んになっておりとどまるところを知らないからである。このような国際移民のグローバル化に直面して、すべての国や社会の内部は必然的に多様化の道をたどり、少なくとも人口的な意味では多文化社会へと移行している。(2) この結果、民主主義に立脚した国民国家の存続が懸念されたり、国民国家の変容の可能性が問題になっているのである。ここで排外主義は、多文化社会への非常に大きな脅威として立ち現れてくる。民主主義がマジョリティの意思を押しつけ、マイノリティを排除する手段として利用されかねない状況で、「異質な人々」との共存はいかにして可能になるのだろうか。国境を越える人の移動がますます活発になっている現在、排外主義を抱える社会は人々の社会統合を達成または維持できるのだろうか。これらは二一世紀における社会学の最大の課題のひとつである。

## 本書の企図

以上のような切迫した世界的状況を踏まえ、さまざまな社会における排外主義に学術的に迫ろうというのが本書の企図である。したがって本書では複数の社会が扱われる。また、各執筆者の独自性を活かすため異なる方法論が併存している。

排外主義は最も緊要かつ切迫しているグローバルでありながらナショナルかつローカルなイシューのひとつにもかかわらず、考察を加えることが容易ではない。そのひとつの理由は、排外主義として問題になっている事象の多くが現在進行形で継続していることにある。特に、二〇〇〇年代以降の進展にはすさまじいものがある。関連してもうひとつの理由は、議論が混乱しがちなことにある。適切な視点や論理をとらないと、イデオロギー的な思い込みや偏見にすぐさま巻き込まれてしまう。

そこで、本書をより円滑に読み進めていただくために、最小限の補助線を引いておくことにしよう。すなわち、排外主義を以下のような問いに分解してみよう。

第一に、排外主義とは何かという問いである。すなわち、どのような現象を排外主義と定義して考察対象にするかを明確化するという課題である。

第二に、第一点めに関連して、各社会における排外主義の特徴は何かという問いがある。ある同一の定義で排外主義が確定されても、社会によってそして時代によってその具体的な様態や含意は異なるであろう。この社会間の差異、そして共通点を記述的アプローチによって明らかにしていく。本書が最も重視しているのは、この第二の問いである。

第三に、なぜ排外主義は生起するのかという問いである。すなわち、排外主義の生起メカニズムを特定するという説明的アプローチが考察すべき三つめのポイントである。

最後に、もちろんきわめて重要な問いとして、どうしたら排外主義を解決できるのか、または完全な解決には至らなくともいかにして緩和できるのかという問いがある。排外主義が望ましくない多大な社会的影響を生み出している以上、このような規範的アプローチによる解決策や緩和策の提示が早急に望まれるのは言うまでもない。各社会でどのような対応がなされているのかを示すことも、この問いに含めておくことにしよう。

本書第1章から第9章は、その濃淡はありながらも以上の四つの問いのいずれかに答えようとしている。したがって、どの問いにどのような答えを提示しているかという観点で読んでいただけるとより理解が深まるであろう。以下では、排外主義を解き明かすという意味で四つの問いがどのような含意を持っているのか、簡潔に論じておくことにしよう。

## 2　排外主義とは何か

### 排外主義の多様性

排外主義とは何か。どのような社会現象だと考えたらよいのだろうか。考察を行うためには、まず対象を定めなければならない。本書のテーマである外国人や移民に対する排外主義を、ここでは「エスニック排外主義」(ethnic exclusionism) と名付けておこう。[3] ここで外国人を、ある国の国籍を所持しつつ別の国で滞在している者と定義しておこう。また、一般に移民は国内移民と国際移民に区別できるけれども、本書では断りのない限り国際移民を対象とし、ある国から別の国へと生活の本拠を移した者とその子孫、およびその移動と緩く捉えておこう。[4] 外国人や移民に対する排外主義、すなわちエスニック排外主義と一言で言っても、その中身は多様である。網羅的ではないけれども問題にされてきた現象は、反外国人感情 (anti-foreigner sentiment)、反移民感情 (anti-immigrant sentiment)、外国人嫌悪 (xenophobia)、イスラム嫌悪 (Islamophobia)、福祉愛国主義 (welfare chauvinism)、反移民偏見 (anti-immigrant prejudice)、反人種偏見 (anti-racial prejudice)、人種差別 (racial discrimination)、ヘイトクライム (hate crime)、ヘイト暴力 (hate violence)、ヘイトスピーチ (hate speech)、ナショナル・ポピュリズム (national populism) などと呼ばれてきた。

以上のような現象を概観すると、排外主義の多様性のなかにいくつかの類型を見つけることができる。第一に、排外主義を起こす側、すなわち主体に着目してみよう。そのような主体には、個人、集団、制度がありうる。制度を主体に入れることで違和感が生じるかもしれないが、差別をめぐる議論で「制度的差別」が注目されてきたように (樽本 2016b : 28-31)、制度があたかも「主体」のように振る舞って生じる排外的な現象を捉えるためのひとつの

**表序－1**　エスニック排外主義の例

| | 個人 | 集団 | 制度 |
|---|---|---|---|
| 態度・状態 | 反外国人感情 | ナショナル・ポピュリズム | 制度的差別 |
| 実践 | ローンウルフ型テロ | ヘイトスピーチ | 差別的政策形成・立法行為 |

出所：筆者作成。

工夫と考えるとよいであろう。日本で長らく続いた外国人登録証の指紋押捺制度は、制度が「主体」となるひとつの事例であろう。

第二に、排外主義として語られる各現象は排外的な現象を引き起こす主体のレパートリーという観点で異なっている。たとえば極右の政党や団体に関する行為レパートリーを、慣習的行為、示威的行為、表出的行為、対立的行為、暴力的行為に分けた研究がある。(5) 細かく分けることも可能だけれども、ここでは大きく実践と態度に分けておこう。より可視的であるという点から、主体の諸行為のような実践が排外主義として注目されることが多い。しかし一方で、主体のある種の態度や意識・状態が排外主義と捉えられることも多々ある。

以上の主体と主体のレパートリーという二つの軸で考えると、排外主義を構成する現象のなかには複数のセルにまたがるケースもある。しかしその現象のいくつかは、典型例に着目すれば表序－1のように位置づけられるであろう。

**排外主義の定義**

問題は個々の現象を貫く共通性である。多様であることを前提として、どのように排外主義を定義できるであろうか。本書の基本的な定義として次のようなものを採用しよう。(6)

エスニック排外主義とは、個人、集団、制度といった主体が、ある客体を移民・外国人などを含意しうるエスニシティ、人種、国籍、ネーション、宗教といった属性を根拠として、尊厳を貶めるなど否定的に評価したり、諸機会および諸権利の享受を妨げたりする態度・

状態および実践である。

ここでいくつか注釈を付けておこう。第一に、この定義は外国人や移民に対する排外主義をできるだけ網羅的に含めようとしたものである。したがって、本書のいくつかの章ではこれよりも狭い定義を採用している。たとえば、人種を根拠とした排外主義、すなわち人種主義（racism）に絞って論じることは、ありうる研究戦略である。第二に、すでに触れたように本書の主要な対象は外国人と移民であり、先住民族に関しては必要に応じて言及可能な定義となっている。最後に、排外主義の標的となりうるその他の存在、たとえば女性、性的マイノリティ（LGBTQ）、高齢者、障害者などは主たる対象としては含まない定義である。しかしムスリム女性のヴェール問題のように、性別などの属性と外国人・移民を含意する属性が相互作用を起こした結果生じる排外主義もある。このように複数の属性が関わる複合的排外主義の考察にも開かれた定義となっている。

以上の定義を提示したことで本書の立場が明らかになり、排外主義とは何かという問いの多くに答えることができたであろう。

## 3 排外主義の社会的特徴

### 社会間比較の視点

しかし援用する定義を決めたにもかかわらず、排外主義とは何かという問いの一部はまだ曖昧なままである。その大きな理由は、定義では確定されたかに思われる排外主義でさえ、社会によって現れ方が異なるのではないかという疑いが残るからである。すなわち、社会によって現れる排外主義の具体的様態が異なっている可能性がある。

たとえば、排外主義の標的となる主な客体は、在日コリアンのような旧植民地移民なのか、ムスリムのような宗教マイノリティなのか、それともアメリカ合衆国のアフリカ系のような奴隷労働移民の末裔なのかなどさまざまに異なるであろう。また主体の態度／状態・実践のレパートリーに関しては、反外国人感情のような態度なのか、客体に対して主に差別的な言説を浴びせる行為なのか、制度的な不利益を被らせるのか、それとも暴力行為にまで及ぶのかなども取り上げる社会によって異なるであろう。複数が混合している場合ももちろんありうる。したがって、排外主義を少なくとも総体として理解するためには社会間比較の視点はきわめて有効かつ必須となる。それゆえ本書は複数の社会を取り上げ、それぞれの社会でどのような排外主義が問題になっているか、その特徴は何かを明示することを主目的として設定している。

**社会間相違の局面**

簡潔に見取り図を描くと、社会間での相違は主に主体、客体、態度／状態・実践、イシューといった局面で以下のように現れるであろう。

まず排外主義を引き起こす主体に関しては、前述した個人、集団、制度のどれが顕著な主体なのかという観点で社会間の差異は形成されうる。同時に、主体の具体的な特徴という観点でも、問題になっている排外主義の主体が、活動家中心の組織なのか、非活動家中心のいわゆる市民運動なのか、政党など政治勢力なのか、それとも警察や自治体など行政組織なのか、既存の法制度自体が排外主義的に作用するのかなどが社会によって異なりうるのである。もちろん、複数の種類の主体による相互行為が排外主義を生み出す場合もあるだろう。

次に、排外主義の標的となる客体も異なりうる。主な客体の候補として、難民・庇護希望者などの新規移民、旧植民地移民、国民でありながら移民の背景を持ち「二流市民」と扱われがちなエスニック・マイノリティ、イスラム教徒のような宗教マイノリティなどがある。ある社会ではある特定国の出身者が標的になっているにもかかわらず、別の社会では標的になっていないという場合もある。日本における在日コリアンは他国のコリアン系住民と比べると突出して標的になっている可能性がある。

第三に、主体のレパートリーのうち何が排外主義を引き起こしているのかも社会によって異なりうる。すなわち排外主義を構成する態度／状態・実践として、日常生活者の潜在的偏見や差別意識、インターネット上の言説活動、街頭行動、組織などによる制度的不利益、身体的暴力などのどれがどの社会で排外主義として特に表出しているのかが問題となる。

最後に、排外主義がどのようなイシューと結びついて表出するのかも社会間で異なることだろう。たとえば、ポピュリズム政治の台頭、政府による「国民化」の過度な追求、新規移民や難民・庇護希望者の受け入れの是非、福祉国家の再分配への懸念などのうち、あるイシューはある社会では問題となり、別の社会では問題となっていないといった差異が生じうるのである。

第1章以降を以上の四つの局面を念頭に読んでいただけると、本書の含意をより理解していただけると思う。なかでも本書は、ヨーロッパのいくつかの国、アメリカ合衆国、韓国、そして日本における排外主義の社会的特徴および共通性を描き出そうとしている。もちろんこれらの対象社会は、基礎的な社会的構成を異にしている。外国人や移民に関するものだけに限っても、移民国としての建国神話を持つのかそれともエスニック国としての建国神話を持つのか、社会のメンバーシップの基本的な理解は公民的市民権（civic citizenship）かそれともエスニック市民権（ethnic citizenship）か、移民受け入れ先発国かそれとも後発国か、移民の移動数や滞在数は他国と比較して相対的に大きいか小さいか、外国人・移民の統合原則は多文化主義か共和主義かそれとも事実上の同化主義かなどの相違がある。このような相違に条件付けられて、排外主義がどのように異なる様相を示すのかが主要な着眼点となる。

## 4　排外主義の生起メカニズム

### 生起メカニズムの見取り図

社会間で様態を異にしうる排外主義はなぜ、どのようにして生じるのであろうか。この生起メカニズムに関してもさまざまな議論がある。本書でも第5章では北欧諸国を事例として、福祉国家体制の福祉政策と排外主義との間のメカニズムを論じている。また第9章は日本を事例として、移民・外国人と社会的資源の競合状況に陥りやすい個人属性、不安・不満を抱きやすい個人的心理、保守主義などの社会的価値観や意識、外集団との接触経験を含む外集団に関する社会的認知が排外主義の生起に関連しているかどうかなどが検討されている。

ここでは、第9章の議論を念頭に置きつつ生起メカニズムの見取り図を示しておこう。極右政党という排外主義のひとつの現れが、なぜある国で出現し有権者の支持を集めるのかという問いに関してヤンス・リュドグレン(Jens Rydgren 2007)が、既存研究をその問題点も含めて簡潔にまとめている。

まず、極右政党の伸張の説明は需要的側面に着目したものと供給的側面に焦点を合わせたものに分けられる。需要的側面に属する説明には、アノミー論(anomie/breakdown thesis)、相対的剥奪論(relative deprivation thesis)、アノミーと相対的剥奪に基づいた近代化敗者論(modernization losers thesis)、エスニック競合論(ethnic competition thesis)、大衆外国人嫌悪(popular xenophobia)論、政治的不満(political discontent)論がある。これらの多くが人々の不平や不満(grievances and discontent)を前提にしており、具体的には有権者の利害、感情、態度、選好の変化などから需要が高まった結果、極右政党が伸張すると説明するのである。

一方供給的側面に関しては、政治的機会構造(political opportunity structure)論、政党組織(party organization)論、

表序－2　排外主義の説明の例

| | 原因 | 課題 |
|---|---|---|
| 需要的側面 | | |
| アノミー論 | 社会統合の不全による孤立 | 多くの関与主体は孤立していない |
| 相対的剥奪論 | 自分の過去や準拠集団との比較／経済悪化 | 剥奪の経験的確定難しい |
| 近代化敗者論 | 個人化や機能分化への不適応（特に，失業者／低技能労働者／旧中間層） | 中学歴者多い／失業の効果は曖昧 |
| エスニック競合論 | 職，住宅，福祉給付，結婚など資源で移民と競合 | ローカルな競合に着目すべき |
| 大衆外国人嫌悪論 | ポスト近代化，グローバル化，EU 強化によるナショナル・アイデンティティへの脅威 | EU 以外の説明 |
| 政治的不満論 | 政治制度自体や既存の政治への不満 | 投票者の不満の確定／不満は遍在するのに排外主義は偏在 |
| 供給的側面 | | |
| 政治的機会構造論 | 政治的機会の開放／国際関係の緊張 | 主体によって影響が異なる理由 |
| | 社会経済的亀裂に代わり社会文化的亀裂台頭 | — |
| | 既存政党の政策収斂 | 社会文化的収斂の考慮 |
| | 比例代表制；参入障壁の有無 | 得票数に関係しない？ |
| | メディアによる可視化／議題設定，フレーミング，政治勢力と協働の有無 | 体系的な研究必要<br>得票の増減との関係？　反体制的戦略と矛盾 |
| 団体組織論 | 組織・資源の刷新 | 非政治組織との関係？ |
| 団体言説論 | イデオロギーとレトリックの穏健化 | メンバーの支持減少？ |

出所：Rydgren（2007）より作成。

政党言説（ideology and discourse）論という説明がある。それらの議論によれば、選挙制度の改変やエリートの反応、メディアの反応、極右政党の示す政治プログラムおよびその組織、そして極右政党のイデオロギーやレトリックの穏健化などが極右政党を政治の場へ送り出す諸要因だというのである。

極右政党の伸張の理由を探るという限定された問題設定ではあるけれども、リュドグレンの整理は排外主義一般の生起メカニズムを考察する点でいくつかの示唆を与えてくれる。最も大きな示唆は、極右政党伸張の説明の多くが、排外主義の説明に転用可能ではないかというものである（表序－2）。ただし、需要的側面は個人および集団としての主体には当てはまりやすいけれども、制度としての主体には当てはまりにくい。また供給的側面のうち極右政党を対象とする政党組織論と政党言説論は、排外主義に関する団体一般に拡張するため、団体組織論および団体言説論に改変するとよいであろう。

### 生起メカニズムの再考にむけて

表序-2における説明は排外主義の理解をかなり促進してくれるものの、本書第1章以降が取り上げる各社会に直接に当てはまりにくい面もある。したがって、排外主義の生起メカニズムをさらに彫塑する必要がある。生起メカニズムを再考する際の着眼点は以下のようなものである。

第一に、何を排外主義と想定するかで生起メカニズムが異なる可能性が高い。まず被説明変数として排外主義を何らかの主体の態度／状態と考えるのか、それとも主体の実践と考えるのかは大きな分岐点である。さらに態度／状態や実践の中のどのレパートリーを被説明変数とするかまで絞る必要があるかもしれない。たとえば、実践における慣習的行為と暴力的行為では生起メカニズムが異なる可能性がある。

第二に、被説明変数を確定した後、説明変数の考察に入ることになる。説明変数の候補は多岐にわたるため、まずはマクロ的要因、メゾ的要因、ミクロ的要因といったパースペクティヴ別に整理するなどの工夫が有用となろう。マクロ的要因としては、社会構造や制度に属するような政治的機会、言説的機会、市民権、ナショナル・アイデンティティ、経済状況、資源の競合性などがあげられる。メゾ的要因には、人々の関係性を示す外国人・移民との接触頻度、友人関係などのネットワークの大きさや強さ、インターネット上の活動頻度、資源動員などが入るであろう。ミクロ的要因は個人的属性と個人的意識に分けられる。前者には性別、年齢、学歴、居住地域、文化資本などがある。後者の個人的意識には権威主義、不安、不満などが入る。親の政治的態度など世代間の影響も考慮に入

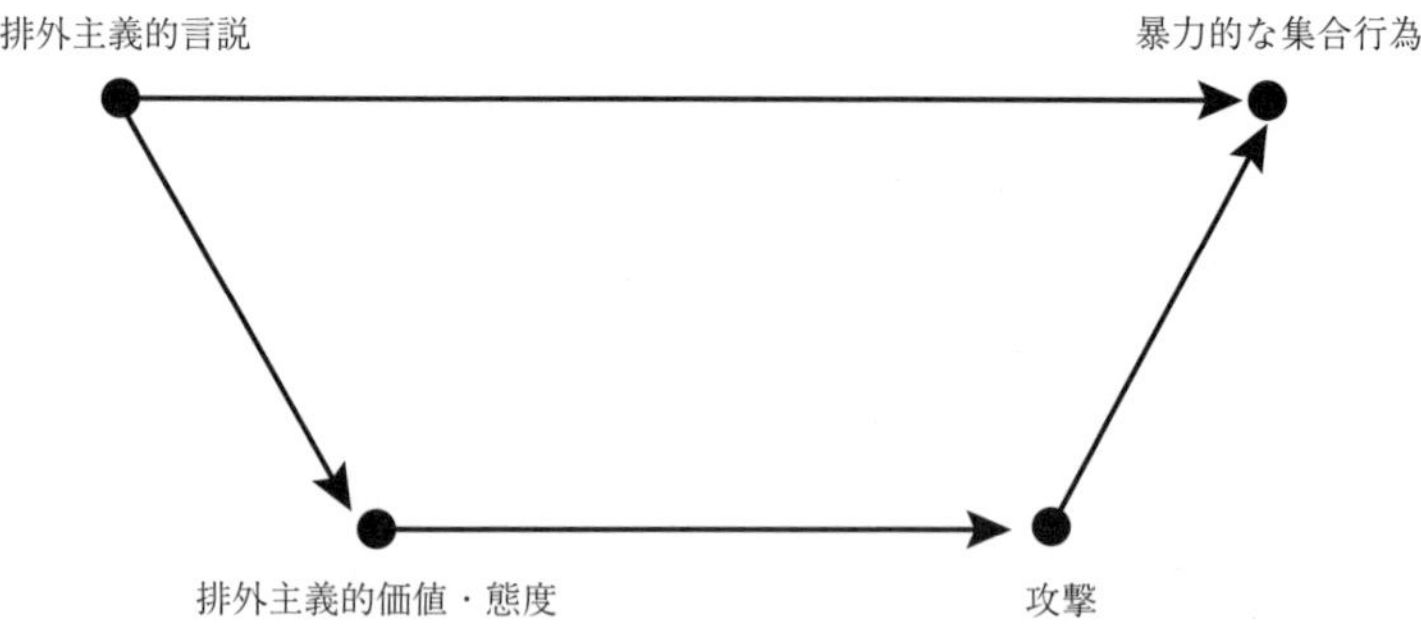


**図序－1**　コールマン・ボートによる分析の例

出所：Coleman（1990：8-11＝2004：24-31）を参照しつつ筆者作成。

れる必要があるかもしれない。

さらに第三に、排外主義を特定した後でさえも、どのような条件の下でどのメカニズムが作動するかを確定するという課題が残されている。ひとつの方向性は、諸要因のなかで何が排外主義の生起を決定しているかを考察する際に、諸要因の結びつきを考慮することである。たとえば、「居住地」が非都市で比較的低い「学歴」の「男性」が「経済状況」の悪化する状況において「排外主義的な行為」を遂行するといった諸要因の連鎖が考えられる。結びつきを考える際、前述の需要的側面および供給的側面という発想が役立つことであろう。また、あるきっかけによって広まる外国人嫌悪や街頭での暴力的な集合行為のように、個人の態度や実践が社会や集団に広まっていくという視点からは、ジェームズ・コールマン（Coleman 1990：8-11＝2004）のミクロ現象とマクロ現象の連関を問うコールマン・ボート（Coleman's boat）の発想が有効であろう（図序－1）。

はたして、排外主義の生起メカニズムは社会ごとに異なるのか、それともかなりの程度共通なのか。さらには、排外主義の種類ごとに異なるのだろうか。

## 5　排外主義の解決と緩和

### 考察の方向性

排外主義の解決策や緩和策にも綿密な考察を要する。まず、当然ながら考察結果は「何を排外主義と想定するか」に大きく依存している。前述した排外主義の定義などが役立つであろう。続いて排外主義の生起メカニズムを踏まえる必要がある。解決策や緩和策の有効性は、排外主義を引き起こす要因に働きかけることができるかどうかで決まる。たとえば、国際関係の緊張が主に排外主義を引き起こしているときには、職などの資源分配を是正しても期待するほどの効果は得られない可能性がある。

その上で、解決や緩和に関わる関与主体とそれらが行使する手段に着目することが肝要であろう。関与主体は多岐にわたりうるけれども、中央政府、地方自治体、警察、NGO／NPO、住民組織、移民・外国人集団、コミュニティなどが候補となる。また、とりうる手段としては、新法制定、既存法の執行強化、市民による反排外主義運動、マジョリティへの啓蒙活動、アファーマティヴ・アクションなど不平等是正措置、エスニック・コミュニティ支援などがあるだろう。たとえば、日本で二〇一六年六月三日に施行されたヘイトスピーチ対策法は、中央政府による新法制定であると見なされる。

ここで注記しておくと、ある手段または複数の手段を考案し実施する際、複数の関与主体が協働する可能性がある。たとえば中央政府だけでは排外主義への対処は難しく、地方自治体や住民組織と協力体制をつくることが考えられる。日本のヘイトスピーチの事例では、国会を通過したヘイトスピーチ対策法が施行された二日後の二〇一六年六月五日の「日本浄化」を掲げたデモでは、川崎市が在日コリアンの多く居住する地域に近い公園の使用を許可せず、横浜地裁川崎支部もその公園の近くでのデモを禁止する仮処分を決定したため、主催者は他の場所でデモの実行を試みた。しかし、デモを阻止しようと市民たちが集まり、神奈川県警察が主催者を説得することで、デモは中止になったと言われる（林田 2016）。これは、関与主体が明示的に計画することなく協働した事例であろう。

### 効果の問題

どのような解決策・緩和策が望ましく、また効果を持つのだろうか。それぞれの社会が、目の前の排外主義に対してほぼ個別に解決策・緩和策を模索しているし、その効果は異なりうる。現れている排外主義の種類によっても適切な手段は異なるであろう。たとえばヘイトスピーチに対して法的規制を行うというアプローチもあれば、NPO／NGOなど市民集団の活動によって解決を図る社会的なアプローチもあろう。もちろんそれらのうち複数が同時進行し、時には何らかの形で協働して解決や緩和に至ることも多いであろう。また、諸主体が包摂される社会構造の様態にも左右されるであろう。たとえば多文化市民権を採用している社会において、諸主体がエスニック・コミュニティ援助のため協働できたとしても、エスニック市民権を原則とする社会では難しい可能性がある。

さらに、効果をいかに確証するかという問題もある。多岐にわたる論点のなかでひとつだけ提示すると、どれぐらいの時間をめどにして解決や緩和を求めるのかという問題がある。人類史的な長い時間を想定するのであれば、もしかしたら現在生じている排外主義は解決策や緩和策を意図的に実施しなくても「自然に」消えていくのかもしれない。それでは、ひとりの人間の生存時間ではどのような解決策や緩和策が有効なのだろうか。通常三〇年程度とされる世代という時間ではどうか。さらにもちろん、現在苦しんでいる人々のことを考えると、年単位よりももっと短い時間、たとえば月単位や日単位で得られる効果が求められる。このような時間単位を配慮しつつ排外主義の解決や緩和を模索することが重要となろう。

以上、現在早急な対処を求められているエスニック排外主義を取り上げ、その定義、社会ごとの特徴、生起メカニズム、解決策および緩和策といった補助線を引いてきた。このような補助線が、本書を読み進めるための助けになればと思う。

## 6 本書の構成

本書の見据える最終目標は、二〇〇〇年代以降を中心に各国・各地域のエスニック排外主義の実態を記述しつつ、できるだけ比較の視点からそれぞれの特徴、生起メカニズムそして解決策・緩和策を探究していくことである。そのすべてを網羅的に検討できるわけではないけれども、以下のように議論を積み重ねていく。

まず第I部では、欧米社会の排外主義を扱っていく。第1章が対象にしているのはフランスである。フランスは、人種・エスニシティや宗教を考慮に入れないことで個人と国家の直接的な結びつきを重視し社会統合をめざす共和主義を国是としている。しかしその結果、ムスリムを事実上、人種別および宗教別の階層編成の下層に追い込んでいる。そして従来の生物学的と見なされる根拠に基づく人種差別ではなく、文化に基づく新たな形態の人種差別が引き起こされているのである。

第2章は、ドーバー海峡をはさんでフランスの向かいに位置する英国を扱っている。近年、イスラム過激主義や極右による排外主義が勃興し「多文化主義は死んだ」とセンセーショナルに語られている英国は、「再国民化」を模索し、かつテロ対策を推進していった。しかし英国は、多文化主義を捨て切れず構造的不平等に配慮した政策を続けるというジレンマ的状況に陥っている。

第3章は、一九九〇年代終わりまで長期にわたり「エスニック国家」という自己規定を維持してきたドイツを論じている。ドイツは移民の流入と定住の増加に伴って、社会的事実の上でも自己規定でも「移民国家」へと転換した。しかし、二〇〇〇年代に入ってイスラム教徒を否定的に捉える論争がわき起こり、二〇一五年「ヨーロッパ難民危機」の影響もあって近年ではペギーダなど排外的な市民運動や「ドイツのための選択肢」(ＡｆＤ)など極右政党の勃興など、社会的緊張が大きく高まっている。

ドイツと同様に「エスニック国家」を自認してきたイタリアでも、移民・外国人に対する排外的傾向が強まっている。第4章によれば、北部同盟などの政治勢力が反イスラムの動きを近年とみに強めている。排外主義に抗する動きもあるものの、カトリックと国家との関係に秩序をもたらしてきた協約システムはイスラム教に対して十分機能しているとは言いがたい。イタリアでもイスラム教およびムスリムの包摂が大きな社会的課題となっているのである。

比較的移民に寛容であった北欧諸国に目を転じよう。第5章によれば、スウェーデンやデンマークなど北欧諸国でも極右政党が台頭しており、福祉愛国主義と呼べる排外的な意識が人々の間に広まっている。そのため、福祉政策と排外主義的意識の関係が問題となる。国際比較分析の結果、このような排外主義は選別的な福祉政策という制度的要因が生み出していると示唆されている。

前で触れたように、多くのヨーロッパ諸国は基本的にある特定のエスニシティを基礎とした既住の住民によって成立した「エスニック国家」であると認識されている。一方、移民によって建国されたと認識されている「移民国家」も排外主義と無縁ではない。第6章によると、「移民国家」の代表とも言えるアメリカ合衆国においてでさえ人種主義が渦巻いている。その人種主義はアメリカ合衆国建国の歴史的経緯に由来したネイティヴィズムという形式をとり、二〇一〇年代においても顕在化し無視できない排外主義である。

以上のような排外主義は、欧米社会以外の社会でも展開しているのであろうか。第Ⅱ部では東アジアの二国、日本と韓国に着目しよう。

第7章は日本における排外主義とそれに対する対抗的言説を扱っている。日本の排外主義はここ数年で急速に展開してきたように見える。しかし、その源泉は一九九〇年代にさかのぼるものである。それ以来、排外主義と対抗的言説が呼応するように展開してきた。その関係は、ナショナル・アイデンティティと反ナショナル・アイデンティティ、ナショナリズムと反ナショナリズム、ヘイトスピーチと反ヘイトスピーチのように複雑に交錯しつつ変遷しているのである。

それでは隣国の韓国における排外主義はどのような特徴を持つのだろうか。第8章によれば、韓国へは外国人労働者、朝鮮族、脱北者、そして結婚移民などが流入し、それぞれに対する排外的な動きがある。なかでも特徴と言えるのは、在日コリアン、朝鮮族、脱北者に対する排外的な扱いである。すなわち、同じ民族的ルーツを共有している移民たちが排外主義の対象となっているのである。この事態は、韓国をめぐる歴史的経緯によって主に生み出されている。

以上の日本と韓国における排外主義の事例的研究を踏まえて、あらためて日本における排外主義的意識の規定要因を考えてみよう。第9章は、計量分析によって排外主義の多様性に分け入っている。排外主義と一言で言っても、外国人一般に対する排外主義的意識の生起と韓国・中国に対するそれとはメカニズムが異なる可能性がある。そして各種のナショナリズム的意識が排外主義を強化する傾向にあると示唆している。

以上の各章における考察を踏まえて、最終章は社会間比較の視点から移民や外国人に対する排外主義、すなわちエスニック排外主義に関して何が明らかになったのかを論じる。また、今後の排外主義研究に委ねられる課題が明示される。

本書は限られた紙幅で編まれている小書にすぎない。しかし、現在次々にわき起こっているエスニック排外主義の理解と解決を促進し、異質だと思われがちな人々を包摂する社会の秩序、安定、平等、そしてすべての人々の幸福の実現に少しでも役立てられることを執筆者一同強く望むものである。

## 注

(1) 各国における排外主義のより具体的な展開については本書各章を参照のこと。

(2) 多文化主義には、人口学的、社会規範的、政策的の三つの意味合いがあり、それぞれに応じて多文化社会が想定できる(樽本 2016b：74-79)。

(3) 英語で排外主義に完全に対応する言葉はなく、学術用語としては十分定着しているとは言えないけれども、日本では社会的にも学術的にも人口に膾炙しているため、本書の基本用語として採用する。また、エスニック排外主義という名称のなかには、先住民族に対する排外主義的現象も含まれうる。本書の主な対象は外国人および国際移民であるが、類似の経験を負わされるという事情から、考察の過程で先住民族の問題に言及することは十分ありうることである。

(4) 移民(migration, migrant(s), immigrant(s), emigrant(s))概念を使用することに違和感を持つ読者もいるかもしれない。何世代も前に移動してきた者や、さらに帰化している者までを「移民」と呼んでしまうと、現在すでに定住している者まで「他所から移動してきたよそ者」と見なしてしまうなどの懸念が表明されるかもしれない。そこで移民概念ではなく「エスニック・マイノリティ」(ethnic minority)と呼ぶべきだという考えも出てきうる。しかし、本人や親などの祖先が別の社会から移動してきたという事実が不利な経験(そして時には有利な経験)をもたらすということを学術的には無視すべきではない。そこで本書では移民概念を、スティグマ的な含意を持たせないよう注意しながら科学用語として用いることにしよう。

(5) Caiani et al.(2012：79-85)は次のようにカテゴリー分けしている。慣習的行為(conventional actions)とは、ロビー活動や選挙運動など既成の政治に沿った政治的行為である。示威的行為(demonstrative actions)は、祭事や街頭デモのような多人数を動員する合法的行為である。表出的行為(expressive actions)は集団内の連帯を強化するための合法的な行為である。対立的行為(confrontational actions)は、閉鎖や占拠などで既成の政治や制度を混乱させる非合法な行為である。最後に暴力的行為（violent actions）は、象徴的・言語的な暴力から物理的な暴力まで含む非合法的な行為である。カイアニらは、イタリア、ドイツ、アメリカ合衆国を比較し、これらカテゴリーのどれが優位かを調べている。

（6）参考になるものとして、中野他編（2015：iii）は排外主義を「紐帯・連帯・共同性を断ち切り、喪失させようとするあらゆる試み」と定義している。森（2016：19-20）は、レイシズムを「恣意的に選び出された何らかの『差異』（それが現実か架空かは問わない）を特定の個人や集団の最たる特徴として本質化し、多くの場合、その差異を劣等の根拠とする思想・イデオロギー」と定義する一方、排外主義を「外国人、あるいはそう目されている人を敵視し、排除しようとする思想・イデオロギー」と定義している。また、差別を「自分では変えることのできない属性にかかわる差異を根拠に、特定の個人や集団を不平等に扱うこと」とし、排除を「何らかの差異を根拠にして、特定の個人や集団がある場所からおしのけられ、恩恵、機会、アクセスなどを剥奪されること」であるとしている。

また“ethnic exclusionism”という用語を用いた先行研究には Sheepers et al.（2002）がある。ただし合法的移民に対する公民的諸権利の付与に反対するか否かを例にとり、ヨーロッパ諸国民の移民に対する非寛容な態度を指すため当該用語を使用しており、この意味で本書よりも狭い用法となっている。

## 文献

Caiani, Manuela, Donatella della Porta and Claudius Wagemann, 2012, *Mobilizing on the Extreme Right: Germany, Italy, and the United States*, Oxford University Press.

Coleman, James Samuel, 1990, *Foundations of Social Theory*, Harvard University Press.（＝二〇〇四、久慈利武監訳『社会理論の基礎』（上・下）青木書店。）

林田七恵、二〇一六、「記者の目　ヘイトスピーチ解消のために」『毎日新聞』二〇一六年九月七日。

森千香子、二〇一六、『排除と抵抗の郊外――フランス〈移民〉集住地域の形成と変容』東京大学出版会。

中野裕二・森千香子・エレン・ルバイ・浪岡新太郎・園山大祐編、二〇一五、『排外主義を問いなおす――フランスにおける排除・差別・参加』勁草書房。

Rydgren, Jens, 2007, “The Sociology of the Radical Right”, *Annual Review of Sociology*, 33: 241-262.

Sheepers, Peer, Mérove Gijsberts, and Marcel Coenders, 2002, "Ethnic Exclusionism in European Countries: Public Oppositions to Civil Rights for Legal Migrants as a Response to Perceived Threat", *European Sociological Review*, 18: 17-34.

樽本英樹、二〇一六a、「国際社会学とは何か――現状と課題」西原和久・樽本英樹編『現代人の国際社会学・入門――トランスナショナリズムという視点』有斐閣、二-一八頁。

樽本英樹、二〇一六b、『よくわかる国際社会学〔第2版〕』ミネルヴァ書房。

# 第Ⅰ部　「西洋型」排外主義の多様性

# 第1章　カラー・ブラインドの建前とカラー・コンシャスの実態

## ――在仏ムスリムが直面するレイシズムの特殊性

森千香子

### 1　フランス型排外主義の特徴を問う

#### 科学的レイシズムから文化的レイシズムへ

二〇一五年一月パリ風刺新聞社シャルリ・エブドなど連続襲撃事件、同年一一月パリ・サンドニ同時襲撃事件、二〇一六年七月ニースでのトラック突入事件――近年フランスでこのような事件が続発するなか、[1]その原因についてはは多くの論争が起きている。[2]イスラム国の主導で展開される「グローバル・ジハード」などの外在的要因はもちろん考慮しなければならない。しかしなぜホームグロウンの若者が事件を引き起こすのか、という問いに基づいて、国内のマイノリティ差別・排除という内在的要因を検討する必要もある（Khosrokhavar 2016）。

筆者は後者の文脈からフランスにおけるレイシズム・排外主義の問題に注目してきた（森 2013, 2014, 2015）[3]。問題は現代に始まったことではなく、フランス・レイシズムの歴史とも呼べるものが存在する。一八世紀末から二〇世紀前半にかけて、人間集団の本能と身体的特徴には本質的な「差異」が存在すると考え、そのような「差異」を科学の名において「優劣」の印とみなす「科学的レイシズム」が発達した。このようなイデオロギーのもとで奴隷制や植民地支配下での搾取、そして支配が合理化された。

科学的レイシズムは第二次世界大戦後、次第に正当性を失い、衰退の一途をたどった。ところが一九八〇年代以降、今度は「科学的レイシズム」とは異なる特徴を持った「新しいレイシズム」がフランスで広がった。国内の移民・外国人への敵意をあからさまにし、その排除を訴える政党「国民戦線」が台頭し、継続的に勢力を拡大したのである。ここで示される移民やマイノリティに対する敵意の根拠は、もはや従来のような身体的特徴ではなく、言語、宗教、伝統、習俗、歴史といった文化的特徴におかれた。移民・外国人の文化的差異が自集団のアイデンティティを脅かす危険であると見なし、その排除を訴えたのである。このようにフランスでは従来の「科学的レイシズム」から文化的特徴に依拠した「文化的レイシズム」への移行が観察された（Wieviorka 1998＝2007：22-50）。

## 普遍主義レイシズムとイスラモフォビア

だが、この一五年あまりをふりかえると、フランスで顕著になっているのはむしろ「文化的レイシズム」の変種である「普遍主義レイシズム」ではないだろうか。[4] それは文化的差異を理由に排除を訴える点では文化的レイシズムと同じであるが、「異集団の脅威」から守るべきとされる文化的特徴が、自集団の文化、歴史、伝統などの「独自性」ではなく「普遍性」とされる点で異なっている。具体的には「民主主義」「男女平等」「表現の自由」などの普遍的価値観がフランスの伝統や文化に根付いており、そのような価値観と相容れない文化を持つ集団を脅威とみなし、排除せよ、というのである。

このような普遍主義レイシズムは、ムスリムを差別・排除する文脈で現れることが多い。ムスリムを「異質な他者」として捉え、問題視する傾向は一九八〇年代後半からフランス社会に存在したが（cf. Kepel 1987）、二〇〇〇年代以降、排除を正当化する論理に「男女平等」や「表現の自由」などの普遍的価値が持ち出されるようになったのである（森 2005, 2007）。たとえば二〇〇四年に公立学校でイスラムのスカーフ着用を禁止する法律が可決された際にも、ムスリムの女子生徒の排除が「普遍的価値観」の名において正当化された。このような排除がどのような効果を生み出すかについて、菊池恵介は次のように指摘する。

フランスでは、イスラム・スカーフを着用して公立学校に登校した少数のアラブ系女子学生が「政教分離」と「女性解放」の名の下に排斥された。「女性蔑視のシンボル」と一義的に断定されたスカーフをまとう彼女たちは、「家父長制に屈した娘」として主体性を否定され、さらに、学校側の説得を聞き入れようとしなかった者たちは「原理主義に洗脳された娘」として排斥されたのである。こうして、だれもが賛同する普遍的理念の名の下に、同化圧力に抗う少数者を糾弾し、沈黙させる――これが厄介なのは、普遍的理念に訴えるため、人種主義とは一見無縁であり、従来の極右支持層を超えて、広くリベラル左派層にも支持される点である。（菊池 2008：230）

## 「共和主義」がレイシズムに与える影響――フランス型排外主義の特徴

菊池が指摘するように、普遍主義レイシズムは一見レイシズムとは無縁にみえるため、差別とみなされず、社会のなかで幅広く支持されてしまうだけに、より強い威力を持つ。もっとも、このように「普遍的価値観」によって合理化されるレイシズムはフランスだけに存在するわけではない。欧米全域でムスリム住民の排除が起きる文脈で観察されてきた。

たとえばオランダの極右政党「自由党」は、攻撃の対象を外国人全般ではなくムスリムにいち早く定めたことで知られるが、ムスリムへの攻撃を正当化する論理として持ち出されるのは「女性蔑視や同性愛を否定する価値観は西洋の民主主義とは相容れない」というものであった（小山 2013：106）。また北欧や東欧でも極右政党が攻撃の対象をムスリムに定める傾向がみられるが、そこでも攻撃を正当化する手段として普遍的価値観を持ち出す現象が観察されている（森 2013）。さらに移民政策においても、帰化申請者に対する特別試験をムスリムだけに課すといったことが複数の国で行われたが、[5]そのような「反ムスリム」的な政策も、女性や同性愛者の平等といった人権の名において正当化されてきた（森 2016b）。

このように普遍主義レイシズムはヨーロッパ全域に広がっている。だが現在フランスで起きている排除の本質を捉えるには、このような普遍主義レイシズムの影響だけでなく、フランスに固有の要因も考慮する必要がある。それは、フランスの国家理念である「共和主義」とレイシズムの間にある関係である。より具体的に言えば、フランス型共和主義の思想がマイノリティ排除に看過できない影響を及ぼしている、というのが筆者の仮説である。そうであるならば、いったいそのような影響とはどのようなものであり、現代フランスにおけるムスリム排除とどのように関係しているのだろうか。本章は以上の問いを明らかにするため、まずフランス型共和主義の特徴を「カラー・ブラインド」と「カラー・コンシャス」という概念を用いて明らかにした上で（2節）、それがマイノリティ排除に与える影響を「ダブル・スタンダード」概念を手掛かりに考察し（3節）、最後に問題解決の展望を探る（4節）。

## 2　カラー・ブラインド原則とその実態——まなざしの人種化

### フランス型共和主義と多文化主義

はじめに、フランス型共和主義の特徴を検討したい。もともと共和主義とは古代ギリシャ・ローマ時代に起源を持つ思想であり、欧米の歴史に重要な影響を与えてきた。だが、その解釈や意味には時代や国によって違いがみられる。本章で取り上げる「共和主義」とは、フランス革命を契機にフランスで独自に発展してきた「フランス型共和主義」のことである(6)。

それでは「フランス型共和主義」とは具体的に何を指すのか。フランス国憲法は第一条で同国が「一にして不可分」であり、市民は「出自、人種、宗教」の違いにかかわらず法の下での平等が保障されると定めており、この理念に基づいた国民統合のあり方を本章では「フランス型共和主義」と定義する。このような理念の下、フランス国家は全市民に対して平等の権利を保障する一方、マイノリティ集団が構成する「共同体（communauté）」に対しては「一にして不可分」の社会を揺るがすものとして警戒する姿勢をとる。そしてマイノリティの共同体を権利として認めないだけでなく、それを「コミュノタリズム（communautarisme）」と呼んで厳しく批判する傾向がみられる。コミュノタリズムとは、二〇世紀後半に北米を中心に発展してきた「コミュニタリアニズム」のフランス語訳として解釈されることもあるが、ニュアンスには大きな違いがある。フランスの「コミュノタリズム」は、英米圏的「コミュニタリアニズム」のように共同体を重視する思想や行為（あるいはそうだと目されるもの）を忌避するという否定的な文脈でのみ用いられる。その点で「蔑称」である。つまりフランスにおいて「コミュノタリズム」とは、「フランス型共和主義」の対極にある、危険なイデオロギーとして位置づけられてきた。

したがって、少数者集団の集団的権利を認めるとされる多文化主義も、フランスにおいては当然のことながら危険視されてきた。「共和主義か多文化主義か」との議論は一九九〇年代から繰り返されてきたが（Wieviorka 1997）、近年、シャルリ・エブド襲撃事件が起き、さらにヨーロッパへの難民増加が起きるなか、二〇一五年には再び「共和主義か多文化主義か」の議論が再燃した。その一例に評論誌『ル・デバ』が組んだ「多文化主義特集」がある。一七本の掲載論文のうち三分の一は海外の事例を扱っていたが、残りはフランスの事例を扱っており、さまざまな角度から「多文化主義」が「共和主義（とその危機）」との対比において検討されている。

同特集に掲載された社会学者ドミニーク・シュナペールの論考「どの多文化主義政策のことか」は、フランス型共和主義が具体的に何を意味しているのかを考える上で格好の事例である。シュナペールの議論は、公共空間において「文化的共同体」に特別な権利を付与することの危険を指摘する。なぜならシュナペールにとって、多文化主義は個人を「固定的な特定のアイデンティティ」に縛りつけ、自分で選択したわけではない「共同体の責任者」に「個人」（とそれが持つ選択の自由）をゆだねるような思想である。それを推進することは、結果的に、個人を「共同体アイデンティティという名のゲットー」に閉じ込めることになってしまう、と彼女は考える。したがって、文化的複数性を法的に認知することは必然的に政治的分断を招く、というのがシュナペールの結論である（Schnapper 2015：111–121）。

興味深いのは「共和主義」へのアンチテーゼとして設定される「多文化主義」の理解である。ここで多文化主義は「個人の選択の権利」よりも「個人が属するとされる共同体の権利」を重視するものとされ、個人の自由に抑圧的なものとして否定的に想定されている。『ル・デバ』に掲載された論考の大半も、このような見地から多文化主義を批判的に論じ、それに対して、万能とはいえないが、多文化主義よりは「まし」な共和主義に焦点を当てたものが多い。そして、フランス社会の「単一性（unité）」か「多様性（diversité）」か、共和主義と多文化主義のどちらを採用すべきか、というこれまで繰り返されてきた議論が繰り返されている。

### 「色の違い」は存在しない――フランス型カラー・ブラインドの特徴

多文化主義との対比で語られることの多い「共和主義」の特徴を端的に言えば、それは「カラー・ブラインド・イデオロギー」ということになるだろう。このようなイデオロギーの影響があるからこそ、フランスではエスニック・マイノリティをはじめ構造的に不利な立場におかれる人々に対し、積極的差別是正（アファーマティヴ・アクション）のような措置は基本的にとられない。また英米などで行われる人種民族別の統計調査もフランスでは「共和主義の平等原則」に反するものとして否定的に扱われる。特に公式統計で民族的出自を問うことは差別を助長するものとして禁止されている（一九七八年一月六日個人情報保護法第八条[7]）。

このようなカラー・ブラインド原則は、人種統計やアファーマティヴ・アクションが行われてきたアメリカ合衆国との対比において論じられることが多い。それどころか、フランス型共和主義は「反アメリカモデル」と理解されることも少なくない。だからこそ、「共和主義の危機」は「フランス社会のアメリカ化」とあわせて論じられてきた[8]。

ただし、そのような「アメリカ」理解はいささか雑駁である。というのも、アメリカでも一九七〇年代以降ニューライトが台頭するなかで、アファーマティヴ・アクションなどの流れとは逆のベクトルをもつ「カラー・ブラインド」政策が影響を拡大したのであり、そのことを日本でも複数の研究者が指摘してきたからである。なかでも長島怜央はグアムにおける先住民族の権利運動に対するバッシングの動向に注目し、人種や歴史的不正義をめぐるあらゆる区別に反対する「カラー・ブラインド・イデオロギー」に基づくレイシズムが存在するとして、それを「カラー・ブラインド・レイシズム」と呼んだ（長島 2015）。また大森一輝は、こうした考えが比較的最近になって生まれたのではなく、人種差別反対論と同じく昔から、しかも「白人や『保守的』な黒人だけでなく、革新的な人びとの心をも捉えてきた」ことを立証した（大森 2014）。以上からも、フランスで一般に考えられているような「フランスのカラー・ブラインドVSアメリカのカラー・コンシャス」の図式は現実と合致していない。アメリカにも「カラー・ブラインド」の流れが広がって久しいのである。

その一方で、アメリカのカラー・ブラインドとフランスのカラー・ブラインドの内容が必ずしも同じでないことにも注意する必要がある。アメリカでは「かつて人種間の差別・格差はたしかに存在したが、（差別是正政策などの効果によって）今では存在しない」という発想がカラー・ブラインド・イデオロギーの前提になっているのに対し、そのような「人種間」という発想自体がフランス型カラー・ブラインドにおいては「差別」として扱われる。「人種の違い」に言及すること自体を「差別」とみなすフランスのカラー・ブラインド・イデオロギーの特徴は「カラー・コンシャスの徹底的な否認」と呼ぶことができ、その点でアメリカ型カラー・ブラインドと大きく異なる。だからこそフランスでは人種民族統計がとられないどころか、「民族」や「人種」という言葉自体が差別的として忌避される。ついに二〇一二年五月には「人種」という単語をフランス法から削除する法律が国会で可決されたほどだった。[9] フランスにおいて「色の違い」は「存在しない」のであり「見てはいけない」のである。

重要なのは、このような「カラー・コンシャスの徹底的な否認」を、潜在的に差別の対象となるエスニック・マイノリティの側も深く内面化している点である。社会学者のニコラ・ジュナンは、郊外の大学に通うエスニック・マイノリティの学生たちに白人富裕層が集住するパリ中心部でフィールドワークを行わせ、その経験を通して、学生たちが観察対象の人々の（肌の色や顔つきなど）身体的差異を意識しているにもかかわらず、それを口にするのをためらうという「自粛」傾向が見られるとして、次のように述べている。

ほとんど全員がその「違い」を見て、感じているが、このような空間的棲み分けと社会的秩序が人種別に構築されているという事実を誰もうまく言葉にできないでいる。第一回目のフィールド観察の報告では、そのような「違い」自体に触れない学生も少なくない。本当に気づいていないだけなのか、それとも人種差別になると思って自己検閲しているのか。あるいは教員である私――教員は「色の違いをみてはならない」とするフランス共和国の国家公務員である――の反応を恐れて、黙っているのかもしれない。その一方で「違い」をはっきりと認識している学生もいるが、いざそれを言葉にするとなると、ジャーナリストや学者が使うような、はっきりしない婉曲な言い方に終始してしまう。(Jounin 2014：86–87)

**実態としてのカラー・コンシャス**

問題は、このような「カラー・コンシャスの否認」の言説と実態との間にギャップが存在することである。ギャップは二種類ある。ひとつめは言説面では否定される「肌の色の違い」が、実際には存在していると言わざるをえないような現実である。たとえばパリ郊外にある荒廃した団地の居住者は圧倒的多数がアフリカ大陸の出身者であるが、富裕層の集中するパリ中心部の居住者は白人が圧倒的多数を占める。(10) このような社会経済格差の「人種化」と呼べる現象がたしかに存在する。また警官には白人が多いのに対し、スーパーや店舗などのガードマンには黒人ばかりといった職業の「人種化」も存在する(Jounin 2014：86)。これらの現実はカラー・コンシャスを否認しているにもかかわらず「結果的にそうなっている」という「意図せざる社会関係の人種化」として論じられることが多い(cf. Wieviorka 1996)。

だがその一方で、単に「結果」がそうなっているだけでなく、実際には共和主義の原則に反して、人々の意識や思考自体に「カラー・コンシャス」が深く根を張っているという問題もある。端的に言えば「言っていること」

（「フランス共和主義のもとではカラー・コンシャスは認めない」）と「やっていること」（その原則にもかかわらず、人間間の相互知覚にはカラー・コンシャスが大きな影響を及ぼしている）に矛盾があり、ねじれ現象が生じているのである。

わかりやすい例として、露骨に「人種」に言及する差別発言があげられる。従来フランスでは「人種」に言及することは「共和主義の理念にそぐわない」と批判され、そのような言及は極右に限定されてきたが[11]、近年は極右以外の政治家も人種に言及することがめずらしくない。たとえば保守の政治家で元閣外大臣のナディーヌ・モラノは二〇一五年九月に「フランスはユダヤ・キリスト教徒の国であり、白人人種の国である」とテレビで公言した。

ただしより深刻なのは、このような露骨な差別発言を批判し、共和主義の「カラー・ブラインド」の価値観を擁護する者までもが、実際には「カラー・コンシャス」発言を繰り返すという矛盾にある。具体的にどういうことか。それは「人種」という言葉の代わりに「外国人」や「出自」などのメタファーを用いて「色の違い」を表現するのである。たとえば二〇一二年三月に南部で連続銃撃事件が起き、民間人四名、兵士三名が死亡した際、当時の大統領ニコラ・サルコジは、極右の政治家が事件を移民とイスラムに結びつけて敵意を煽っていたと批判し、その後に次のように語った。

テロとイスラムを一緒くたにしてはいけません。なぜなら亡くなった兵士のうち二人はムスリムというか……少なくとも外見はムスリムでした。片方の本当の宗教はカトリックでしたが、外見がムスリム、いわゆるヴィジブル・マイノリティだったのです。二人のムスリム・フランス人が殺されたのに、テロとイスラムを一緒くたにするのは本当に汚いやり方です[12]。

この発言は極右による人種差別発言を批判する文脈で行われたものであるが、注目すべき点は、口では「宗教」

と言いながら、名指されている実態は「外見の違い」であり、きわめて「カラー・コンシャス」な発言だという矛盾である。また社会党のマニュエル・ヴァルスは二〇一一年に人口学者のミシェル・トリバラが国会に召喚された際、彼女の『同化――フランスモデルの周縁』を読んだ感想として、次のように語った。

この研究結果は衝撃的でした。なぜならわが国の相当数の都市では、サブサハラアフリカとマグレブという外国出自のムスリムが住民の圧倒的多数を占めているとわかったからです。（二〇一一年一月一九日国会国籍法委員会）

ここでも「人種」という言葉は使われてはいないが、「サブサハラアフリカ出自」が「黒人」、「マグレブ出自」が「アラブ人」を事実上意味していることは明白であり、その点で実に「カラー・コンシャス」な発言である。ヴァルスは二〇一五年一月にもパリ郊外の状況を「アパルトヘイト」と呼んでいる。三五〇万人の黒人を強制移住させた南アフリカの徹底的な人種隔離政策と、旧植民地出身のアラブ・アフリカ系低所得層が都市郊外に滞留するフランス郊外は、規模・意味・結果などで大きく異なるが、あえて両者を結びつけて「人種」のイメージを想起させたという点で、これもカラー・コンシャスな発言である。しかも「徹底的なカラー・コンシャス否認」の国フランスで「アパルトヘイト」という表現を使うことは、単なる人種イメージの喚起にとどまらない。それは国家原理である共和主義とは本質的に相容れない「異質な他者」の存在を喚起し、それが国の「脅威」であることのメタファーとして機能する。

このように「カラー・ブラインド」であるはずのフランス政府関係者が用いる「カラー・コンシャスの婉曲話法」は、同国の幅広い層に浸透している。その一例として、先にあげたニコラ・ジュナンによるエスニック・マイノリティの大学生についての記述を取り上げる。学生が示す以下の態度は、まさに先にみたような政治家たちの影響を受けているように思われる。

> 学生の多くは、普段、学生同士で話すときには明確でわかりやすい表現――「アラブ」「黒人」「白人」など――を使う。ところが授業で調査報告をするときには普段とは違う言葉を使う。表向きにはより婉曲で、実際にはより差別的な語彙を用いて話すのだ。たとえば「人種」や「肌の色」という代わりに、国籍や出自、文化に関わる語彙を用いて「違い」を表現しようとする。ある学生は「その地区に『外国人』はほとんどいなかった」と言い、別の学生は「喫茶店のウエイターは『外国出身』だった」と言う。また別の学生は「文化的多様性をもつ人々」や「生粋フランス人」がたくさんいた、などと語る。どの学生も同じような語彙を用いるのは、それがフランス共和国の反人種差別の基準をみたす「正しい表現」であり、それを遵守しなければならないと思っているからだろう。（Jounin 2014：87）

### カラー・ブラインド原則の形骸化

「人種」の代わりに「外国人」「国籍」「宗教」などに言及することで暗に「人種」の違いを喚起する「カラー・コンシャス」は、「カラー・ブラインド」を標榜するフランスのさまざまなレベルで浸透している。本来「カラー・ブラインド」とは「人種間の差異を考慮しない」（もっともこの「差異」をどう解釈するかは意見が分かれるところであるが）という意味であり、「その言葉を口にしてはならない」という意味ではない。ところがフランスでは「人種という言葉を口にしてはならない」という解釈が広がっている。そしてそれが「人種という言葉さえ口にしなければよい」と変形解釈され、「色の違い」を喚起するメタファーが濫用される、というパラドクスが生じている。つまり「カラー・ブラインド」は事実上、形骸化していると言わざるを得ない。「カラー・ブラインドの形骸化」は言説レベルだけでなく政策にも表れている。ヴァルスは二〇一五年一月のシャルリ・エブド襲撃事件の再発防止政策の一環として、フランスの重要な価値観である「ライシテ」教育を徹底させ、ゲットー化を防ぐという「カラー・ブラインド」の目標を掲げた。ところが、それを実現するための具体策としてあげたのは「イマームの養成」であった。カラー・ブラインドの理念を掲げておきながら、実際にはイスラムという特定のコミュニティのみを対象に「カラー・コンシャス」な施策を行う、という矛盾がみられたのである。このような政策の矛盾について歴史家のバンジャマン・ストラも次のように指摘している。

数年前は刑務所に大学教員が派遣されて、教育を行っていました。ところが現在ではそれをイマームに担当させるという案がでています。ライシテを社会に定着させようという目標と、実際に行われている施策の間に驚くべきパラドクスがあります……別の例をあげましょう。一九八〇年代、毎週日曜朝に「モザイク」という番組が放映されていました。移民の文化を宗教色なしに紹介する番組です。この番組に代わって現在では宗教番組が放映されています。政治や文化という観点から移民を扱う番組はなくなってしまいました。移民たちは宗教という一点のみからしか見られなくなってしまったのです……イマームや刑務所専属宗教者を養成し、宗教番組ばかり制作しておきながら、宗教と政治を分離するというライシテを遵守せよと言うのは無理です。一貫した政策が必要なのです[13]。

以上、公式の言説で強調されるほどフランスは「カラー・ブラインド」ではないことを見てきた。それらを踏まえると、フランスの特徴は「カラー・ブラインド」にあるというより、「カラー・コンシャス」の実態が「カラー・ブラインド神話」の下で徹底的に否認されている点にある、と言えるだろう。建前としての「カラー・ブラインド」の自己像と「カラー・コンシャス」の現実の間には大きなズレが生じている。ズレどころか、時として正反対にねじれている。このようなズレはアメリカ合衆国など他国のカラー・ブラインドにも存在する問題である。しかし、フランスの場合「カラー・ブラインド」のイデオロギーが「出自や人種、宗教にかかわらず個人の平等を保障する」という「フランス型共和主義の理想」と強く結びついており、このような「共和主義の理想」がフランス人のナショナル・アイデンティティの拠りどころのひとつとなっていることから、ズレの正当化の力もよりいっそう強固なのである。

## 3 共和主義のダブル・スタンダード

### 「人種化」されるマイノリティとされないマジョリティ

ここまで、フランス社会ではカラー・ブラインドの原則に反して、カラー・コンシャスのまなざしが顕在化し、「フランス社会の人種化」と呼べる現状が存在することをみてきた。だが重要なのは、全員が一律に「人種化」されているわけではない点である。前節でみたように、マイノリティに対しては「人種化」されたまなざしが注がれるのに対し、マジョリティの白人についてはやや状況が異なっている。この点について、レイシズム研究のピエール・テヴァニアンによる「白人」に関する指摘をみていこう。

彼らは「白人」と呼ばれただけで――侮辱するわけでなく、単に事実を述べただけにもかかわらず――怒るのです。たとえば討論番組のコメンテーターが全員白人だったとか、フェミニストの集会の参加者が白人ばかりだった、などと言っただけで、突然怒り出すのです。以前、私が関わっていた反人種差別団体では、活動家が全員白人でしたが、ある日そのことを指摘した途端、お前はレイシストだ——白人に対するレイシスト——と激しく非難されました……フランスの白人は「白人」と名指されることに耐えられないのです。なぜ耐えられないのか。何よりも特殊化されることに耐えられないのです。なぜなら私たちはこの世に生まれたときから「われわれこそが普遍性を代表する存在なのだ、人間とはわれわれのことなのだ」という考えを植え付けられてきたからです。だからこそ、黒人やアラブ人、アジア人のことを「有色の人々（gens de couleur）」と呼び、まるでわれわれ自身には「白」という色がないかのように振る舞うのです。（Tévanian 2008：77-78）

またジュナンも、マジョリティの白人が白人と呼ばれることに対して持つ違和感について、次のように言及している。

「有色の人々（gens de couleur）」という表現は、語り手自身が無色であることを前提とする。このような認識の非対称性にこそレイシズムが宿っている……「白人」という表現は「アラブ人」や「黒人」に比べ、日常生活で使われることが圧倒的に少ない。白人は透明であり、他者こそがヴィジブルな存在というわけだ……だからこそ、自分が白人であると自覚を持つ白人は、黒人だと自覚する黒人や、アラブ人と自覚するアラブ人より圧倒的に少ない。したがって白人は「白人」と呼ばれることに慣れておらず、呼ばれると気を悪くするのである。（Jounin 2014：91）

他者に対して「ムスリム」や「アフリカ系」「外国出身」といった表現を使うことには「事実を描写するもの」

として違和感を覚えない人が、自分を「白人」と呼ばれると不快に感じたり、差別だと思う[14]――これはまさに野村一夫が問題化する「ダブル・スタンダード」（野村 1996）に該当する。

### ダブル・スタンダードの効果――差別の隠蔽と責任転嫁

このようなマジョリティとマイノリティに対するフランス型共和主義のダブル・スタンダードにこそ、フランスのレイシズムの特徴がある。それでは、このようなダブル・スタンダードが、マイノリティ排除に具体的にどのような影響をおよぼしているのか、以下でもう少しくわしく検討したい。

フランス国家によるダブル・スタンダードの存在は、ムスリムの多くがはっきりと意識している。その例として、ドキュメンタリー映画『移民の記憶』に出てくる、アルジェリア移民二世アーメッド・ジャマイの証言をみていこう[15]。ジャマイはパリ郊外のスラム街のバラックで育った子ども時代から、次第にダブル・スタンダードの存在を意識するようになった過程を以下のように語る。

> 母と役所に行き、団地の入居を申請したら「移民枠は一杯」と断られた。僕には「移民」とは何かよくわからなかった。でも母は引き下がり、バラックからの引越しを断念するしかなかった。林間学校の申請も「移民枠」で断られたよ。どこでも「移民」扱い……ところが一八才になった途端「フランス人」として兵役に徴集された。つまり一八才までは清潔な住宅やまともな教育を求めても「移民」として断られ、一八才を過ぎれば「フランス人」として徴兵される。社会から隔離されたこんな泥だらけの場所で生まれ育った人間に何を求める気だ？　郊外の住民が憎しみを見せるのは信頼関係が壊されているからだよ。

このようなダブル・スタンダードの経験は自分自身に対してだけでなく、家族に与えられた屈辱としても記憶されている。

仮住まい団地の監視員は「おい　ファトゥマ！」と母を呼び捨てにした。フランス育ちの僕らには理解できなかった。「マダム　すみません」――普通はこう言うはずだ。僕らは口答えをし、衝突が起きた。奴らの態度も話し方も許せなかったんだ。でも両親は無言で耐え忍ぶばかりだった。「自分たちは移民だし、ここはよその国。だから仮住まい団地も仕方ない」と。けれども僕らはすでにアイデンティティの葛藤を抱えていた。フランスで生まれ、学校に通い、教室ではフランス人の同級生と「同じ」なのに、学校の外で「違う」のはおかしい、親にあんな話し方するのは許せない、と。

家族が「普通の人」と同様に扱われていないというダブル・スタンダードの経験は、多くのマイノリティに共通する。保守派の政治家ラシッド・カチは社会・政治的な立場は前述のジャマイと大きく異なるが、同じような経験について語っている。

市民団体の代表として市が主催するパーティに出席した時、父は会場で飲み物のサービスをしていた。でも父の上司である会場責任者は他の人には敬語なのに父には敬語を使わない……僕は頭に来てその男に言ったんだ。「なぜ父に敬語を使わないんですか？」男は「何様のつもりだ？」と答え、口論になったけど、父は僕に「もう黙れ」と目配せをした。

読者の目には、これが明らかなダブル・スタンダードだと映るだろうし、だからこそ第三者がみれば「怒って当然」と感じるだろう。だが野村が指摘するように、ダブル・スタンダードの問題点は、そこから利益を得ている内集団の人々にはそれを当たり前と思う「心の習慣」があり、正当化の作用が働いているため「おかしさ」が見えない（あるいは見ない）ところにある。逆に内集団から外部に排除される者には、内集団の規範を当たり前とする「心の習慣」がないゆえにダブル・スタンダードがよく見える（野村 1996）。これは「よそ者」だけが「鳥の視点」という客観的視点を有するができるというゲオルグ・ジンメルの指摘するところでもある（Simmel 1908＝1994：288）。

このようなダブル・スタンダードは、それによって不利益を被る人たちにしてみれば不当な扱い以外の何ものでもない。しかも不当な差別であるだけでなく、ダブル・スタンダードの効果によって内集団のメンバーにはそれが「差別」として映らず、差別自体が否定されるため、不当感はなおさら強くなる。そもそもフランスでは共和主義の「平等原則」がエスニック・マイノリティに対しても強く叩き込まれる。それだけに、理想と現実の落差はいっそう広がり、「不当だという感覚」はますます強くなる。

小さい時から「外国人」扱いで今さら「統合」などと言われても、いったいどうしろというんだ？　わけがわからない。僕は仕事を持ち、税金を納め、人並みに家賃も払っているのに「統合」していないと人は言う。じゃあ「統合」とは何だ？　どうすればいい？　教えてくれ！

ムスリム研究者のファラッド・コスロカヴァールによれば、フランスのムスリムは民族や出身国の国籍などで細かく分断されており、さらに民族共同体の存在を認めぬフランス型共和主義の影響から、出身国別コミュニティの組織力や紐帯も（コーロッパの他国にあるエスニック・マイノリティのコミュニティと比べ）弱い。したがって「ムスリム・コミュニティ」はおろか、出身国コミュニティと呼べるような共同体も実質的には存在しない、という。ところがそれにもかかわらず、フランス主流社会では「ムスリム・コミュニティ」の一員とみなされ、「コミュノタリズム」を非難されるという逆説的状況におかれる。つまり、存在しない「ムスリム・コミュニティ」の一員であることを非難されるというわけだ。ここにこそ「フランスのムスリム」に固有の困難がある、とコスロカヴァールは指摘する（Khosrokhavar 2003）。

統合を拒否しておきながら「統合されていない」と非難するダブル・スタンダードは単なる言説レベルにとどまらず、具体的な問題を引き起こす。それは実際に起きている差別を認知せず、隠蔽し、差別に対する異議申し立てを抑圧したり無効化するだけではない。それはまた、被差別者の困難の原因を被差別者自身に責任転嫁する効果をもたらす。これはダブル・スタンダードから利益を得る内集団の側にとっては非常に都合のいい道具となる。と同時に、不利益を被る外集団にとっては非常に不当であり、激しい怒りと絶望を引き起こす原因となる。

### マイノリティの足かせとなるダブル・スタンダード

もう一点、フランスのダブル・スタンダードが引き起こす問題を少し異なる角度から取り上げる。それはフランス型共和主義の理想のもとに個人をコミュニティから引きはがしておきながら、「異質なムスリム」として社会から疎外することがその個人に与える影響である。フランス社会で同じように差別を受けても、帰属するコミュニティを持つ者と、拠り所にするコミュニティもない孤立した者とでは、疎外は後者のほうがより深刻なものとなる。二〇一五年一月のシャルリ・エブド襲撃事件の主犯格とされたクアシ兄弟は、母子家庭で育ち、それぞれ一〇歳と一二歳のときに母親が自殺し、彼らをサポートする親族やコミュニティがなかったことから、施設で育てられた(16)。そして家族ネットワークもなく、頼れるコミュニティもなく、しかもフランス社会から排除され、あらゆるネットワークやコミュニティからこぼれ落ちて疎外された存在であったことが知られている。つまり、フランスでしばしばムスリムに対する非難として用いられる「コミュノタリズム」とはまったく異なる状況におかれていた。この点をイスラモフォビア研究のアブデラリ・アジャットは次のように指摘している。

〔宗教の名における暴力の原因の一つは〕フランスの下層階級居住地区で深刻化する疎外と関連している……二〇一五年一月の襲撃事件を起こした三人は、言ってみれば「自由電子」であり、周囲との個人的、感情的な結びつきが弱く、別離で心に傷を負った生い立ちと社会的な孤立と構造的不平等の産物だった。そのために、非行と暴力的小集団の世界に投げ込まれたのだ。こうした自由電子は、仲間、特に親族や地元モスクの信者とはすでに「縁を切って」いたのであり、教育支援の仕組みによって「すくい上げられる」こともなかった（〔 〕は引用者による）[17]。

このようなフランスのダブル・スタンダードは、ある逆説的な結果をもたらすことがある。それは同じエスニック・マイノリティでも、民族や宗教的コミュニティから自律的で、フランスの共和主義モデルに適った個人のほうが、共和主義原則に反してエスニック・コミュニティと強いつながりを持った個人よりも、結果的に疎外されてしまう、という問題である。

この問題点を実証的に示したのが、社会学者のクレール・シフの研究である。シフは郊外の問題地区にある同じ団地で暮らす若者のうち、フランスで生まれ育ったマグレブ出身の若者と、ニューカマーで滞仏歴の浅いトルコとスリランカ出身の若者という二つの集団に注目して、両者の文化的同化と社会的統合の度合いについて比較を行った。それによれば文化面では前者のほうが圧倒的にフランスに同化しているが、文化的同化の進んだ前者はコミュニティから自律した個人と存在しているがゆえに、頼るコミュニティがなく、また自らを差別するフランス社会に対して多くの葛藤や軋轢を抱えている。それに対し後者は、エスニック・コミュニティと強い結びつきを持ち、フランスへの文化的同化は前者に比べて進んでいないが、それがゆえにフランス人が就かないような低賃金労働でも積極的に受け入れることがわかった。その結果、後者のほうが前者よりも失業率が低く、経済状況のよいことが明らかになったのである（Schiff 2002：230）。シフの研究は、従来の「移民統合論」で言われてきたことに反して、文化的同化と社会的統合が必ずしも比例しないことを示した。それどころかフランスへの（その価値観を受け入れるという意味での）文化的同化が、かえって社会・経済的統合の足かせになりうることも示唆したのである。

フランス型共和主義にならって、個人がコミュニティから自律したにもかかわらず、他の市民と平等に扱われないというダブル・スタンダードは、以上のように個人の疎外を深めるリスクを孕んでいる。アジャットは（シャルリ・エブド襲撃事件など）郊外のムスリムを名乗る若者の引き起こす暴力が「国家の暴力と社会的暴力から養分を吸い取って肥大する」（Hajat 2015）と指摘しているが、本節でみてきたダブル・スタンダードもこのような暴力の根を涵養している。

## 4　問題解決の展望

ここで、本章でみてきた現代フランスにおけるレイシズムの特徴についてまとめたい。「市民は、出自や人種、宗教にかかわらず、平等である」という「フランス型共和主義」を拠りどころに、「『人種』や『民族』などの間に『差異』は存在しない。『差異』に言及すること自体が差別である」と考える徹底的なカラー・ブラインドネスの理想がフランスでは強く信じられている。ところが、実際にはマイノリティの身体的・文化的な「差異」を喚起するメタファーが、政治家をはじめとするマジョリティによって多用されているという現実があり、カラー・ブラインドネスは形骸化していると言わざるをえない。公式には「カラー・ブラインドな理想」が謳われる一方で、マイノリティに対しては「カラー・コンシャスな視線」が注がれるというダブル・スタンダードは、マイノリティ差別を隠蔽したり、差別への批判を無効化するものとして機能する。このような「カラー・ブラインドな理想」と「カラー・コンシャスな実態」のねじれが生み出すダブル・スタンダードによって、マイノリティの疎外がいっそう強化されるというところに現代のフランスのレイシズムの特徴がある。

多文化主義とならんで移民統合のモデルとされてきたフランス型共和主義の最大の問題点は、それに馴染まない異質なマイノリティの存在でもなければ、フランスモデルが十全に適用されていないことでもない。そうではなく(2節の初めでみたように)、共和主義は実践面では問題があるとしても、原則的には差別や排除を生み出すはずがないという前提にたち、「フランス型共和主義の理想」を疑わず、絶対視してしまう非反省的な思考にあるのではないか、と筆者は考える。だからこそ、あらゆる差異もいつかは自然に混ざりあい、消えていくだろうと楽観的に考え、その通りにいかないときにはフランス型共和主義ではなくマイノリティ側に原因がある、と考えてしまうのではないだろうか。

そのような「フランス型共和主義信仰」の事例として、反人種差別団体「SOSラシズム」代表のドミニーク・ソポが、二〇一五年一〇月にルモンド紙に掲載した論考がある。「フランスはユダヤ・キリスト教徒で白人の国」という保守政治家モラノの発言に対する反論として書かれたその論考で、ソポはモラノの発言を「恥」という言葉で批判し、自分の考える「本来のフランスの姿」を描く。それは「腕を広げて外国人を受け入れ」、「あらゆる出自、出身国、肌の色の男と女たちが違いを乗り越えて、共和主義の理想の下に融合してきた」国だという。そしてソポは、「白人」である自分の母方の祖父が、「黒人」である自分の父を「婿」として受け入れ、さらにその子どもであり「混血児」である自分自身を「孫」として受け入れたことを例にあげ、「フランス共和国」の本来の姿は「色」を見ずして「人」を見ることなのだ、と説いた[18]。

ここで問題にしたいのは「カラー・ブラインド」の理想自体ではなく、「カラー・ブラインド」を反レイシズムの実践の手段とすることである。「肌の色に基づいて差別してはいけない」というルールはわかる。だが、それは「肌の色をみないこと」と同じではない。人種をめぐるさまざまなイデオロギーによって構築された現代社会において、人々の他者認識における「人種・色」を完全に排除することは不可能であろう。このような指摘は「人種や肌の色」を排除の根拠として認めることを意味するわけではもちろんない。ただ「色をみない」という理想は、人種化された現代社会の文脈では限界があるという立場である。

フランス社会にも多様な「色」が存在し、それらは現実のレベルで人々にさまざまな形で意識され、具体的な影響を社会や人々の生活に及ぼしている。重要なのは、この現実を「共和主義の理想」の名の下に否定するのではなく、それを受け入れ、（そのことの是非はともかく）「現代社会において肌の色は認識される」という前提にたち、そこを出発点としてオープンかつプラグマチークに、差別是正ならびに多様な人々が共存しやすい社会構築をめざし、それにむけた新たなルールづくりを考えることではないだろうか。それはアメリカ型、イギリス型多文化主義をまねろ、といった趣旨のことではない。新たな「統合モデル」探しよりも、むしろ反貧困、反人種差別の具体的実践に今まで以上に力を入れることではないだろうか。「差別のありえない原則」を夢想するより、差別が起きることをデフォルトと考え、プラグマチークな施策を模索する姿勢が大切だ。逆説的であるが、共和主義の理想への到達には、共和主義は実践では機能していないという前提にたち、理念先行型ではなくプラグマチークな差別是正のルールづくりをすることから始まると思われる。

## 付記

本章は、二〇一五年度科学研究費・基盤研究B「都市部の衰退地区における『ソーシャル・ミックス』の社会学的研究」の研究成果の一部である。また本章の考察は、拙著（森 2016a）の第7章「風刺新聞社襲撃事件と『見えない断絶』」の一部をもとにして、大幅に加筆修正したものである。

## 注

（1）ただし、このような事件がフランスばかりで起きているわけではないことは強調しておきたい。先進国で起きる「テロ事件」がメディアでクローズアップされる一方、それ以外の地域での「テロ事件」は先進国よりも頻発しているにもかかわらず――世界中で起きている「テロ」の最大の被害者は非先進国に居住するムスリムである事実は看過されがちである――、「大事件」として取り上げられない傾向が実際に存在し、その背景には先進国とそれ以外の国々の間にある非対称的な権力構造があることには注意しなければならない。

（2）代表的なものに、フランスにおけるイスラーム研究の権威であるオリヴィエ・ロワとジル・ケペルによる論争がある。その論点をわかりやすくまとめたものとして、ニューヨーク・タイムズ二〇一六年七月一二日付の記事 "That Ignoramus': 2 French Scholars of Radical Islam Turn Bitter Rival" (http://www.nytimes.com/2016/07/13/world/europe/france-radical-islam.html) を参照のこと。

（3）本章ではレイシズムを、恣意的に選び出された何らかの「差異」を特定の個人や集団の最たる特徴として本質化し、その差異を劣等の根拠とする思想・イデオロギー、排外主義を外国人、あるいはそう目される人を敵視し、排除しようとする思想・イデオロギーと理解する。それにしたがえば、本章で扱うフランスのムスリムは大半がフランス生まれのフランス国籍者であるため、排外主義よりもレイシズムの対象として捉えるのが適切である。そのため以下では排外主義ではなくレイシズムという用語で問題にアプローチする。

（4）フランスはもとより普遍主義を重んじる国であるが、「普遍性擁護」の論理が排除の正当化に用いられるようになったのは、比較的新しい現象である。

（5）たとえばドイツでは、二〇〇六年より州レベルで帰化申請者を対象にテストが実施されるようになり、南西部バーデン

=ヴュルテンベルク州ではその一環で面接形式の口頭試験を実施しているが、その質問項目全三〇問のうち三分の一以上にあたる一二問が、同性愛者や女性の地位に関わる内容となっている。そして口頭試験はすべての申請者ではなく、試験を実施する州移民局が必要だと判断した場合にのみ行われ、実際にはケースの大半がムスリム移民の申請者を対象としていることが報告されており、この帰化テストは「ムスリムテスト」と呼ばれている（佐藤 2007：6-9）。

（6）筆者自身も含め、これまでのフランス研究においては、まるでフランス型共和主義イコール普遍的な共和主義であるかのように扱われ、「フランス」という形容詞なしに「共和主義」という言葉が用いられてきた。この問題を反省的に自覚し、本章では「フランス型共和主義」という表現を可能な限り用いることにする。

（7）同法は一九九五年のEU指令を受けて二〇〇四年に大幅に改正されたが、同条項は改正されていない。人種・民族別統計をめぐっては一九九〇年代以降論争が繰り返されてきた。一九九二年に国立人口統計研究所のM・トリバラが統計調査に初めて「民族的出自（origines ethniques）」を導入すると（Tribalat 1995）、人口統計学者のH・ルブラが共和主義の原則を擁護する立場から激しい批判を展開した（Le Bras 1998）。二〇〇〇年代には同じく人口統計学者のP・シモンが人種差別是正のために民族統計が不可欠であるとの主張を展開している。詳しくは中力（2012）を参照。また二〇一四年地方統一選挙で極右政党国民戦線の支持を受けて南西部ベジエ市長に当選したR・メナールが、二〇一五年五月に同市の小学校の名簿に基づいてムスリムが占める割合を算出したと発表し、論争が再燃した。

（8）代表的なものに一九九〇年一〇月九日のフィガロ紙に掲載されたアラン・トゥーレーヌのインタビューがある。

（9）« L'Assemblée nationale supprime le mot "race" de la législation » *Le Monde*, 二〇一三年五月一六日付。

（10）ただし、こうした地区には富裕層の家庭に住み込みで働くアジアやアフリカ大陸出身の女性が多く居住しており、その点も留意する必要がある。

（11）代表的な例として一九九六年に国民戦線党首のジャン＝マリー・ルペンが「人種間に不平等は存在する」と発言し、一万フランの罰金刑を受けたことがあげられる。

（12）http://tempsreel.nouvelobs.com/politique/election-presidentielle-2012/20120326.OBS4607/nicolas-sarkozy-invente-un-nouveau-concept-musulmans-d-apparence.html

（13）« La République, l'islam et la laïcité » En direct de médiapart, http://www.mediapart.fr/journal/international/

220115/en-direct-de-mediapart-la-republique-lislam-et-la-laicite.

(14) フランスにおける白人についても近年はアメリカのホワイトネス研究の影響を受けた研究が一部で進められつつある。その代表的な業績に、アメリカ史研究のシルヴィー・ロラン（Sylvie Laurent）とジャーナリストのティエリー・ルクレール（Thierry Leclerc）が編集した論集 *De quelle couleur sont les blancs*（La Découverte, 2013）がある。

(15) 以下の引用部分はすべて日本語版ＤＶＤヤミナ・ベンギギ監督『移民の記憶――子ども編』（パスレル、二〇〇七年）を参照。

(16) Eloïse Lebourg « L'enfance misérable des frères Kouachi », *Reporterre,* du 15 janvier 2015.

(17) « Qu'est-ce que ça fait d'être un problème » 荒井雅子訳「自分が『問題』になるとはどういうものか」（www.tup-bulletin/org/?p=2777）。

(18) Sopo, D. « "Mes grands-parents Eugène & Fernande auraient honte de vous" : ma lettre ouverte à Nadine Morano » http: // www. lemonde. fr/politique/article/2015/10/02/eugene-et-fernande-mes-grands-parents-de-valenciennes-auraient-honte-de-vous-madame-morano_4781499_823448.html

## 文献


Bouvet, Laurent, 2015, «Pour un républicanisme du «commun»», *Le Débat,* 186 : 159-165.

中力えり、二〇一二、「フランス共和国とエスニック統計」宮島喬・杉原名穂子・本田量久編 『公正な社会とは――教育、ジェンダー、エスニシティの視点から』人文書院。

Hajjat, Abdellali, 2015, "Reflections on the January 2015 Killings and their Consequences", *Migration and Citizenship,* vol. 3, no. 2 : 7-14.

Jounin Nicolas, 2014, *Voyage de classes, Des étudiants de Seine-Saint-Denis enquêtent dans les beaux quartiers,* La Découverte.

川島正樹、二〇〇五、『アメリカニズムと「人種」』名古屋大学出版会。

Kepel, Gilles, 1987, *Les banlieues de l'islam, Naissance d'une religion en France,* Le Seuil.

Khosrokhavar, Farhad, 2003, « Existe-t-il une opinion publique musulmane en France ? », Wieviorka, Michel dir., *L'avenir de l'islam en France et en Europe*, Balland.

Khosrokhavar, Farhad, 2016, "Jihad and the French Exception", *New York Times*, 2016/07/19.

菊池恵介、二〇〇八、「植民地支配の歴史の再審――フランスの『過去の克服』の現在」金富子・中野敏男編『歴史と責任――「慰安婦」問題と一九九〇年代』青弓社。

小山友、二〇一三、「オランダ新右翼の台頭とその特質」『東洋英和大学院紀要』9：九五-一一二頁。

Le Bras, Hervé, 1998, *Le démon des origines : démographie et extrême-droite*, Editions de l'Aube.

森千香子、二〇〇五、「フランスにおける『イスラームフォビア』の新展開とその争点」『日本中東学会年報』（20）2：三二三-三五一頁。

森千香子、二〇〇七、「『宗教シンボル禁止法』論争が提起する問い――『ムスリム女性抑圧』批判をめぐって」内藤正典・阪口正二郎編『神の法VS人の法』日本評論社、一五六-一八〇頁。

森千香子、二〇一三、「『人権の国』で許容されるレイシズムとは何か?――フランスにおける極右、反移民政策、イスラモフォビア」駒井洋監・小林真生編『移民・ディアスポラ研究3　レイシズムと外国人嫌悪』明石書店、一四八-一五六頁。

森千香子、二〇一四、「ヘイト・スピーチとレイシズムの関係性――なぜ、今それを問わねばならないか」金尚均編『ヘイト・スピーチの法的研究』法律文化社、三-一七頁。

森千香子、二〇一五、「過激派の根茎を涵養するイスラームバッシング――『パリ新聞社襲撃事件』を考える」『中東研究』522：五五-六二頁。

森千香子、二〇一六a、『排除と抵抗の郊外――フランス〈移民〉集住地域の形成と変容』東京大学出版会。

森千香子、二〇一六b、「承認がうみだす新たな排除とは何か」田中拓道編『承認――社会哲学と社会政策の対話』法政大学出版局。

長島玲央、二〇一五、『アメリカとグアム――植民地主義、レイシズム、先住民』有信社高文堂。

野村一夫、一九九六、「ダブル・スタンダードの理論のために」『法政大学教養部紀要（社会科学編）』98：一-三〇頁。

大森一輝、二〇一四、『アフリカ系アメリカ人という困難――奴隷解放後の黒人知識人と「人種」』彩流社。

佐藤裕、二〇〇七、「ドイツの移民テストと主導文化――多文化主義からの離脱」『関西大学人権問題研究室紀要』55：一－一七頁。

Schiff, Claire, 2002, « Les jeunes primo-migrants : un rapport à la société distinct de celui des minorités ethniques », *Ville-Ecole-Intégration Enjeux*, 131.

Schnapper, Dominique, 2015, « Quelle politique multiculturelle ? », *Le Débat*, 186 : 111-121.

Simmel, Georg, 1908, *Soziologie. Untersuchungen über die Formen der Vergesellschaftung*, Berlinm Duncker & Humblot.（＝一九九四、居安正訳『社会学――社会化の諸形式についての研究』（下）白水社。）

Tévanian, 2008, *La mécanique raciste*, La Directa.

Tribalat, Michèle, 1995, *Faire France : une grande enquête sur les immigrés et leurs enfants*, La Découverte.

Wieviorka, Michel, 1996, « Racisme, racialisation et ethnicisation en France », *Hommes et migrations*, 1195 : 27-33.

Wieviorka, Michel, 1997, *Une société fragmentée ? Le multiculturalisme en débat*, La Découverte.

Wieviorka Michel, 1998, *Le racisme, une introduction*, La Découverte.（＝二〇〇七、森千香子訳『レイシズムの変貌』明石書店。）

# 第2章　多文化主義は死んだのか
## ——英国における排外主義の展開

樽本英樹

### 1　多文化主義への死亡宣告

ヨーロッパに排外主義の風が吹き荒れている。英国も例外ではない。特に二〇〇〇年代になってから排外主義が急増してきたように見える。そしてその急増に伴い、社会統合原理としての多文化主義への懐疑が強く表明されるようになってきた。象徴的なのはデヴィッド・キャメロン首相（当時）の次のような発言であろう。

国家（レベルの）多文化主義の考えの下では……われわれは人々が所属したいと感じる社会のヴィジョンを与えることに失敗してきた。（Cameron 2011）

ドイツ・ミュンヘンで開催された安全保障に関する会議におけるこの発言は、他のヨーロッパ諸国でも共感を持って受け止められうる。たとえばドイツのメルケル首相も二〇一〇年一〇月一六日に与党キリスト教民主同盟（ＣＤＵ）の青年部会議で、ドイツの多文化主義は完全に失敗したと発言した（BBC 2010）。フランスのサルコジ大統領（当時）も二〇一一年二月、テレビのインタビューで移民たちが受け入れ社会のアイデンティティを十分に持っていないゆえに多文化主義は「失敗」したと言明したのである（Telegraph 2011）。

このような一連の動きを「多文化主義の死亡」（the Death of Multiculturalism）（Kundnani 2002）とまとめたくなるほど、多文化主義への懐疑は大きな社会問題へと発展している。なぜ多文化主義の有効性に疑問符が付けられるようになったのだろうか。排外主義の台頭とどのように関連しているのであろうか。

本章は英国に焦点を絞り、排外主義およびその影響としての多文化主義の趨勢を論じる。[1] 次のような問いを立ててアプローチしていこう。第一に、いくつかのバリエーションがあるなか、英国における多文化主義の特徴はどのようなものだろうか。第二に、なぜ排外主義を含む過激主義が興隆していったのであろうか。最後に、多文化主義は「失敗した」のだろうか、そして／または「死んだ」のだろうか。

## 2　英国多文化主義の成立

### 移民の流入と人種という視角

多文化主義と一言でいっても、その内実は多様である。多文化主義には、人口学的‐記述的定義、イデオロギー的‐規範的定義、そしてプログラム的‐政策的定義という三つの把握の仕方がある。さらに、たとえばエスニック料理店の増加や多文化フェスティバルの開催のような象徴的事象だけを多文化主義の現れとして容認する考えもあれば、雇用や教育の枠をエスニック集団ごとに割り当てるなど構造的施策が執行されて初めて多文化主義とする考えもある（樽本 2016：74-79）。

英国における多文化主義はどのような特徴を持っているのであろうか。まずは多文化主義をもたらす主な原因であった移民の流入について確認しておこう。第二次世界大戦までの英国は、新大陸などへと人が移動する出移民の国であった。[2] 英国が入移民国としての特徴を本格的に示すのは、一九五〇年代になってからである。まず一九五〇年代から六〇年代にかけて多く流入したのはジャマイカなどカリブ海諸国からの移民である。次に一九六〇年代から八〇年代初頭にかけて、インド亜大陸のインド、パキスタン、バングラデシュおよび東アフリカ諸国から多くの移民が流入した。これら新英連邦およびパキスタン系移民（以下、新英連邦移民と総称する）は、英国社会を着実に多文化化していった（樽本 2012：76-78）。

流入および定住化に伴い、新英連邦移民たちはマイノリティとして言説化されていく。一九五〇年代、六〇年代には「肌の色」（colour）に基づいて、「カラード」（coloured）と呼ばれることが多かった。その後、一九六〇年代から八〇年代にかけては「人種」（race）が指標とされ、移民たちは「人種集団」として捉えられた。「人種」による把握と重なるようにして一九九〇年代からはより文化に着目した概念である「エスニシティ」（ethnicity）が指標となり「エスニック集団」として語られることも多くなった[3]（Peach 2005：18）。具体的には、新英連邦移民を包括的に示す言葉として「Black」が用いられる。しかし、カリブ系と南アジア系を区別するときには、前者は「Black」または「Caribbean」と呼ばれ、後者は「Asian」と呼ばれる。さらに南アジア系を細かく区別するときには、インド系（Indian）、パキスタン系（Pakistani）、バングラデシュ系（Bangladeshi）という呼称が用いられる。移民自身によるアイデンティティ規定もこの分類に準じることが通常となった。[4] そしてここから人種関係（race relations）という移民および移民に関わる社会問題を捉える視角が生まれた。

### 社会統合の人種関係パラダイム

人種関係という視角は、社会統合に関する一連の法・政策枠組みを生み出した。この一連の法・政策枠組みのことを「人種関係パラダイム」と呼んでおこう。

一九六〇年代初頭に定住した移民マイノリティの統合問題が先鋭化し、一九六五年に人種関係法（Race Relations Act）が制定された。同法により公共の場における人種差別的な発言や印刷物の配布が禁止された。しかし、移民に対する差別が止むことはなく、一九六八年には人種関係法（Race Relations Act）が制定された。これによって雇用、住宅など社会領域における人種差別も禁止し、人種関係局に調査権を与え、コミュニティ関係委員会をつくり差別防止に関する啓発活動を行うことにした。さらに一九七六年の人種関係法（Race Relations Act）では、間接的差別を禁止し、人種平等委員会（Commission for Racial Equality : CRE）を設立し、個人による提訴を可能とした。

一九八〇年代以後サッチャー首相およびメージャー首相率いる保守党政権下で移民統合政策は停滞したかに見えたけれども、一九九七年に発足したトニー・ブレア首相率いる労働党政権は、一九九八年に人権法（Human Rights Act）を制定し、スティーブン・ローレンス事件の捜査過程を検証するよう指示して一九九九年マクファーソン報告（Macpherson Report）に結実するなど、移民の社会統合に配慮する方向に舵を取った。二〇〇〇年には人種関係（改正）法（Race Relations（Amendment）Act）を制定し、公共団体に人種平等実現の義務を課すことにした(5)。

以上のような歴史的過程に沿って、英国では社会統合の人種関係パラダイムが発展してきた。人種関係パラダイムは一定の効果を上げる一方、ある制約を随伴してもいた。その制約とは、差別など排外主義的行為・態度や職業あるいは住宅の格差など構造的不平等は人種集団間で生起するという思考前提である。その結果、人種集団間で調和を図ることで差別や不平等などの問題は解決可能であるという政策前提が形成されたのである。

## 人種関係的多文化主義の成立

社会統合の人種関係パラダイムが発展するのと相関的に、あるタイプの多文化主義も発展してきた。旧大英帝国の政治枠組みを引きずってきた英国は、旧植民地国別のエスニック・コミュニティ（人種コミュニティ）を通じて統治を行うという政治的慣習を維持してきた。そして、人種関係パラダイムに基づいて人種集団間での平等を実現することで、社会統合を達成しようとしてきた。それらの帰結として、個々の人種・エスニック集団の文化を尊重しようとする社会規範が生まれてきた。移民および移民文化をカリブ系、インド系、パキスタン系、バングラデシュ系のように人種・エスニック集団ごとに区別し、それぞれに英国社会内における一定の地位を与えようとしたのである。

ただし、移民文化に与えられた地位は限定的なものでもあった。その結果現れたのはリベラル多文化主義である。すなわち、文化的多様性が許されるのは私的領域においてのみである一方、公的領域においては英国社会共通の文化的同質性を保つべきだとされた。たとえば公的には英語をコミュニケーション手段とすることが求められたのである。そのため、合衆国で見られたようなアファーマティヴ・アクション的な政策が英国ではほとんど採用されてこなかったのである(6)。

以上のような社会統合の人種関係パラダイムおよび人種関係的多文化主義は、大英帝国時代の政治的枠組みを活用したものである。すなわち、前述したように植民地統治の枠組みが国内の移民統合政策へと転用された（樽本 2013）。社会当事者たちが経路依存性の下で模索した帰結といえよう。

さまざまな批判を浴びながらも、人種関係パラダイムは移民マイノリティの英国社会への統合に一定程度の役割を果たしてきた。しかし一九九〇年代後半以降、人種関係パラダイムに動揺が走ることになる。

## 3　人種関係パラダイムの揺らぎ

### 超多様性の登場

人種関係パラダイムを動揺させた第一の要因は、「超多様性の出現」とまとめることができる。特に一九九〇年代以降、旧植民地からの新英連邦移民ではない、いわゆる新移民が多数流入した。東欧諸国やアラブ諸国からの移民が増加する一方、二〇〇〇年代になると難民・庇護申請者が急増し、二〇〇二年には一〇万人を超えてしまった。このような新移民の流入と定着は、これまでの新英連邦移民を超える多様性、すなわち「超多様性」（super-diversity）を英国社会にもたらすことになったのである（Vertovec 2007）。

移民の超多様性の出現とともに、移民の言説化にも変化が訪れた。一九六〇年代以降に主な指標として用いられてきた人種およびエスニシティに加えて、二〇〇〇年以降は新たに「宗教」が着目されるようになった（Peach 2005：18）。すでに言及したように、これまで南アジア系はインド系、パキスタン系、バングラデシュ系のように旧植民地国別に把握されてきた。しかし、宗教によってイスラム教徒、ヒンドゥー教徒、シーク教徒のように区別される場面が増えてきたのである。また、移民自身も宗教によって自らのアイデンティティを表明することが目立ってきた。

超多様性を加速させ宗教を指標に押し出した最大の要因は、ムスリム移民の増大である。ムスリム移民は、一九五一年には二万一〇〇〇人が英国国内に居住し、一九九〇年代初めには九〇万人から三〇〇万人が居住していたと推定される。さらに二〇〇一年のセンサスでは一六〇万人と数えられた。宗教集団としてはキリスト教徒に次ぐ第二位であり、全人口の二・七％を占める。イングランドとウェールズに限ってではあるが、イスラム教徒のうち六七・八％が南アジア系である。国別に見ると、パキスタン系が四二・五％、バングラデシュ系が一六・八％と多数を占めている（Peach 2005：19–23）。

ムスリム移民に関わる超多様性は、文化的影響ももたらした。イスラム教徒の礼拝所であるモスクを例にとろう。英国国内におけるモスクの数は、着実に増加している。一九六〇年代末までに九ヶ所、一九七四年には登録されたものだけで八一ヶ所存在したと言われる。一九七五年から一九八〇年の間に毎年二〇ヶ所のモスクが登録され、一九八三年には四五〇ヶ所になった。一九九三年には九〇〇ヶ所に上ったと推測される（Geaves 1996：161）。二〇〇〇年代になるとさらに増加し、二〇〇六年には少なくとも一六〇〇ヶ所にも及び、ムスリム移民などにサービスを提供するイスラム教センター（Islamic centre）や慈善団体も各地につくられるようになった（Masood 2006：7）。

このようなモスクの増加に見られるように、ムスリム移民人口の増大は彼ら／彼女らの文化的な存在感も高めていった。加えて、文化にとどまらない影響も英国社会に与えていく。

### イスラム過激主義の登場と展開

ムスリム移民が英国社会にもたらした影響のなかで最も衝撃的なものは、イスラム過激主義（Islamist extremism）の登場であろう。一九七九年のイラン革命以降ムスリム移民の政治的重要性が高まるなか、一九八八年英国人作家サルマン・ラシュディ（Salman Rushdie 1989＝1990）が小説『悪魔の詩』（*Satanic Verses*）を出版した。この小説は、一九八八年のブッカー賞候補となりウィットブレッド賞（現コスタブック賞）の小説部門賞を受賞するなど高く評価された（Booker Prize Foundation 2016：Costa 2015）。

しかし同時に、預言者ムハンマドの妻と同じ名前の売春婦が登場したりコーランの正統性を否定しているなど、イスラム教を冒涜しているとして抗議行動が世界各地で吹き荒れた。英国では一九八八年九月終わり頃からムスリムによるロビー活動などの抗議行動が始まったけれども、暴力行為には発展しなかった。同年一二月二日マンチェスターのボルトンで約八〇〇〇人のムスリムが小説の発禁を求めデモを行ったものの、このときも暴力行為には発展せず、全国レベルのメディアはほとんど報道しなかった。しかし、翌年一月一四日にブラッドフォードで小説が焚書されるなどムスリム移民の行動は激化していき、同年二月一四日にはイランの宗教指導者アヤトラ・ホメイニ（Ayatollah Khomeini）が著者および本の発行に関わった者に対して死刑に相当するファトワ（fatwā）を宣言した。すると同年四月にはロンドンの書店二つが火炎瓶で攻撃され、同年五月二七日の二万人が参加したデモでは四〇〇人から五〇〇人が警察と衝突し、一〇一人の逮捕者を出した（Abbas 2011：101：Modood 1989）。

『悪魔の詩』事件以後、メディアの扇動的な報道もありムスリム移民は過激化する可能性を持つと認識されるようになり、ロンドンはフランスの治安当局者からは「ロンドニスタン」（Londonistan）と揶揄されるようになった。少なからぬ過激主義者が取り締まられることなく滞在を放任されており、まるでロンドンはアフガニスタンやパキスタンのようだというわけである(7)（BBC 2014：Bleich 2010：68–69）。

一九九〇年代に頻発した国外の紛争も、ムスリム移民に自らのトランスナショナルな宗教アイデンティティの覚醒を促した。第一次湾岸戦争（一九九〇～九一）、ボスニア・ヘルツェゴビナ紛争（一九九三～九六）、アフガニスタンなどにおけるタリバンの活動（一九九七～現在）、第二次チェチェン紛争（一九九九）、コソボ紛争（一九九六～九九）、パレスチナの第二次インティファーダ（二〇〇〇）、イラク戦争（二〇〇三～一一）、イスラエルによるレバノン侵攻（二〇〇六）などに対して、ムスリム移民の一部は現地のイスラム教徒側を支持する活動を行った（Abbas 2011：97, 174）。

**表2-1　英国に関わる主なイスラム過激主義の活動**

| | |
|---|---|
| 1988-89 | 『悪魔の詩』事件 |
| 1990年代 | ボスニア・ヘルツェゴビナ，カシミール，チェチェン，パレスチナなど紛争 |
| 2001/5-7 | イングランド北部の3都市で4度の「人種暴動」 |
| 2001 | ザカリアス・ムサウイ，アメリカ同時多発テロ事件に関与の疑い |
| 2001/11 | ティプトン・スリーが拘束され，その後米軍グアンタナモ収容キャンプに収容 |
| 2001/12/22 | リチャード・リード，靴爆弾で航空機爆破未遂 |
| 2003/11/15, 11/20 | イスタンブールの爆弾テロで英国人死傷 |
| 2004/3/31 | ロンドン西部で大量の硝酸アンモニウム肥料が発見 |
| 2004/5/27 | 過激な説教のためアブ・ハムザ・アルマスリ逮捕 |
| 2005/7/7 | ロンドン同時爆破テロ事件 |
| 2006/8/10 | 大西洋横断航空機の爆破計画の発覚 |
| 2007/7/30 | グラスゴー空港の襲撃 |
| 2009/12/25 | 下着に忍ばせた爆弾による航空機爆破計画の発覚 |
| 2015/12/5 | ロンドン地下鉄レイトンストーン駅で殺人未遂 |
| 2017/3/22 | ロンドンのウェストミンスター橋と国会議事堂周辺でテロ事件 |
| 2017/5/22 | マンチェスターのマンチェスター・アリーナで自爆テロ事件 |
| 2017/6/3 | ロンドン橋とバラ・マーケットでテロ事件 |

出所：Abbas（2011）；BBC News；Bleich（2010）；*Guardian* をもとに筆者作成。

二〇〇〇年代になると、英国に関わるイスラム過激主義の活動は常態化の様相を示す（Bleich 2010：68-69）（表2-1）。ニューヨークとワシントンを標的とした二〇〇一年九月一一日のアメリカ同時多発テロに関わったとされるザカリアス・ムサウイ（Zacarias Moussaoui）は、事件を起こす前にロンドンでイスラム過激派たちと交流していた。同年、バーミンガムの北西、ティプトン出身の三名（いわゆるティプトン・スリー Tipton Three）がアフガニスタンでアメリカ合衆国軍に捕らえられ、グアンタナモ湾収容所に収容された。同年一二月、リチャード・リード（Richard Reid）が靴に爆弾を潜ませ航空機を爆破しようとした。この二〇〇一年は、イングランド北部の三都市で四度にわたり「人種暴動」が起き、移民の社会統合問題が注目された年でもある。

二〇〇三年一一月一五日および一一月二〇日には、トルコのイスタンブールで英国市民を巻き込んだ爆弾テロが生じた。翌二〇〇四年には、三月一一日にスペインのマドリッドで列車が爆破されヨーロッパに大きな衝撃を与え、さらにロンドン西部では爆弾に転用する目的で大量の硝酸アンモニウム肥料が集められていた。一一月二日には、オランダのアムステルダムで映画監督テオ・ファン・ゴッホ（Theo van Gogh）が作品のなかでイスラム教を冒涜したとして殺害され、英国国内でも冒涜と殺害のそれぞれに対して批判の声があがった。

英国当局も国内の取り締まりを強化する必要に迫られた。たとえば、ロンドンのフィンズベリーパーク・モスク（Finsbury Park Mosque）でムスリム以外は殺害せよとの過激な説教を行っていたイスラム教指導者アブ・ハムザ・アルマスリ（Abu Hamza al-Masri）が逮捕された。

このような英国当局の対策にもかかわらず、二〇〇五年七月七日にロンドン中心部で同時爆破テロ事件が発生した。この事件は「自国育ちのテロリスト」（home-grown terrorists）の存在を人々に決定的に印象づけた。二〇〇五年九月にデンマークで起こった預言者ムハンマド風刺漫画掲載事件が世界各地での過激な行動を引き起こすなか、ロンドンのトラファルガー広場では翌二〇〇六年二月一一日にムスリムら五〇〇〇人が結束集会（unity rally）を開くものの、暴力行為など大きな問題は生じなかった（BBC 2006）。

しかしその後も過激な活動は続いた。二〇〇六年八月一〇日には、英国から北アメリカへと大西洋を横断する航空機の爆破計画が発覚した。二〇〇七年七月三〇日にはグラスゴーで空港が襲撃された。二〇〇九年一二月二五日には、下着に爆弾を忍ばせてアムステルダム発デトロイト行きの航空機に搭乗し飛行機を爆破しようとする事件が起こった。二〇一五年一二月五日、ロンドン地下鉄レイトンストーン駅（Laytonstone）で、イスラム国に感化されたムハイディン・ミール（Muhaydin Mire）が「シリアのためだ」と叫びながらナイフで殺害未遂事件を起こした。二〇一七年になると、三月二二日にロンドンのウェストミンスター橋と国会議事堂周辺で六人が死亡、五〇人以上が負傷するテロ事件が起こった。続く五月二二日、マンチェスター・アリーナで自爆テロがあり、二二人が死亡、一一六人が負傷した。六月三日にはロンドン橋とバラ・マーケットで八人が死亡、四八人が負傷するテロ事件が起こった。

イスラム過激主義と捉えられる一連の活動および事件は、英国のムスリム移民たちに対する評価を大きく変えた。かつてはカリブ系、特にその若者が「時限爆弾」などと問題視されたのに対して、インド、パキスタン、バングラデシュを出自とする南アジア系は低い階層に位置づけられることがあるものの、コミュニティや家族の扶助が比較的強く穏健で問題行動は少ないと認識されていた。ところが二〇〇〇年代以降はその南アジア系でも、ムスリム移民として治安・安全保障問題の中心に据えられる傾向が出てきた(8)。

### 反移民・反ムスリムの排外主義

過激になったのはムスリム移民だけではない。マジョリティの側からも過激な反応が現れてきた。その多くが移民やマイノリティを標的にする排外主義的なものであった。

排外主義の活発化を象徴的に示しているのは極右政党の伸張である。他のいくつかのヨーロッパ諸国とは異なり、英国は保守党と労働党の二大政党制を長らく維持し、国民戦線（National Front）など極右勢力は存在したものの政治の主流に上らない国であった。ところが、一九九〇年代終わりから英国国民党（British National Party：BNP）が党勢を伸ばしてきた（力久 2011）。

ＢＮＰは、極右政治勢力の一つである国民戦線（National Front）を離脱したジョン・ティンダール（John Tyndall）によって一九八二年に創設された。政治の表舞台に躍り出たのは、一九九九年九月にニック・グリフィン（Nick Griffin）が党首となり「現代化プロジェクト」（modernisation project）を始めてからである。現代化プロジェクトとは、「責任と専門主義」を重んじて「軽率な急進主義」を排除し、「自由、民主主義、安全、アイデンティティ」を党の基本理念に掲げてＢＮＰの路線を変えていこうという主張である(9)。

一九九九年の欧州議会および二〇〇〇年のロンドン市議会では得票は伸びず、二〇〇一年総選挙でもBNP全体の得票は伸びなかった。しかし、その二〇〇一年総選挙においてイングランド北部の街オルダム（Oldham）でグリフィン党首の得票率が一六・四％に上った。「人種暴動」が生じたその翌年、二〇〇二年地方議会選挙でBNPは一九選挙区で一〇％以上の得票に達し、「暴動」が勃発したイングランド北部の街バーンリー（Burnley）では三議席を獲得した。また、二〇〇三年地方議会選挙ではイングランド北西部を中心に一三議席を得たのである。

この快進撃は以後も続く。二〇〇四年欧州議会選挙およびロンドン市議会選挙では同じく右派の英国独立党（UK Independence Party：UKIP）の躍進のため議席は確保できなかったものの、得票は伸ばした。そして同年地方議会選挙では二一議席を獲得する。

二〇〇四年末に路線の対立から元党首ティンダールを除名した後、二〇〇五年の総選挙では、BNPは総選挙マニフェスト「英国民主主義の再建」を掲げて選挙戦を闘い、一九万二七四六票を獲得した。議席はとれなかったものの、二〇〇一年の四万七一五九票と比較すれば大躍進であり、なかでもロンドン東部のバーキング（Barking）選挙区では一六・九％の得票率で第三党に食い込んだ（Halikiopoulou and Vasilopoulou 2010）。

二〇〇五年七月七日のロンドン同時爆破テロ事件が影を落とすなか、BNPは二〇〇六年の地方議会選挙で過去最高の三二議席を獲得し、バーキング選挙区では労働党に次ぐ第二党につけた。二〇〇八年のロンドン市議会選挙では初議席を得て第五党となり、二〇〇九年の欧州議会選挙でも二議席を獲得した。そのうち一議席はグリフィン党首がイングランド北西部で選出されたものである。二〇一〇年の総選挙では議席はとれず得票率も一・九％だったとはいえ、二〇〇五年の得票率〇・七％と比べると二倍以上であり、UKIPに次ぐ第五党となった。

このような流れのなかで「勝利の方程式」（winning formula）をある程度満たした英国国民党は主流政党の一つに躍り出た[(10)]。象徴的なこととして、グリフィン党首は二〇〇九年一〇月に一九七〇年代終わりから続くBBCテレ

ビの政治討論番組 *Question Time* に出演した。極右政党の党首をテレビ出演させることに批判があったにもかかわらず、ＢＮＰを政治の主要なアクターとして無視できなくなったことをよく物語っている。しかし二〇一〇年代になって、ＢＮＰの党勢は衰えていく。欧州議会選挙を例にとると、一九九九年には一〇万二六四七票（得票率一・一三％）であったのに対して二〇〇九年には九四万三五九八票（得票率六・二％）となり、九・二倍に票を伸ばして（得票率では五・五倍）二議席を獲得していたのが、二〇一四年選挙では得票数一七万九六九四票（得票率一・一四％）と九九年の得票率まで激減した（Halikiopoulou and Vasilopoulou 2010 : 吉田 2014）。ひとつの理由はＵＫＩＰの台頭であり、排外主義的な傾向は同党に受け継がれることになった。

## 4　人種関係パラダイムの機能不全か

### イスラム嫌悪とヴェール問題

以上のように、一九九〇年代以降二種類の過激主義が突出してきた。ひとつめはムスリム移民の一部による過激主義である。ムスリム移民たちは、雇用、教育、住宅などに関する構造的不平等、マジョリティによる承認の欠如、ムスリムを巻き込んだ国際的対立などを原因として過激になっていったと仮定できるだろう。

もうひとつの過激主義は英国社会におけるマジョリティの一部による排外主義的な活動である。その標的は移民や難民、特定の宗教信仰者などのマイノリティであり、特に主要な標的はムスリム移民となっている。こうしたマジョリティによる過激主義の典型例がＢＮＰの勃興である。

ただし、極右政党の伸張のみがムスリム移民の増加および存在感の高まりへの不満や不信を示す現象ではない。一九九〇年代以降、一般大衆からイスラム嫌悪（Islamophobia）が頻繁に表明されるようになった。イスラム嫌悪とは、ムスリムに対する非ムスリムの、次のような感情や態度、そしてそれらに伴う行為である。①イスラム文化は一枚岩的にまとまっており新たな現実に対応しない。②イスラム文化は他の文化と本質的に異なり相容れない。③イスラム教は和解しがたい脅威である。④イスラム教徒は政治的、軍事的に有利になるために信仰を利用している。⑤西側の文化や社会によるムスリム文化への批判はまったく聞き入れられず拒否されている。⑥イスラム教への恐怖が移民への人種的な敵意と混ざり合っている。⑦イスラム嫌悪は自然で問題ないことである（Runnymede Trust 1997）。

イスラム嫌悪はさまざまな現れ方をする。ヨーロッパにおけるひとつの例は、ムスリム女性のヴェール問題であろう。ヴェール問題はフランスなど大陸ヨーロッパ諸国では政治・社会問題となってきたけれども、当初英国では裁判所などで法手続き的に処理される傾向にあった。

フランスで一九八〇年代終わりから問題化したヴェールが英国で初めて問題になったのは、二〇〇二年のことである。ロンドンの北約五〇キロメートルに位置するルートン（Luton）にあるデンビー高校（Denbigh High School）の生徒シャビーナ・ベグム（Shabina Begum）がジルバブ（jilbab）を着用して登校し学校から処分を受けた。南アジア系のムスリム女子生徒が制服としてよく着用しているのは、ゆったりとしたズボンと長めの丈のシャツを組み合わせたサルワール・カミーズ（shalwar kameez）という衣服である。一方、ジルバブは顔は覆わないが頭からかぶる衣服で、イスラム急進派団体ヒズブアッタハリル（Hizb ut-Tahrir）によって広められていた。シャビーナはジルバブを着用することの正当性を裁判に訴えた。二〇〇四年六月一五日高等法院の第一審判決は、「個人の信仰の自由」を定める欧州人権条約第九条第一項（国内法としては一九九八年人権法）の違反には当たらず、学校の規則を遵守しなかった事案であると判断した。

社会的に注目を集めるのは、続く控訴裁判所が二〇〇五年三月二日に第一審の判決を覆してからである。着用する衣服の自由を制限する際に高校が十分な説明を怠ったと手続き上の不備を指摘し、第九条への違反が生じたと判断した。しかし、さらに上院である法律貴族院は二〇〇六年三月二二日に控訴裁判所の判決を破棄し、高校の判断は合理的であるとした。その理由は、第九条が信仰を任意の時間や場所で表明できるとは定めておらず、ジルバブを容認している近隣の三校のいずれかに入学することをシャビーナが選択可能であったためである。このベグム事件は社会的に注目を集めたものの、政治的にはさほど重要視されなかった。ヴェール着用は個人の選択の問題であり、政治が干渉すべきではないという基調が貫かれたのである（Abbas 2011：168-172；Idriss 2006；Joppke 2009a：94-100＝2015：159-168）。

二〇〇六年の後半になって問題は展開した。顔まで覆うニカブ（niqab）を認めるかどうかという争点が浮上したのである。移民家族という背景を持つ生徒の学習厚生支援のため補助教員として公立学校に採用されたアイシャ・アズミ（Aishah Azmi）が勤務を開始したその週に、男性教員と合同で行う授業では顔をヴェールで覆いたいと主張した。アズミ事件は、二〇〇〇年EU雇用指令および二〇〇三年英国雇用平等規制法（思想信条条項）に関わる反差別法上の問題とされた。二〇〇六年一〇月雇用裁判所判決および翌年三月雇用控訴裁判所判決は、「生徒が最適なコミュニケーションを図るには、教師の顔が見える必要がある」と教育効果の低減を認定した。また学校側の「規定、基準、慣行」は正当だとも判断した（Abbas 2011：171-172；Joppke 2009a：100-102＝2015：168-172）。

アズミ事件を受けてニカブの問題は生徒にも広がった。一二歳の少女が、ニカブを着用して学校に登校することは欧州人権条約第九条に基づく「正当な期待」にあたり、自分の姉三人もニカブを着用して同じ学校に登校したのだからと「類似の処遇」を求めたのである。二〇〇七年二月二一日高等法院はその少女の訴えを棄却した。裁判で校長は、決められた制服を着用することで生徒たちの「一体感」や「安心感」が促進され、他の生徒への「圧力」も回避できると主張した。また、「表情の確認は教室での意思疎通に重要だ」と教育上の必要性も強調した

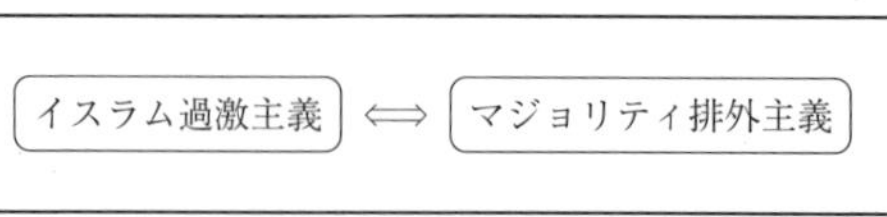


**図2－1　累積的過激主義**

出所：筆者作成。

（Joppke 2009a：102–104＝2015：172–174；LexisWeb.co.uk 2007）。

注目を集めることでヴェール問題は司法の領域から政治の領域へと広がり、イスラム嫌悪の雰囲気を持つことになった。ちょうどアズミ事件が司法で審理されているとき、当時下院院内総務を務めていた保守党政治家ジャック・ストロー（Jack Straw）が「ニカブに関する議論が必要だ」と地元地方紙ランカシャー・テレグラフ（Lancashire Telegraph）で呼びかけた。ストローは、自らの選挙区ブラックバーン（Blackburn）の事務所にちょっとした問題について相談するため訪れたムスリム女性と面会した際、ニカブを脱ぐよう促したという。その理由として、ニカブは対面的なコミュニケーションを妨げるし隔離の象徴であって、コーランに定められたイスラム教の宗教的な事柄ではなく文化的な事柄にすぎないと主張した（Straw 2006）。多くのメディアおよびマジョリティがストローに同調し、ヴェール問題はイスラム嫌悪にかなり近づくことになった。

### 過激主義の累積化

テロなど暴力的な事件が「恐怖の雰囲気」（climate of fear）を醸成するなかで、一連のヴェール問題は生じている（Abbas 2011：172）。「恐怖の雰囲気」は大衆マジョリティのなかにイスラム嫌悪的な感情を植え付け、そこからマジョリティによる排外主義が生じてくる。もちろん、イスラム過激主義による諸事件もマジョリティの排外主義を刺激する。逆に、マジョリティの排外主義をめぐる事件が増加および先鋭化することで、イスラム過激主義がさらに促進されていく。このイスラム過激主義とマジョリティ排外主義の相互作用のことを、累積的過激主義（cumulative extremism）と呼ぼう（Eatwell and Goodwin eds. 2010）。ひとつの形式の過激主義が別の形式の過激主義の糧となり、それを激化させている。その結果、英国社会に排外主義を蔓延させていくのである（図２－１）[11]。

## 再国民化の模索

累積的過激主義が進展していくとともに、英国が築き上げた人種関係的多文化主義への懐疑もさらに高まっていった。二〇〇〇年以降に発表された移民統合に関する政府や各種団体の報告書の多くは、「再国民化」を志向している。ここでいう再国民化とは、国民国家としての社会統合を重視し国民の同質性を追求する政策、運動および言説の傾向と定義できる。[12] 二〇〇〇年にはルニメード・トラスト（Runnymede Trust）が「パレク報告」（Parekh Report）を発表し、英国は社会秩序を維持するために複数のエスニック・コミュニティを包括するようなコミュニティをつくらなくてはならないと主張した（Commission on the Future of Multi-Ethnic Britain 2000）。

この「複数コミュニティを包括するコミュニティの必要性」という提唱は、翌二〇〇一年急速に現実味を帯びる。前述したように、イングランド北部の三都市で「人種暴動」が生起したからである。「デンハム報告」（Denham Report）など「暴動」に関する一連の報告書は、大筋としてエスニック集団間がお互い日常的なやりとりを行わない「平行生活」（parallel lives）が「暴動」の原因であるとした（Home Office 2001）。「暴動」が生起する前から、「暴動」の舞台のひとつとなったブラッドフォード（Bradford）では、人種平等委員会（CRE）元委員長ハーマン・ウスリ（Herman Ouseley）率いるチームがパキスタン系住民などを念頭に平行生活をつくり出す自己隔離（self-segregation）への懸念を示していた（Ouseley 2001）。そして、暴動後に発表された「カントル報告」（Cantle Report）は「複数コミュニティを包括するコミュニティ」を実現するため「コミュニティ結合」（community cohesion）を目指すべきだと主張したのである（Community Cohesion Independent Review Team 2001）。

さらに二〇〇五年七月七日ロンドン同時爆破テロ事件が追い打ちをかけた。この事件ではムスリム家族出身の

「自国育ちのテロリスト」（home-grown terrorists）が大きく注目され、平行生活への懸念とコミュニティ結合への希求が増大したのである。当時の人種平等委員会（CRE）委員長で後に平等人権委員会（Equality and Human Rights Commission：EHRC）委員長となったトレヴァー・フィリップス（Trevor Phillips）は、マンチェスターで行った講演で英国は「夢遊病のように〔知らぬ間に〕隔離へと向かっている」（sleepwalking into segregation）と懸念を示した。マスメディアは、前述した二カブが自己隔離や平行生活の象徴だと頻繁に報道した。

「隔離の夢遊病仮説」は、データに基づいて説得的に反論されている（Finney and Simpson 2009）。にもかかわらず、政府も再国民化を強調していく。トニー・ブレア党首の下一九九七年に政権を奪取した労働党は、二〇〇一年までの第一期政権時には「人種関係の改善」に力を注いだ。一九九八年の人権法（Human Rights Act）、一九九九年のマクファーソン報告（Macpherson Report）、二〇〇〇年の人種関係（改正）法（Race Relations (Amendment) Act）は、移民統合に対する労働党の積極的な政策態度を示している。

ところが第二期政権時の二〇〇一年から二〇〇五年には人種関係改善への熱意は後景に退き、「平等」と「コミュニティ結合」が政策の旗印となった。エスニック・マイノリティが「英国らしさ」（Britishness）を身につけるよう求める主張も出てきた。テロ対策として二〇〇〇年のテロリズム法（Terrorism Act）に続き、二〇〇一年に反テロリズム・犯罪　治安法（Anti-Terrorism, Crime and Security Act）が制定される一方、(13) 移民統合に関しては二〇〇二年に国籍、移民及び庇護法（Nationality, Immigration and Asylum Act）が制定された。この法によって、帰化の際には国王と国家に対する忠誠を誓う儀式（市民権宣誓式 citizenship ceremony）が二〇〇四年一月一日から導入された。同年七月からは、二〇〇四年の英国籍（総則）（改正）規則（The British Nationality (General) (Amendment) Regulations 2004）に基づきＥＯＳＬ（他言語話者のための英語）の初心者レベル３（Entry 3）以上の言語能力を持つことが帰化の要件となった（厚生労働省大臣官房国際課 2010：60-63）。

## コミュニティ結合と国境管理の融合

ブレア政権は、第三期政権時の二〇〇五年から二〇一〇年になると「コミュニティ結合」を既定の路線とした。最も重要な政策は市民権取得手続きの変更であり、主に帰化条件の厳格化である。二〇〇二年の国籍、移民及び庇護法に基づいて二〇〇五年一一月一日からは市民権テストを導入して、言語能力だけでなく英国事情に関する知識も帰化の要件とし、二〇〇七年からは永住権（infinite leave to remain）取得の際も言語能力および英国事情に関する知識を要件とした。

二〇〇五年七月七日ロンドン同時爆破テロ事件と、翌月のブレア首相によるテロ対策のための「12ポイント計画」（12-point plan）の発表の後、二〇〇六年の移民・庇護・国籍法（Immigration, Asylum and Nationality Act）では帰化要件に「善良な人格」（good character）が追加された。二〇〇九年七月二一日の国境、市民権及び移民法（Borders, Citizenship and Immigration Act）では、さらに帰化要件が厳しくなった。まず後述するポイント制による経済移民（Tier 1 および 2）と難民など人道主義に基づく移民は通常、許可を得て居住し始めてから八年、婚姻などに基づいて滞在する者は居住し始めて五年すると、帰化申請の権利を得ることができる。ただし、ボランティアのコミュニティ活動など「活動条件」（activity condition）を満たすとそれぞれ六年と三年に短縮されうる。そして英語能力および英国事情に関する市民権テストに合格すると「試用期間市民権」（probational citizenship）を得られる。この内実は、福祉など行政サービスへのアクセスが制限される一時的滞在許可（temporal leave to remain）である。さらに一定期間問題なく過ごすと、正式な市民権取得が可能となる（Borders, Citizenship and Immigration Act 2009 : Guardian 2010）。

コミュニティ結合をめざして市民権取得手続きがこのように改編されていく一方、国境管理も厳格化されていく。二〇〇六年二月にポイント制を導入して経済移民の入国と滞在を技能などの指標で数値化して判断することにし、同年四月には国境移民庁（Border and Immigration Agency）を英国国境局（UK Border Agency）に再編して、税関業務および滞在許可発給業務の権限を持たせた。

また治安対策も厳しくなっていき、「暴力的過激主義の予防」（preventing violent extremism）がコミュニティレベルなどで実施されていく（Eatwell and Goodwin eds. 2010）。二〇〇五年にテロリズム防止法（Prevention of Terrorism Act）、二〇〇六年にはテロリズム法（Terrorism Act）とアイデンティティカード法（Identity Cards Act）が制定された。そして二〇〇八年にはテロリズム対抗法（Counter-Terrorism Act）も制定されている。

二〇〇九年の国境、市民権及び移民法までの流れは、国境管理手続きを整備し社会統合の可能性が高い者だけに入国を許可し、かつその人々に市民権を自ら獲得する自助努力を要求する。すなわち、コミュニティ結合を実現するため「国民になれる価値や文化を持った者および持とうと努力する者」のみに入国と滞在を限定しようという意図が現れている。

### 構造的不平等からの逃避不可能性

以上のように、二〇〇一年の「人種暴動」およびアメリカ合衆国での同時多発テロ事件以降、公共政策の焦点は同一の文化や価値の強調へと移っていった。その結果、人間関係パラダイムが含意していた構造的不平等が軽視され始めたとも言われた（Abbas 2011）。ところが政府は、構造的不平等を放置することができなかった。まず二〇〇五年、内務省は報告書『機会の向上、社会の強化――人種的平等とコミュニティ結合の増進のための政府の戦略』を発表し、エスニック・マイノリティが生活機会を向上させコミュニティ結合が達成されるよう、教育、労働市場、保健健康、住宅、刑事司法における課題を精査し、二〇〇八年までに改善策を実施するとした（Home Office 2005）。

二〇〇六年八月に政府は、統合・結合委員会（Commission on Integration and Cohesion）をコミュニティ・地方自治省の下に設置した。同委員会は、二〇〇七年二月の中間報告書を経て、同年六月に最終報告書『われわれの共有された未来』で政府に五七の提言を行った。提言では、市民権の権利と責任の強化、互いの尊重と市民性の構築、社会的正義の確立などを通して、人々が未来を共有することをめざすとした（Commission on Integration and Cohesion 2007）。

同報告書は、一見するとコミュニティ結合と同じく同化や価値共有を強調している。しかし同報告書を受けてコミュニティ・地方自治省が二〇〇七年一〇月に統合・結合委員会へ送った書簡では、同省作成の行動計画のなかから構造的不平等への配慮が消えることはなく、三年間で五〇〇〇万ポンドの政府助成金を地方自治体に支給するとした。さらに同省は二〇〇八年二月にも同委員会に対して、助成金の交付など地域コミュニティに対する移民の影響を管理するさまざまな施策を併記するとともに、地方自治体に助言を行う統合専門家チーム（Specialist Cohesion Team）を創設するなどと回答した。これにしたがい、二〇〇八年一月から二〇〇九年一月までイングランド東部ブレックランド（Breckland）とイングランド北部バーンズリー（Barnsley）でパイロット事業を行った。前者ではポルトガルや東欧からの移民のコミュニティ結合をもくろみ、後者ではコミュニティ結合に対する議会の可能性を試した(14)（Department for Communities and Local Government 2009a）。

ただし構造的不平等への配慮は脆弱な側面をあわせ持っている。ゴードン・ブラウン保守党政権下で二〇〇八年二月、コミュニティ・地方自治省が移民影響資金（Migration Impacts Fund）の創設を発表した。非EU移民のビザ申請にあたって徴収する一件あたり五〇ポンドを原資にした五〇〇〇万ポンドを地域の住宅、学校、病院などに供与し移民による影響を緩和するというもくろみだった。しかし、二〇一〇年八月になって同省大臣エリック・ピックルズ（Eric Pickles）によってこの計画は撤回される。同省の官僚によると、資金の導入よりも流入する移民の数を減らす方が効果を有するというのである（Wintour 2010）。政府は統合政策よりも国境管理によるコミュニティ結合の実現を志向したのである。

ところがここでも、政府は構造的不平等を無視できなかった。コミュニティ・地方自治省は、人種不平等対策基金（Tackling Race Inequalities Fund：TRIF）を創設し、二〇〇九年七月から二〇一一年三月まで人種平等の実現のために活動する諸団体に総額八八〇万ポンドを準備した。エスニック・マイノリティに関わる調査、平等な機会の増進、社会参加促進、エスニック団体の能力向上などの活動を行う二七団体に、二〇万ポンドから四五万ポンドがここから支給された（Department for Communities and Local Government 2009c：Khor and Carlisle 2011）。

累積的過激主義をスカーマン報告的発想ではなくカントル報告的発想で解決できるのかという懸念が提出されるのは理解できる。しかし英国の移民統合政策は、文化・価値の同質化を前面に出す一方で構造的不平等への配慮も残存させているのである。

### ムスリム・パラダイムへの転換か

ここまで論じてきても、「多文化主義は死んだのではないか」という懸念は払拭されていない可能性がある。英国の多文化主義はムスリム移民の台頭によって危うくなったのではないか、イスラム教など宗教に対処できていないのではないか、と。英国が育んできた人種関係パラダイムは、差別が人種・エスニック集団間で生じるという前提を持ち、宗教を根拠とした差別は法的保護の対象とはならなかった。たとえばユダヤ教徒やシーク教徒が保護対象になるのは、たまたま両者が宗教集団であると同時にエスニック集団だと見なされたためであった。

しかし、宗教集団も徐々に配慮の対象となりつつある。まず一九九〇年代半ばから軍隊の服装規定や警察、保健、教育などの分野で宗教への配慮が生まれてきた。その後、ヨーロッパ連合（EU）からの国外圧力が英国を突き動かしていく。一九九七年のEUアムステルダム条約第一三条は宗教を含む諸分野での差別禁止の取り組みを宣言し、一九九九年に施行された。同条約に合わせて、二〇〇〇年のEU人種平等指令（Racial Equality Directive 2000/43/EC）が、宗教差別の禁止を国内法で実現するよう加盟国に求めた。

英国国内においても動きがあった。市民社会の側から二〇〇〇年に「イスラム嫌悪と人種主義に反対するフォーラム」（Forum against Islamophobia and Racism：FAIR）が結成された。イスラム嫌悪および人種主義と闘い、イスラム教徒への宗教的・人種的差別の廃絶をめざしてキャンペーンやロビー活動を行うことを目的とする団体である（Modood 2009：198-199）。

英国政府は、二〇〇三年に人種関係法（改正）規則（Race Relations Act 1976（Amendment）Regulations）を制定し、雇用における宗教差別を違法にしてヨーロッパ基準に合わせようとした。続いて同年、雇用平等（宗教あるいは信条）規則（Employment Equality（Religion or Belief）Regulations）で、性別、宗教または信条による職業上の差別や嫌がらせを禁止した。二〇〇六年には人種的及び宗教的憎悪禁止法（Racial and Religious Hatred Act）で人種や宗教を理由とした憎悪を煽る行為を禁止した。また同年には平等法（Equality Act）で、商品・サービスの供給に関する宗教・信条、性的志向による差別も禁止した。

同じくEUからの要求に合わせるために、二〇〇六年には平等法（Equality Act）に基づいて人種平等委員会（CRE）、機会平等委員会（Equal Opportunity Commission）、障害者権利委員会（Disability Rights Commission）を改編し、二〇〇七年一〇月には平等人権委員会（Equality and Human Rights Commission：EHRC）を創設した。初代委員長に旧人種平等委員会の委員長であったトレヴァー・フィリップス（Trevor Philipps）が就任した。翌年二〇〇八年の刑事司法及び移民法（Criminal Justice and Immigration Act）では、宗教などに基づく冒涜を禁止した。二〇一〇年に制定された平等法（Equality Act）では、宗教および信条、性的志向、年齢によらない雇用、公的・私的サービスにおける平等を実現しようとした。

以上のような展開は、ムスリム移民を反差別法の枠内へと導き入れる方向性を持っている。ただし英国が多文化主義と人種関係パラダイムから離れ、いわゆるムスリム・パラダイムへと移民統合枠組みを移行させたと言うのは言い過ぎだろう（Joly 2012）。むしろ、宗教的要素が付加されて人種関係パラダイムが拡張されつつあると考えるべきである[15]。

## 5　多文化主義の存在証明

一九五〇年代から流入し始め定住していった移民を社会に統合するため、英国は人種関係パラダイムを構築し、それに伴い多文化主義を公共政策の枠組みとすることになった。この英国の多文化主義は「失敗した」のだろうか。それとも「死んだ」のだろうか。

第一に、一九八〇年代終わりに台頭してきたイスラム過激主義がその後、激化していったのは確かである。また第二に、マジョリティのなかから極右政党や極右運動が出現し活発化してきたことも確かである。第三に、「人種暴動」やテロに直面して政治がコミュニティ結合（community cohesion）などのスローガンを掲げて単一文化や単一価値を強調するようになってきたことも確かである。

だが、これらの現象から多文化主義の「失敗」や「死亡」を読み取るのは行き過ぎであろう。第一に、過激主義に走るムスリム移民は、センセーショナルな報道とは異なり、かなり少数にとどまっている。また第二に、極右の政治的な影響力はいまだ限定的である。第三に、宗教、特にイスラム教が差別認定の根拠として徐々に認められつつある。第三点めを補足すると、この傾向は必ずしも人種関係パラダイムからムスリム・パラダイムへの変化を示すのではなく、ましてや人種関係パラダイムが消えていくわけでもない。むしろ、人種関係パラダイムのなかに宗教を一要因として編入しつつあると考えるべきである。それは多文化主義を結果として補強することになろう。

最後に、確かに多文化主義に関する言説は後退したかもしれない。「個人の多文化主義」（a multiculturalism of the individual）としてしか多文化主義は存続していないと言いたくなるかもしれない（Joppke 2017）。しかし、実践レベルにおいては構造的不平等の解消およびエスニック・コミュニティや多文化の尊重は支持され続けている。さらに理論的にも、「複数コミュニティ」を包括するコミュニティ」やコミュニティ結合が成立するためには、個々のコミュニティの存在を無視するのではなく、むしろ肯定することが前提となる。この意味で、英国の再国民化の試みの基底には多文化主義が生き続けるしかないのである。

はたして、今後も英国は多文化主義を維持できるのであろうか。人種関係パラダイムで移民の社会統合問題に対処し続けることができるのであろうか。二〇一六年六月の国民投票で決定されたヨーロッパ連合（EU）離脱の推移と影響なども含め、注視していく必要がある。

**付記**

本章は以下の助成を受けて行われた研究の一部である。村田学術振興財団平成二九年度研究助成、ＪＳＰＳ科学研究費補助金・基盤研究（C）（研究代表者　樽本英樹　課題番号 17K04107、同補助金・基盤研究（B）（研究代表者　樽本英樹　課題番号 17KT003007）、同補助金・基盤研究（B）（研究代表者　辻康夫　課題番号 17H02476）。

**注**

（1）　ヘイトスピーチ規制を中心として英国の多文化主義を論じた考察としては、樽本（2017）を参照。

（2）　本章では「英国」をイングランド、スコットランド、ウェールズ、北アイルランドで構成されるグレート・ブリテン

(Great Britain) と捉えておこう。ただしテーマの性質上、事例はイングランドのものが多くなる。

(3) ただし英国の場合、「人種」と「エスニシティ」は互換的に使用されることも多い。以下ではその習慣にならって厳密に区別することなく使用する。

(4) 東アフリカ諸国からの移民はアフリカ系または東アフリカ系と称されることもある一方、多くが過去にインド亜大陸からアフリカ諸国へ移動してから英国へやってきたため、インド系と把握されることもある。

(5) このような移民統合政策および移民管理政策の展開については、樽本 (2012：75-99) を参照。

(6) 規範としての多文化主義は、①シンボリック多文化主義、②リベラル多文化主義、③コーポレイト多文化主義、④連邦的・地域分権多文化主義、⑤分断的多文化主義、⑥分離・独立的多文化主義に分類できる。①から⑥になるにつれて、個々の文化を優先する度合いが強まり、全体社会から独立する傾向が大きくなる (関根 2000：50-59；樽本 2016：76-77)。

(7) 「ロンドニスタン」(Londonistan) は、二〇〇六年に出版された英国作家メラニー・フィリップス (Melanie Phillips) の著作のタイトルにもなっている (Phillips 2006)。

(8) 現象を分析するという観点では、ムスリム移民が過激化する可能性があるという表現は不適切であろう。むしろ過激化する可能性を持つ者がイスラム教を利用してテロなど過激な行動を起こすと見なす方が適切だと思われる。

(9) たしかにBNPは選挙マニフェストにおいてナショナル・アイデンティティを人種的に解釈せずシヴィックに解釈するようになった。この変化は英国独立党 (UKIP) をまねたと言われる (Halikiopoulou and Vasilopoulou 2010)。しかしBBCテレビのドキュメンタリー番組〝The Secret Agent〟が暴き出したように、英国国民党内部の日常的な言説は選挙向けの言説とは異なり極右的色彩が濃いと言われる。また英国国民党の機関誌 *Identity* にも人種主義的な表現が散見され、選挙マニフェストのなかでさえもネオ・ファシズム的だと言える部分があるという (Copsey 2007)。

(10) 「勝利の方程式」とは、英国国民党が党勢を伸ばしたのは、極右的な政治的態度を保持しながらも正統性、有効性、信頼性の三側面で支持を集める条件を整えたからだという説明のことである (Eatwell 2003)。

(11) 政府によるイスラム嫌悪の対策が、ムスリム移民の「尊重と承認」への欲求を過剰にかき立てているという説がある (Joppke 2009b)。しかしこの説は、極右排外主義との累積的過激主義がムスリム移民の過激化を促進している可能性をまったく検討していない。

(12)　近年広がっているヨーロッパ諸国の「再国民化」の動きに関しては、高橋・石田編（2016）を参照。

(13)　二〇〇〇年より前の英国のテロリズム対策は、主に北アイルランドに関わるものであった。一九三九年から一九五四年まで効力を持った暴力行為防止（暫定措置）法（Prevention of Violence（Temporary Provisions）Act）や一九七四年のテロリズム防止（暫定規定）法（Prevention of Terrorism（Temporary Provisions）Act）などがある。

(14)　コミュニティ・地方自治省は統合・結合委員会報告書への最後の対応として、二〇〇八年七月に自治体向けパンフレット『結合実現の枠組み――概要』（Cohesion Delivery Framework：Overview）を発表した。同パンフレットは二〇〇九年一月に改訂版が発表された（Department for Communities and Local Government 2009b）。

(15)　多文化主義への反省から間文化主義（interculturalism）という理念も現れた。移民統合政策との関係は樽本（2017）を参照。

## 文献


Abbas, Tahir, 2011, *Islamic Radicalism and Multicultural Politics: The British Experience,* Routledge.

BBC, 2006, *Thousands Join Pro-Islam Protest*（http://news.bbc.co.uk/2/hi/uk_news/england/london/4700482.stm；2016年6月24日取得）.

BBC, 2010, Merkel Says German Multicultural Society Has Failed（17 October 2010 http://www. bbc.com/news/world-europe-11559451；2014年11月30日取得）.

BBC, 2014, *A Return to Londonistan?*（17 April 2014；http://www.bbc.com/news/27055108；2016年6月22日取得）.

Bleich, Erik, 2010, "Faith and State: British Policy Responses to 'Islamist' Extremism," Roger Eatwell and Matthew J. Goodwin eds., *The New Extremism in 21st Century Britain,* Routledge, 67-84.

Booker Prize Foundation, 2016, *The Booker Prize 1988*（http://themanbookerprize.com/fiction/1988).

Borders, Citizenship and Immigration Act, 2009,（http://www.legislation.gov.uk/ukpga/2009/11/pdfs/ukpga_20090011_en.pdf；Accessed on 18 August 2016）.

Cameron, David, 2011, Full Transcript, David Cameron, Speech on Radicalisation and Islamic Extremism, Munich, 5 February 2011, *New Statesman* (http://www.newstatesman.com/blogs/the-staggers/2011/02/terrorism-islam-ideology；Accessed on November 30 2015).

Commission on Integration and Cohesion, 2007, *Our Shared Future, Final Report of the Commission on Integration and Cohesion.* (http://resources.cohesioninstitute.org.uk/Publications/Documents/Document/DownloadDocumentsFile.aspx?recordId=18&file=PDFversion；Accessed on 16 August 2016).

Commission on the Future of Multi-Ethnic Britain, 2000, *The Future of Multi-Ethnic Britain,* Profile Books.

Community Cohesion Independent Review Team, 2001, Community Cohesion: A Report of the Independent Review Team, chaired by Ted Cantle (Cantle Report), London: Home Office (http://dera.ioe.ac.uk/14146/1/communitycohesionreport.pdf；2015年11月30日取得).

Copsey, Nigel, 2007, "Changing Course or Changing Clothes? Reflections on the Ideological Evolution of the British National Party 1999-2006", *Patterns of Prejudice,* 41 (1): 61-82.

Costa, 2015, *Costa Book Awards.* (http://www.costa.co.uk/media/414535/past-winners-complete-list.pdf).

Department for Communities and Local Government, 2009a, *Managing the Impacts of Migration: Improvements and Innovations.* (http://webarchive.nationalarchives.gov.uk/20120919132719/www.communities.gov.uk/documents/communities/pdf/1179350.pdf；Accessed on 16 August 2016).

Department for Communities and Local Government, 2009b, *Cohesion Delivery Framework: Overview.* (http://resources.cohesioninstitute. org. uk/Publications/Documents/Document/DownloadDocumentsFile. aspx? recordId = 22&file = PDF version；Accessed on 17 August 2016).

Department for Communities and Local Government, 2009c, *The Tackling Race Inequalities Fund: Prospectus.* (http://webarchive. nationalarchives. gov. uk/20120919132719/www. communities. gov. uk/documents/communities/pdf/1200339.pdf；Accessed on 18 August 2016).

Eatwell, Roger, 2003, "Ten Theories of the Extreme Right", Peter Merkland and Leonard Weinberg eds., *Right Wing*

*Extremism in the Twenty First Century,* Frank Cass, 47–73.

Eatwell, Roger and Matthew J. Goodwin eds., 2010, *The New Extremism in 21st Century Britain,* Routledge.

Finney, Nissa and Ludi Simpson, 2009, *'Sleepwalking to Segregation'? Challenging Myths about Race and Migration,* Policy Press.

Geaves, Ron, 1996, Sectarian Influences within Islam in Britain with Reference to the Concepts of 'Ummah' and 'Community', University of Leeds.（http://arts.leeds.ac.uk/crp/files/ 2015/09/geaves1996.pdf；Accessed on 15 June 2016）.

Guardian, 2005a, *The Prime Minister's 12-Point Plan.*（Friday 5 August 2005；http://www.theguardian.com/politics/2005/aug/05/uksecurity.terrorism2；Accessed on 15 June 2016）.

Guardian, 2005b, *Full Text: The Prime Minister's Statement on Anti-Terror Measures.*（Friday 5 August 2005；http://www.theguardian.com/politics/2005/aug/05/uksecurity.terrorism1）.

Guardian, 2010, Borders, Citizenship and Immigration Act 2009.（Wednesday 20 January 2010；https://www.theguardian.com/commentisfree/libertycentral/2009/feb/13/civil-liberties-im-migration；Accessed on 18 August 2016）.

Halikiopoulou, Daphne and Sofia Vasilopoulou, 2010, "Towards a 'Civic' Narrative: British National Identity and the Transformation of the British National Party", *The Political Quarterly,* 81 (4): 583–592.

Home Office, 2001, *Building Cohesive Communities, Report of the Ministerial Group on Public Order and Community Cohesion* (The Denham Report).（http://resources.cohesioninstitute.org.uk/Publications/Documents/Document/Default.aspx?recordId=94；Accessed on 30 November 2015）.

Home Office, 2005, *Improving Opportunity, Strengthening Society: The Government's Strategy to Increase Race Equality and Community Cohesion.*（http: //resources. cohesioninstitute. org. uk/Publications/Documents/ Document/ DownloadDocumentsFile.aspx?recordId=83&file=PDFversion；Accessed on 15 August 2016）.

Idriss, Mohammad Mazher, 2006, "The Defeat of Shabina Begum in the House of Lords", *Liverpool Law Review,* 27 (3): 417–436.

Joly, Danièle, 2012, Race, Ethnicity and Religion: Social Actors and Policies.（Working paper series, Fondation Maison des

Sciences de L'homme).

Jones, Hannah, 2006, Faith in Community, *eSharp 7* (http://www.gla.ac.uk/media/media_41194_en.pdf; Accessed on November 30 2015).

Joppke, Christian, 2009a, *Veil: Mirror of Identity,* Polity.（＝二〇一五、伊藤豊・長谷川一年・竹島博之訳『ヴェール論争──リベラリズムへの試練』法政大学出版局。）

Joppke, Christian, 2009b, "Limits of Integration Policy: Britain and Her Muslims", *Journal of Ethnic and Migration Studies,* 35 (3): 453-472.

Joppke, Christian, 2017, *Is Multiculturalism Dead?: Crisis and Persistence in the Constitutional State,* Policy Press.

Khor, Zoe and Barbra Carlisle, 2011, *Tackling Race Inequalities Fund: Final Evaluation Report,* London: Community Development Foundation. (http://www.cdf.org.uk/wp-content/uploads/2012/01/TRIF-final-evaluation-report-CDF-final1.pdf; Accessed on 18 August 2016).

厚生労働省大臣官房国際課、二〇一〇、『「二〇〇八～二〇〇九年　海外情勢報告」諸外国における外国人労働者対策。(http://www.mhlw.go.jp/wp/hakusyo/kaigai/10/；2015年11月30日取得).

Kundnani, Arun, 2002, The Death of Multiculturalism, Institute of Race Relations. (http://www.irr.org.uk/news/the-death-of-multiculturalism/；2015年11月30日取得).

LexisWeb.co.uk, 2007, R (on the application of X) v The Headteacher of Y School and another. (http://lexisweb.co.uk/cases/2007/february/r-on-the-application-of-x-v-the-headteacher-of-y-school-and-another; Accessed on 30 November 2015).

Masood, Ehsan, 2006, *British Muslims: Media Guide,* British Council.

Modood, Tariq, 1989, "Religious Anger and Minority Rigths", *Political Quarterly,* 60 (3): 280-284.

Modood, Tariq, 2009, "Muslims and the Politics of Diffenrece", P. Hopkins and R. Gale eds., *Muslims in Britain: Race, Place and Identities,* Edinburgh University.

Oborne, Peter, 2008, The Shameful Islamophobia at the Heart of the British Press, *The Independent,* 7 July 2008. (http://

www.independent.co.uk/news/media/the-shameful-islamophobia-at-the-heart-of-britains-press-861096.html；Accessed on 5 April 2013).

Ouseley, Herman, 2001, *Community Pride Not Prejudice : Making Diversity Work in Bradford* (Ouseley Report). (http://resources.cohesioninstitute.org.uk/Publications/Documents/Document/Default.aspx?recordId=98；2015年11月30日取得).

Peach, Ceri, 2005, "Britain's Muslim Population : An Overview", Tahir Abbas ed., *Muslim Britain : Communities under Pressure,* Zed Books, 18-30.

Phillips, Melanie, 2006, *Londonistan,* Encounter Books.

Phillips, Trevor, 2005, After 7/7 : Sleepwalking to Segregation, Speech to the Manchester Council for Community Relations, 22 September 2005. (https://www.jiscmail.ac.uk/cgi-bin/webadmin?A2=ind0509&L=CRONEM&F=&S=&P=2792；Accessed on 30 November 2015).

Richardson, John E., 2011, "Race and Racial Difference : The Surface and Depth of BNP Ideology", Nigel Copsey and Graham Macklin eds., *British National Party : Contemporary Perspectives,* Routledge, 38-61.

力久昌幸、二〇一一、「イギリス国民党の現代化プロジェクト――極右急進主義からナショナル・ポピュリズムへ」河原祐馬・島田幸典・玉田芳史編『移民と政治――ナショナル・ポピュリズムの国際比較』昭和堂、一二六-五六頁。

Runnymede Trust, 1997, *Islamophobia : A Challenge for Us All,* Runnymede Trust.

Rushdie, Salman, 1989, *The Satanic Verses,* Viking. (=一九九〇、五十嵐一訳『悪魔の詩』新泉社。)

Scarman, Lord, 1982, *The Scarman Report : The Brixton Disorders, 10-12 April, 1981,* Penguin.

関根政美、二〇〇〇、『多文化主義社会の到来』朝日新聞社。

Straw, Jack, 2006, "I felt uneasy talking to someone I couldn't see", *the Guardian,* Friday 6 October 2006. (https://www.theguardian.com/commentisfree/2006/oct/06/politics.uk；2016年7月7日取得).

高橋進・石田徹編、二〇一六、『「再国民化」に揺らぐヨーロッパ――新たなナショナリズムの隆盛と移民排斥のゆくえ』法律文化社。

樽本英樹、二〇一二、『国際移民と市民権ガバナンス――日英比較の国際社会学』ミネルヴァ書房。
樽本英樹、二〇一三、「英国における人種主義とイスラモフォビア」小林真生編『移民ディアスポラ研究誌』3：一五六―一六三頁。
樽本英樹、二〇一六、『よくわかる国際社会学［第2版］』ミネルヴァ書房。
樽本英樹、二〇一七、「英国における多文化市民権と排外主義――ヘイトスピーチ規制に着目して」『移民政策研究』9：二二―三七頁。
Telegraph, the, 2011, Nicolas Sarkozy Declares Multiculturalism Had Failed.（11 February 2011 http://www.telegraph.co.uk/news/worldnews/europe/france/8317497/Nicolas-Sarkozy-declares-multiculturalism-had-failed.html；2017年7月26日取得）.
Vertovec, Steven, 2007, *New Complexities of Cohesion in Britain : Super-Diversity, Transnationalism and Civil-Integration. Think Piece for the Commission on Integration and Cohesion,* COMPAS.
Wintour, Patrick, 2010, *Fund to Ease Impact of Immigration Scrapped by Stealth, The Guardian.*（Friday 6 August 2010；https://www.theguardian.com/uk/2010/aug/06/fund-impact-immigration-scrapped；Accessed on 17 August 2016）.
吉田公記、二〇一四、「イギリス国民党の後退と移民をめぐる言説の変容」（移民政策学会口頭発表二〇一四年一二月一三日於 大阪大学豊中キャンパス）。

# 第3章　なぜ「イスラム化」に反対するのか
## ――ドイツにおける排外主義の論理と心理

佐藤成基

## 1　台頭するドイツの排外主義

### ペギーダとAfD――台頭する排外主義的政治運動

今世紀に入り、ヨーロッパ諸国で反移民・反イスラムを掲げる排外主義的な右翼政党の台頭が目立っている。フランスの国民戦線、オランダやオーストリアの自由党、デンマークの人民党などがその例だ。そのようななか、近隣諸国とは異なり、これまで有力な右翼政党が存在していなかったドイツにおいても、最近になって排外主義的な政治運動や政党が台頭している。まずは、二〇一四年一〇月下旬にドレスデンで始まった「ペギーダ」（PEGIDA）と呼ばれる（自称）市民運動の発生とその急速な拡大としてあらわれた。また、二〇一三年の二月に反ユーロを掲げて結成された新政党「ドイツのための選択肢」（ＡｆＤ）が二〇一五年以後に反難民・反イスラムを掲げ右傾化していくとともに、その支持率を伸ばしていった。ＡｆＤは州議会選挙で軒並み議席を獲得し、二〇一七年九月にはついに連邦議会に進出するに至った。二〇一七年一二月現在、ドイツ全一六州のうちＡｆＤが州議会で議席を得ていないのは、二〇一三年以来選挙が行われていないバイエルン州とヘッセン州のみである。

ペギーダとは「西洋のイスラム化に反対する愛国的ヨーロッパ人」（Patriotische Europäer gegen die Islamisierung des Abendlandes）の頭文字を並べて「PEGIDA」と称したものである。フェイスブックを通じて毎週月曜日の晩に町の広場に集まった参加者たちは、演者の演説を聞いた後、警察が監視するなか、一時間程度の「夜の散歩」と称するデモに繰り出す。参加者には極右・ネオナチのメンバーも含まれていたが、その多くはそれらの集団とは直接のつながりを持たない「普通のドイツ市民」たちだったようだ（*Süddeutsche Zeitung*, 2014/12/3：6）。ペギーダの街頭デモは全国各都市に広まったが（頭の二文字を変えてライプツィヒでは「レギーダ」LEGIDA、ケルンでは「ケギーダ」KÖGIDA などと呼ばれた）、その中心はドレスデンであり、参加者の数もドレスデンが他を圧倒していた。警察の推計によれば、ドレスデンでの参加者数は、二〇一四年一一月二四日の五五〇〇人から一二月二二日には一万七〇〇〇人へと増大し、翌年一月一二日には二万五〇〇〇人にまで達した[(1)]。その後、参加者の数は数千単位にまで減ったが、現在に至るまでデモは続けられている。

ＡｆＤは当初、財政破綻したギリシャへの救済策に反対し、統一通貨ユーロ圏からの脱退を主張する経済自由主義中心の政党で、必ずしも明確に反移民・反イスラムの立場を打ち出してはいなかった。しかし、右翼政党での活動経歴を持つ者や保守政党右派のメンバーも加わっており、新たな右翼ポピュリスト政党という側面も持ちあわせていた（Berbuir et al. 2015：中谷 2016：Amann 2017：122-127）。二〇一四年のヨーロッパ議会選挙で七・一％の得票率で議席を得た後、同年東部のザクセン州、チューリンゲン州、ブランデンブルク州でそれぞれ九・七％、一〇・六％、一二・二％と得票率を伸ばして州議会進出に成功していくなかで、ＡｆＤは次第に反イスラム・反移民を掲げる右翼ポピュリスト政党としての性格を強めていく（Häusler und Roeser 2015）。選挙綱領では二重国籍への反対、イスラムの宗教施設であるミナレット建設反対を問う国民党投票の実施（スイスの例にならったもの）、違法滞在者の厳罰化や外国人犯罪者の迅速な本国送還などが主張されている（中谷 2016：97）。また、ペギーダの参加者の半数近くが二〇一三年の連邦議会選挙、二〇一四年の州議会選挙でＡｆＤに投票しているとする調査結果（Geiges et al. 2015：69；Rucht et al. 2015：20）からも、ＡｆＤが反イスラム・反移民の志向を持つ人々からの支持を獲得していたことがわかる。

その後ＡｆＤは、二〇一五年の七月に党内の路線対立から、党首ベルント・ルッケを含む結党時の主要メンバーの多くが離党した。その影響で一時的に支持率は低迷したが、党に残った右翼保守勢力の影響力が強まり、ＡｆＤは排外主義的な右翼ポピュリスト政党の性格を強めていった。そして同年夏にドイツへの難民の数が急増するなか、ＡｆＤはメルケル政権の「上限なき」難民受け入れ政策を批判して反難民・反移民路線を明確にし、右傾化の傾向を決定的なものにした。連邦政府の難民受け入れ政策への反発が高まるとともに、世論調査でのＡｆＤの支持率は上昇した。特に二〇一四年大晦日にケルンその他都市で発生したアラブ・北アフリカ人による女性への集団暴力事件が与えた衝撃は、それに拍車をかけた。その結果、一〇月には七％だった支持率が二〇一六年二月には一二％に達した[(2)]。同年三月一三日に行われた三つの州議会選挙では、既存政党の多くが支持を失うなかＡｆＤは躍進し、バーデン・ビュルテンベルク州で一五・一％、ラインラント・ファルツ州で一二・六％、ザクセン・アンハルト州では二四・三％の票を獲得して議会に進出した。特にザクセン・アンハルト州では第一政党ＣＤＵ（キリスト教民主同盟）に次ぐ第二の政党になった。その後ＡｆＤは、メックレンブルク・フォアポンメルン州、ベルリン市、ザールラント州、シュレスヴィヒ・ホルシュタイン州、ノルトライン・ヴェストファーレン州の議会選挙で相次いで議席進出に成功した、そして二〇一七年九月の連邦議会選挙において一二・六％の票を獲得し、ついに連邦議会に九四議席を獲得するに至ったのである。

## 「ナチスの国」の新たな排外主義

このように近年のドイツでは、反イスラム・反移民・反難民を掲げた排外主義的運動や政党への支持が拡大した。しかもそれは、これまで極右やネオナチなどの集団とは直接のつながりを持っていなかったような「普通の市民」へと広がっている。ナチスという歴史的過去を背負うドイツにおいて、ナチスと同一視されるような排外主義的で「レイシスト」的言論や運動が一般の市民社会において公然と受け入れられることは稀であった。極右やネオナチは市民社会の「タブー」を破る異端者であり、連邦憲法擁護庁（憲法違反の疑いのある活動を取り締まる公安的組織）の観察下に置かれてきたのである。排外主義的な言論や運動が、極右やネオナチの狭いニッチを越えて広く一般社会の一部にまで受け入れられるようになったのは、戦後ドイツにおいてこれまでなかったことである（佐藤 2013）。われわれはこのような現象をどのように理解すればよいのだろうか。

現在、ドイツのジャーナリストや研究者のなかでは、ドイツ社会にナチス時代以後も根強く残っていた「レイシズム」が移民・難民の増加によって顕在化したものであるとか、経済のグローバル化と中間層の縮小に伴う（ナチス支持者を生んだ「中間層のパニック」に類似したような）「地位降下への不安」（Abstiegsangst）から生まれているなどと説明されることが少なくない。たしかにペギーダやＡｆＤの強い排外主義的主張は、現在ドイツに多く住む「移民の背景を持つ」人々（特にムスリム）とその他の人々との間の関係を悪化させ、社会的分裂をもたらす危険性が高い。また、これまで進められてきた移民統合政策に対しても否定的な影響をおよぼすだろう。このような観点からみれば、ペギーダやＡｆＤの右傾化は批判されてしかるべきである。だが、排外主義の高まりという近年の現象を、単に認識の不合理性（「レイシズム」）や非合理的感情（「地位降下への不安」など）だけで説明しつくそうというのは、あまりに外在的であり、また一面的であるといわざるをえない。ペギーダやＡｆＤに参加する人々の排外主義の言論や主張は、少なくとも当事者の間では、ある一定の「理」をもって理解され、語られるものであり、また彼らの間での移民・難民・イスラムへの反感は一定の「理」をもって感じられ、表出されるものなのではないだろうか。本章は、このような観点に立ち、近年のドイツの排外主義について、可能な限り当事者の視点から見た論理と心理を明らかにすることを目的としている。

その作業は、今世紀に入ってからの排外主義の変化と拡大を時系列的に追いながら進められる。次の2節では、「テロとの闘い」という国際政治状況のなか、「自由で民主的」なドイツの憲法的価値を否定するとみなされた「イスラム」に対する「嫌悪」が新たな排外主義となり、「イスラム批判」という言論として公共の場で一定の正当性をもって語られるようになった経緯について考察する。3節では、二〇一〇年の「ザラツィン論争」を通じて「イスラム批判」の言論が広く大衆的な共感を得るようになった経緯について検討する。続く4節では、難民が急増するなか、ペギーダやAfDにより排外主義が市民運動・政治運動として支持を集めるようになっていく経緯を追いながら、その背景に国家の再配分機能の収縮に伴う社会国家像の変化があったという側面について明らかにしてみたい。最後の5節では、よりマクロな観点から、グローバル化が国家にもたらす過重な負担が、一般ドイツ市民が移民や難民に対して抱く反感を生み出す一因になっているのではないかという点を指摘する。

## 2　排外主義としての「イスラム嫌悪」――「イスラム批判」の言論

### 「外国人嫌悪」から「イスラム嫌悪」へ

ドイツでは、二〇〇〇年代に入るまで「イスラム」を対象にして排外主義が語られることはそれほど多くはなかった（これは、他のヨーロッパ諸国でもほぼ同様であろう）。それまでの排外主義は、まず何よりも「外国人」に対してであり、また「トルコ人」など一部の外国人に対してであった。

ドイツで「外国人嫌悪」(Ausländerfeindlichkeit) と呼ばれる排外主義が台頭したのは一九七〇年代末である (Hoffmann and Even 1984)。当時ドイツでは、一九五〇年代以後にやってきた外国人労働者の定住化が進む一方で、第三世界からの庇護請求者が増加を始めていた。さらに一九八〇年代末からのソ連・東欧での社会主義圏の解体に伴う庇護請求者の急増は、「外国人嫌悪」を激化させた。「外国人」に対する暴力事件が頻発し、極右政党が支持を延ばした。そこでは、庇護請求者とともにすでにドイツに二〇年近く住んでいたトルコ人が「外国人」として一括りにされ、攻撃の対象とされた (佐藤 2014：302)。

二〇〇〇年代にはいると、「排外」の対象は「外国人」から「イスラム」ないし「ムスリム」へと変化した。イスラムは「暴力的」で「後進的」であり、ドイツ社会の「自由で民主的」で「近代的」な社会のルールに適合しないものとみなされるようになった。ムスリム女性の服装 (スカーフ、ヒジャブ、ブルカ、ニカブなど)、モスクの建設、イスラム原理主義者によるテロ活動、「強制結婚」や「名誉殺人」などの「古代的(アーカイック)」な文化や習慣が敵視されることが多くなった。メディアでは「イスラム嫌悪」(Islamfeindlichkeit) と呼ばれるイスラム敵視の意見が公然と語られ、ウェブ上には「Politically Incorrect」をはじめとする反イスラムサイトがいくつもつくられた (Schneiders 2010)。世論調査でも「イスラム」や「ムスリム」についてどうみるかを尋ねられることが多くなり、その結果は多くの場合イスラムに対して否定的であった。たとえば、二〇一三年のベアテルスマン財団による調査によれば「イスラムに脅威を感じるか」という質問に対し、一六%が「たいへん脅威に感じる」、三五%が「かなり脅威に感じる」と答えている (Hafez und Schmidt 2015：16)。

といっても、この時期にドイツにおけるムスリムの数が目立って増加したというわけではない。「ムスリム」とされた人々のほとんどは、すでに一〇年以上前からドイツに住んでいた人たちで、なかにはドイツで生まれた者も多く含まれていた。たしかに、イスラム圏から来た移民や難民、あるいはその子どもたちの間で、イスラムへの宗教的信仰が高まっていたということは指摘できるかもしれない。むしろより大きく変化したのは、ドイツ社会における彼らに対する認知のありようである。それまで「外国人」や「トルコ人」「イラン人」などとされていたイスラム圏からの「移民の背景をもつ人々」が、二〇〇〇年代にはいると、当人自身も関知しないうちに、いつのまにか「ムスリム」とみなされるようになったのである（Hierl 2012：50-58）。

たとえば、一九六三年トルコに生まれ、幼い頃ドイツに外国人労働者の子どもとして移住し、その後ドイツ国籍をとり、現在は弁護士として活躍するゼイラン・アテシュは、次のように述べている。

> 最初私たちはガストアルバイターでした。その後外国人になり、外国人共市民（ausländische Mitbürger）になり、それからトルコ出自のドイツ人になりました。そして、九・一一以降、私たちはムスリムと認知されるようになりました。（*Die Zeit*, 2004/9/30）

この発言は、「ガストアルバイター」としてトルコからやってきた外国人労働者とその子どもたちに対するドイツ社会からの認知のありようの変化を明瞭に示している。アテシュは、彼らが「ムスリム」として認知されるきっかけを、二〇〇一年九月一一日のアメリカ同時多発テロ事件に求めている。この事件以後、イスラム原理主義によるテロリズムに対する「戦い」が、国際政治の関心となった。それによってヨーロッパでは、イスラム圏に出自を持つトルコ系・アラブ系などの住民が「ムスリム」として一括りにされた上で問題視され、西洋文明やヨーロッパ的価値に適合しない「他者」として排外主義の対象となったのである。

## 「イスラム嫌悪」が発生する背景とその語られ方

アテシュの発言を踏まえながら、排外対象が「外国人」から「ムスリム」に変化したことの背景について、ここでもう少し深く考えてみたい。

背景のひとつには、二〇〇〇年代になって頻発したイスラム原理主義によるテロリズムがある。それはアテシュが指摘した「九・一一」に限られるものではない。テロはまた、二〇〇四年にマドリッドで、二〇〇五年にはロンドンで発生した。ヨーロッパにおいて、これらのテロは国際政治的な問題であったばかりでなく、国内の移民統合に関わる問題であった。その首謀者の多くが、ヨーロッパで国籍を持ったムスリムによって引き起こされていたからである。ドイツ国内では目立ったテロは発生していなかったが、二〇〇四年一一月の白昼にアムステルダムで起きた、イスラム原理主義者による映画監督テオ・ファン・ゴッホ虐殺事件はドイツ社会に衝撃を与えた。これをきっかけに、ドイツでも「イスラムの脅威」が語られ、「暴力的」で「古代的(アーカイック)」なイスラムはドイツ社会に脅威をもたらすものとして問題視されるようになっていった。また「強制結婚」や「名誉殺人」、「並行社会」の形成などがメディアでもヤンセーショナルな話題として取り上げられることが多くなった（佐藤 2011：181-184）。

それに加え、「外国人」自身が国内化されていったという点も指摘できる。すなわち、「外国人」の定住化が進み、第二・第三世代が誕生し、先住ドイツ人と同レベルのドイツ語能力を身につけ、さらにドイツ国籍取得者が増えてきたのである。連邦政府の政策もその変化を促進した。帰化条件は緩和され、一九九九年には純然血統主義をとってきた一九一三年制定の国籍法が改定され、出生地主義が取り入れられた。その結果、ドイツで生まれた外国人の子どもの多くが、生まれながらにしてドイツ国籍を持つようになった。このようにして、「外国人」は「国民」へと編入され、異質な出自を持つ国内マイノリティへと（アテシュの言葉を用いれば「トルコ出自のドイツ人」へと）転化していったのである。二〇〇四年には「外国人法」が廃止され、新たに「移民法」が制定された。二〇〇五年に成立したメルケル政権は、移民の「統合」をさらに積極的に進めるようになった。人口統計上での「外国人」の数は九〇年代以後ほぼ横ばいで、二〇〇〇年代に入ると徐々に減少する傾向を示している（二〇一四年以後は再び増加の傾向を示している）。二〇〇五年の国勢調査から、それまでの「外国人」／「ドイツ人」という分類に代えて、「移民の背景を持つ人々」／「移民の背景を持たない人々」を人口統計の基本分類として導入するようになった（近藤 2007：佐藤 2011）。「移民の背景を持つ人々」のなかの「ドイツ国民」の割合は徐々に増加し、二〇一三年の調査によれば「移民の背景を持つ人々」の五七％が「ドイツ国民」になっている。

このような変化は、ドイツ社会における異質な「他者」が、もはや「外国人」というカテゴリーでは一括できなくなったことを意味している。ドイツには多くのヨーロッパ諸国出身の人々が「外国人」として生活しており、排除の対象は、もはや「外国人」（だけ）では把握しきれなくなった。そこで「嫌悪」すべき「他者」として選択され、焦点化されたのが「ムスリム」であり「イスラム」だったのである。

また、排外主義の語られ方も変化している。「外国人嫌悪」の時代には、「外国人は出て行け！」（Ausländer raus!）のように、「外国人」を対象にした直接行動（彼らを送還したり、彼らの流入を阻止したりするような）がそのまま語られることが多かった。それに対し現代の「イスラム嫌悪」においては、「イスラムは歴史的にドイツに属していない」「イスラムはドイツ社会の自由で民主的なルールに適合しない」「ムスリムは教育を軽視している」など、より抽象化された一般論として語られることが多い。「排外」の対象となるのは個々のムスリムではなく、宗教ないし文化としての「イスラム」であり、ムスリムの行動様式や思考様式である。露骨に「ムスリムは出て行け」と主張するのではなく、「ドイツに住むのであればドイツ社会の価値やルールに従え」というようにドイツ社会への「統合」が強調され、それを拒否する場合、彼らは「統合拒否者」として問題視されるのである。このような語られ方の変化の背景には、すでにムスリムを含む多くの移民とその子どもたちがドイツ社会で生活しているという事態がすでに否定しがたい現実となっていることのほか、直接的な排外主義の発言が憲法や刑法に触れる可能性への認識が広まっていることがある。

### 「イスラム批判」の言論とその担い手

「イスラム批判」（Islamkritik）と呼ばれる一連の言論は、このような「イスラム嫌悪」をより知的に洗練された形で表現したものである（Schneiders 2015）。この「イスラム批判」は、二〇〇五年前後から急速に広まった。その担い手になったのは、トルコ出身の社会学者ネチュラ・ケレック、エジプト出身の政治学者ハメド・アブデル・サマド、先に引用した弁護士ゼイラン・アテシュのようなイスラム圏出身の移民（しかもその多くが女性）、ラルフ・ジョルダーノやヘンリク・ブローダーといったユダヤ系知識人、フェミニスト活動家のアリス・シュヴァルツァー、そして後述するティロ・ザラツィンのような社会民主党所属の政治家たちであった。興味深いのは、このうちの多くが何らかの意味での「マイノリティ」出身者（移民、ユダヤ系、女性など）であり、左派・リベラルな立場をとる（社会民主党員など）人々だということである。つまり、彼らは極右やネオナチ、あるいはそれに一定のシンパシーを抱いてきたと考えられている保守右派とは異なった陣営の人々であった。

「イスラム批判」に共通するのは、「暴力的」「家父長制的」「後進的」とみなされた「イスラム」の文化は、「自由」「民主主義」「人権」「平等」などの近代西洋的価値や「憲法秩序」に本来的に不適合だとする考え方である。民主主義や権利の平等といった「市民的」価値を掲げている点で、「イスラム批判」は論者のリベラルな立場と矛盾しない。「イスラム批判」は、その「市民的」価値を基準として「イスラム」を「ドイツ社会に適合しない」ものとして排除する言論である。「イスラム批判」はまた、イスラムの拡大を容認し、イスラムによる「並行社会」の形成を放置し、ドイツ社会を危険にさらしてきた「多文化主義」（蔑称として「ムルティクルティ」Multikulti と呼ばれる）的な政治家や知識人に対する批判にもなる。

ここでは、社会学者ケレックという人物に注目したい。「イスラム批判」が主要なメディアや政治家たちによって広く論じられるきっかけをつくったのがケレックだったからである。彼女は一九五七年にイスタンブールで生まれ、一〇歳のときに外国人労働者の子どもとしてドイツへ移住してきた。学位論文を提出して博士号を取得した後、自身の家族史を綴った自伝的著作『異国の花嫁』を二〇〇五年に出版した（Kelek［2005］2006）。この著作は、「強制結婚」によりドイツに移住してきたトルコ人女性（ケレックはこれを「輸入花嫁」と呼ぶ）の苛酷な人生を描き、民主主義や人権の概念を知らない彼女らが、いかに「奴隷」のような生活を強いられているのかを浮き彫りにしたものである。この本を通じてケレックは、ムスリム移民がドイツの民主主義的な価値観や法律を尊重していく必要を主張し、さらにはイスラムの反民主的な習慣・文化に「寛容」なドイツ社会を批判する。

> ドイツで継続して生活していきたいのであれば、トルコの故郷に居続けるような信条で子どもを育ててはならない。ドイツで継続して生活していきたいのであれば、輸入花嫁、強制結婚、見合い結婚などを通じて、自分たちの文化的出自を持続的に更新する不幸なサイクルを続けていてはならない。……民主主義の規則よりも神の言葉を上位に置く者は、この社会と常に矛盾をきたし、市民社会から自らを閉め出し、自分たちの規則だけの並行世界をつくってしまう。このような並行社会は、民主主義と適合するものではない。（Kelek［2005］2006：279-280）

ケレックの著作はベストセラーとなり、主要メディアでも取り上げられた。週刊誌『シュピーゲル』では、当時の内務大臣で社会民主党のオットー・シリーが「トルコ人の並行社会を描いた本」として好意的な書評を掲載した

（*Der Spiegel*, 4/2005）。さらに、毎年「知的自立と市民的自由を示した」著作に送られる「ショル兄妹賞」（ナチスに抵抗した「白バラ」運動の中心的人物であるショル兄妹を記念した文学賞）を受賞した。トルコからの移民当事者である女性が著したということ、しかも著者が社会学博士であるということがこの著作に「真性性」と「客観性」を与えた。こうして政界や出版界の「権威」からも認知されたことで、ケレックの「イスラム批判」は正当性を得ることになった。

その後、ケレックはますます過激な「イスラム批判」を展開するようになっていく。二〇一〇年の『天の旅』（Kelek 2010）では、「イスラムの守護者との争い」という立場がより鮮明に打ち出されている。同時に彼女のイスラム観はますます単純化されていく。ケレックはイスラムが「前近代的」であるだけでなく、「戦闘的」でもあると断言するようにになる。

> イスラムは近代にたどり着いていない。イスラムは単なる信仰ではなく、最初から戦闘的であり、征服をめざしている。……イスラムは独自の価値志向を持った主導文化であり、ドイツの多数は社会において慣例となっているものとは違った行動へと導くものである。（*Berliner Morgenpost*, 2010/3/13）

さらにケレックは、このようなイスラムの時代錯誤的な「文化」こそが、ムスリム移民のドイツ社会への「統合」を阻む根源であると主張するのである。

> ムスリム移民は最悪の統合の結果を示している。それは彼らのイスラム文化が、彼らがこの社会で持続して成功することを妨げているからである。……イスラムは集合的文化であり、個人をないがしろにする。しかし個

人の責任はわれわれの世俗的民主主義の近代の核心である。(*Focus* 36/2010)

このように内部の差異を無視して「イスラム」を一括りにし、それを固定的に捉えるイスラム像は、あらゆる「イスラム批判」に共通している。そのようなイスラム像に基づき、「イスラム」の「後進性」「前近代性」を「批判」するというのが、「イスラム批判」に特徴的な論法なのである。

### 正当化された排外主義

「イスラム批判」の本質主義的で均質化されたイスラム概念に対しては、多くの研究者や政治家から「レイシズム」(ないし「文化レイシズム」)との批判が出されている(たとえばBade 2013)。だが同時に、多くの支持者や共感者も生み出している。ここで重要なのは、この「イスラム批判」が、メディアや政治などの公共の場で少なくとも問題なく(たとえば憲法擁護庁の観察下に置かれることなどなく)語ることのできる排外主義的言論になったということである。つまり「イスラム批判」は、従来の極右的言論とは異なり、ドイツ社会においてある一定の正当性をもって受け入れられたのである。

では、なぜ「イスラム批判」は受け入れられたのか。もちろん、すでに示唆したように、極右・ネオナチ陣営に近い場所からなされた発言ではないという点もあるだろう。しかしまた、「イスラム批判」が「ドイツ人」/「外国人」という狭い「ナショナル」的な差異図式ではなく、「市民的」/「イスラム的」という「リベラル」で「ポストナショナル」な差異図式を動員して語られたこと、さらにはその差異の構図が、九・一一以後の時代状況のなかでドイツ社会において広く受けいれられていただけではなく、連邦政府が推進する統合政策においても共有されていたことが大きい。しかも、「市民的」価値が基本法の「自由で民主的な価値」によって象徴されていた点において、「イスラム批判」は「憲法に忠実」な言論でもあった。

連邦政府の統合政策は、ムスリムを含めた移民をドイツ社会に統合することをめざしている。そのような連邦政府のイスラムやムスリムに対する姿勢は、二〇〇六年に内務大臣によって設置された「イスラム会議」によく示されている（Peter 2010）。イスラム会議は、「ムスリム」との「継続的な対話」を通じて「ドイツにおけるイスラム」（Islam in Deutschland）を「ドイツのイスラム」（deutscher Islam）へと転化し、「イスラム」を「ドイツの一部」とすることを目的にしている。その点において連邦政府の統合政策は、「イスラム批判」における「排除」の論理とは逆の方向を向いているようにみえる。

しかしイスラム会議はまた、その名が示す通り「イスラム」を一括して捉え、それを統合政策の上で特別に「問題」のある集団として対象化している。たとえば内務大臣ヴォルフガンク・ショイブレは、連邦議会でのイスラム会議の趣旨説明において、「われわれの国におけるムスリムとの共生に負担をかけている問題」として暴力や女性の地位の低さ、教育や労働への意欲の低さ、テロや暴力などをあげている（*Deutscher Bundestag. Plenarprotokoll.* 15/53：5149）。その上でショイブレは、イスラム会議における「対話」の前提として、以下のような統合政策の基本原則を掲げる。

> ドイツイスラム会議をわれわれが新たな共生のチャンスとして利用可能にするためには、ムスリムには調和ある共生の基本事項、すなわちドイツの法秩序と価値秩序、ドイツ語、ドイツで有効な社会的慣習を認めることが求められているのである。（ibid：5150　傍点は引用者による）

ムスリムにはドイツの法秩序・価値秩序とドイツ語を受け入れることが「求められ」ている。「イスラム会議」

での「対話」も、この前提にしたがって路線が敷かれ、誘導されるべきものだった。その前提がドイツ当局によって一方的に定められているという点で、この「対話」は決して対等なものではない（Schiffauer 2008）。つまりそれは、「自由で民主的な基本価値」の枠内においては自由だが、その枠はまた「寛容の限界」にもなっている。たとえば、水泳や体育の授業での男女別学というイスラム会議でのムスリム団体からの要望に対して、政府側は次のように釘を刺すのである。

文化的多様性は美しいものであり、われわれの社会を豊かにするものである。しかしそれは、われわれの基本価値と基本的法が疑問視されるような場面にまでは認められない。男女の平等な権利は、交渉の対象にはなりえないこのような基本的法のひとつである。（Amir-Moazami 2009：161における引用）

このように「イスラム会議」は、「市民的」価値／「イスラム」文化という差異図式に依拠しつつ、「ムスリム」を既存のドイツ社会に誘導しつつ包摂するという連邦政府の統合政策の基本姿勢を具現化したものだった。この差異図式はまた、「イスラム批判」によっても用いられていたものと基本的に同一である。イスラム会議においては、この図式が緩く柔軟に解釈され、宗教としてのイスラムが「自由で民主的な価値」と適合することが可能であり、イスラム教をキリスト教、ユダヤ教とならぶ公認の宗教とみなす可能性ついても議論の余地を残していた（Deutsche Islam Konferenz 2008）。それに対し「イスラム批判」は、「イスラム」を宗教的教義を含めたイスラム社会の文化全体を包括する概念として固定的に捉え、それをドイツ社会の価値やルールと相容れないものとみなし、否定の対象としたのである。この点で、「イスラム批判」は「文化レイシスト」的ではあるが、連邦政府と同様の「市民的」／「イスラム的」という差異図式を用いている限り、その言論は一定の正当性を得ることができた。少なくとも、ナショナルな差異図式を前提にした旧来の「極右」的排外主義とは一線を画するものとみなされたのである。

このような「イスラム批判」の論法は、これ以後の反イスラムの排外主義的言論の基本パターンになっていく。それは次に見るザラツィンのムスリム移民批判にも、「ヨーロッパのイスラム化」に反対するペギーダの主張にも、さらにはAfDが党綱領に掲げた「イスラムはドイツに帰属しない」という見解にも受け継がれていくのである。

## 3　「イスラム批判」の拡散――ザラツィン論争と社会国家

### 『ドイツは消滅する』がベストセラーに

ジャーナリスト、作家、学者など、一部の知識人が論じていたにすぎなかった「イスラム批判」を広く大衆レベルへと拡散させたのが、二〇一〇年の「ザラツィン論争」だった。ザラツィン論争とは、同年八月に刊行されたティロ・ザラツィンの著作『ドイツは消滅する』をきっかけに起きた論争のことである。『ドイツは消滅する』は出版から二ヶ月で一一〇万部を越える大ベストセラーとなっただけでなく、その反イスラム的な議論が大統領や首相をも巻き込む国民的論争を巻き起こした。マスメディアは、週刊誌や一般新聞だけでなく、テレビのトークショーや大衆紙（『ビルト』など）まで連日ザラツィンの著作や発言を話題にした。その結果、移民の統合、特にムスリムの統合が、ドイツ社会のかかえる「問題」として広く国民一般に認知されることになった（佐藤 2011：190-195；佐藤 2013：142-145）。

ザラツィンは社会民主党の政治家としてベルリン市の財務長官を七年間務め、『ドイツは消滅する』を出版したときはドイツ連邦銀行の理事を務めていた。彼の議論がそれまでの「イスラム批判」と違っていたのは、単なる文明論として「イスラム」を論じただけではなく、その批判を社会国家の再配分に関わる問題、つまり社会・財政上の問題に結びつけて議論したところにある。

彼はこの本のなかで、経済・財政を専門とする政治家らしく数多くの統計データを示しながら、教育レベルが低く、労働意欲の低いムスリム移民とその子どもたちが、ハルツⅣ（長期失業者のための労働手当）や児童手当などの社会保障費に頼って生活している実態を指摘し、彼らの存在がドイツの社会国家の負担になっていると主張する。

憂慮されるのは、二六歳から三五歳までの教育レベルの比較が示しているように、労働市場に十分に参加せず、社会的移転制度への依存が高いという点にみられるムスリム移民の問題が、第二・第三世代にも現われているということ、つまり親から子へと受け継がれていることなのである。（Sarrazin 2010：284）

ムスリム移民が自発的に働かず、子どもに教育を受けさせず、社会的扶助に依存して生活している状況は、決してドイツに限られたことではなく、他のヨーロッパ諸国にも言えることでもある。

どの国でも、ムスリム移民は、その低い就業への参加と高い社会給付への要求ゆえに、経済的な付加価値をもたらすよりも国庫の負担になっている。（ibid.：269）

そして、このようなムスリム移民の特性を、ザラツィンは「後進的」なイスラム文化に求める。イスラム文化が、ムスリム移民がドイツ社会に「統合」していくことを困難にしている根本的な原因だと彼は主張するのである。

### 社会国家の再配分問題

移民が財政上の負担になっているという指摘は決して新しいものではない。ザラツィンの議論が際立っていたのは、この既知の論点を「イスラム批判」の言論と結びつけたところにあったと言える。福祉国家の財政的危機は、経済成長が鈍化しグローバル経済が発展する現代において、先進諸国に共通する問題である。ドイツでは、二〇〇〇年代前半のシュレーダー政権の時代に抜本的な社会保障制度の改革が行われた。それ以来、「社会国家」（Sozialstaat）（ドイツでは福祉国家のことを一般にこう呼ぶ）における再配分（財源の確保と社会給付の配分のバランス）が内政上の問題としてしばしば論争の対象となっている。

シュレーダー政権は、ドイツの経済的競争力の強化をめざして所得税・法人税を減税しながら、財政赤字解消のため大幅な社会保障費の削減を行った。これにより、失業時の所得保障が減額され、「ハルツⅣ」と呼ばれる失業給付金（長期失業者に日本の生活保護レベルの最低水準の給付を行うもの）が新たに導入された（近藤 2014）。その結果、対GDP社会保障費は三二・三%（二〇〇三年）から二九・〇%（二〇〇八年）にまで下がった（*Süddeutsche Zeitung*, 2009/7/16 : 2）。こうして、再配分可能な経済的資源は縮小し、一般市民にはいっそうの「自助努力」が求められるようになったのである。この改革を英米の「新自由主義」と単純に同一視することはできないが、ドイツがその影響を受けていたことは確かである。その改革は伝統的な社会国家の大きな役割変容を伴うものであり、「救済型福祉国家」から「能動化型福祉国家」への転換として論じることができる（Dingeldey 2006）。すなわち、ドイツの社会国家は市民に「救済」を約束するための社会装置ではもはやなく、市民に自らの力と責任によって労働することを要求し、鼓舞するための装置である。市民には学校教育を受け、就労し、所得を稼ぎ、ドイツ社会に積極的に参加する「能動」的市民としての役割が求められている。連邦政府は「支援し要求する」（fördern und fordern）という標語によって、国家と市民との新たな関係性を表現した。これは「国家は市民への支援を行うが、同時にしかるべき要求もする」という意味であり、国家と市民〔移民も含む〕とが「ギブ・アンド・テイク」の関係にあるということが示されている。二〇一〇年にベストセラーになった少年裁判所判事キルステン・ハイジクの著作『忍耐の終わり』において、この新しい社会国家像は次のように表現されている。

われわれの社会国家は、返礼の義務なしに給付されるセルフサービスの店舗ではない。……もし人が国家によって扶養されたいのであれば、〔親は〕子どもには自分とは違った道を歩ませ、後に自分の足で立って生活できるよう、少なくとも子どもを学校に通わせることを社会は期待している。(Heisig 2010：199)

シュレーダーによるこのような抜本的社会保障制度改革には、ドイツ経済の再生のために必要な政策として支持する声も多かった反面、反対意見も少なくなかった。シュレーダー自身が属する社会民主党のなかから法案に反対票を投じる議員があらわれ、社会民主党の支持基盤である労働組合を中心とした全国規模の抗議活動も行われた(近藤 2014：236)。

二〇〇八年の世界的経済危機の後、改革に修正が加えられ、ハルツⅣの支給額は多少引き上げられている。だが、この改革によるドイツ社会における社会国家像の変化は決定的であった。すなわち、財政において社会国家が再配分できる資源には限界があることが広く認識されるようになったのである。そのため、再配分はゼロサム的な対立を生み出さざるをえない。ある人々の利益は他の人々の負担によって可能になるのだから。

ここで重要なのは、国家が「支援し要求する」対象となる市民の範囲に移民が含められていたということである。そのため、移民統合の問題が社会国家の再配分をめぐる競合の観点から理解されるようになった。ザラツィンは、この問題を「イスラム批判」と結びつけ、ムスリムをドイツ市民全員に関わる再配分にとっての負担として提示した。これが、ザラツィンの著作が幅広い関心と共感を呼んだ理由のひとつであったと考えられる。

### 『ドイツは消滅する』の受け入れられ方

『ドイツは消滅する』への評価は分かれた。メルケル首相、ヴルフ大統領、社会民主党党首のガーブリエルなど有力な政治リーダーやリベラルな知識人たちは、ザラツィンの議論を「レイシスト的」であると批判した。ドイツ連邦銀行の理事会は、「連邦銀行の威信を傷つけた」として彼を解任した。社会民主党は「社会民主主義の価値観と合わない」としてザラツィンの党除名を議論し始めた。

だが、それとは対照的に、一般読者の間には支持や共感が広まった。その理由として「ザラツィンはタブーを恐れず、現実の問題を明確に述べた」という点が指摘されることが多い。それはまた、ムスリム移民の問題とこれまで正面から対峙してこなかった(とされた)政治エリートらへの批判でもあった。たとえば、Amazon.de の『ドイツは消滅する』へのコメント(二〇一八年五月の時点で九一二件で、星の平均は四・四である)には、次のような例がある。

> いつか彼に礼を言わなければならないことになるだろう。これまでのところ人は彼を非難しているが。ティロ・ザラツィンとは違った意見を持つ者もいるだろう。だが確かなことは、彼が初めて市民的勇気を示したことである。この本は、ようやくやって来た政治への「お仕置き」である。私は、どの政治家にもこの本を読んでもらいたい。(Tenor, 2010/8/31)

世論調査の結果を見てみよう。世論調査機関フォルザの調査では、ザラツィンの主張に「完全に賛成」が九%、

「部分的に賛成」が六一％、「受け入れられない」が二二％になっている（*Stern* 37/2010：35）。「完全に賛成」は少ないが、これは「ムスリム移民とその子孫の増加により、ドイツの知力・生産力が低下し、ドイツは『消滅する』」というザラツィンの極端な主張に同意する者が少なかったということである。注目すべきはむしろ、「部分的に賛成」の多さである。ザラツィンを支持した読者層の多くがここに属している。

では、どの「部分」に賛成しているのか。ドイツのもうひとつの世論調査機関アレンスバッハ研究所が行った調査によれば、「移民の教育レベルの低さによってドイツの知的レベルが低下する」とするザラツィンの主張に三五％が肯定的、三九％が否定的な回答をしている。ほぼ五分五分である。しかし、「ムスリム移民はわれわれに経済的にもたらすものよりも、財政的・社会的コストが高い」とする主張については、五五％が肯定的、二二％が否定的であり、肯定する者の割合が大幅に上回っている（*Fucus Online*, 2010/9/30）。

この結果は、読者層の共感の所在を示していて興味深い。そこにあるのは、ムスリム移民が「財政的・社会的なコスト」になっているという指摘への共感である。社会国家への負担という問題が、読者の危機感を煽っているのである。ヨーロッパ最大の購読者数を誇る大衆紙で、『ドイツは消滅する』のベストセラー化にも一役買った『ビルト』紙もまた、「ザラツィンの警告」と題された短いコラムのなかで、「われわれの社会国家の恩恵が、われわれの国とその法律・文化への統合の自助努力を拒絶する人々にも届けられていたということを、多くの市民は長らく受け止めてこなかった」ことを認識させた点に、この本の意義をみいだしていた（*Bild*, 2010/9/5）。年金、医療、失業保険、公的扶助といった、一般のドイツ市民自身の社会生活上の関心に直結するような問題に触れることにより、ザラツィンの著作は、彼らにムスリム移民問題を「自分たちの問題」として認識するフレームを提供したわけである。

このような社会国家の再配分問題はまた、次で論じるペギーダやＡｆＤへと人を駆り立てる「怒り」や「不快」

の感情の前提にもなっている。

## 4　運動する排外主義――ペギーダとＡｆＤ

### ペギーダの発生――街頭に出た「普通の市民」の排外主義

二〇一四年末、ドイツの排外主義は大きな転機を迎えた。それまでの「イスラム批判」は、ケレックからザラツィンまで、ほぼメディアを通じた言論のレベルにとどまっていたのに対し、二〇一四年末以後、「反イスラム」が街頭にあらわれたのである。しかもそこで街頭に出現したのは、黒いジャンプブーツを履いたスキンヘッドの極右やネオナチの活動家ではなく、彼らとはこれまで直接のつながり持たないような「普通の市民」たちであった。「イスラム化に反対する愛国的ヨーロッパ人」を自称するペギーダが発生する背景にあったのは難民の増加だった。二〇一一年段階では五万三三四七人だった庇護請求者の数は、二〇一四年には二〇万二八三四人と四倍近くに増加していた（佐藤 2015）。ドイツにおいて庇護請求を行った難民は、全国各地に移送され、市町村が準備した収容施設ですごすことになる。庇護請求者の収容は各市町村の負担によって行われるため、地域住民からの反発も生まれる。ペギーダ発生の直接のきっかけも、ドレスデンに（近隣住民への「何の配慮もなく」）収容施設の設置が決定されたことにあった（Geiges et al. 2015 : 98）[3]。

では、難民の増加はなぜ人々をペギーダへの参加にむかわせたのだろうか。「イスラム化」への不安であろうか。たしかにペギーダのデモでは、イスラムの「過激主義」や「宗教的狂信主義」を攻撃するプラカードが掲げられ、演説でもその脅威が語られている。だが、意外なことに、ペギーダの参加者にとって「ヨーロッパのイスラム化」は中心的なテーマにはなっていなかった（Pfahl-Traughber 2015）。ハンス・フォアレンダーらが行ったデモ参加者への調査では、参加の動機として最も多く語られていたのは、連邦政府の難民政策あるいは政治家と人民との乖離などの「政治への不満」（七〇％以上）ないし「メディアや公共圏への不満」（三五％弱）であり、「イスラム化」に言及していたのは四分の一以下であった（Vorländer et al. 2016：66-67）。

また、下層階級の雇用不安という社会心理学的動機づけが指摘されることもあるが、ラース・ガイゲスらの調査では、参加者のなかで失業者は二％と少なく、ザクセン州全体での八・四％と比較すれば、彼らが雇用において比較的安定した位置におかれていることがわかる。また学歴も実技学校卒業三八・〇％（全国平均二二％）、大学卒業二八・二％（全国平均一五％）と相対的に高くなっている。さらに他の調査でも、ペギーダ参加者は、収入・学歴とも平均よりやや高いレベルであることが知られている（Geiges et al. 2015：63-70；Vorländer et al. 2016：60-62；Patzelt und Klose 2016：160-161）。このような参加者の社会的背景をみると、失業や雇用喪失の「不安感」に参加の原因を求めるのには無理があるだろう。

### 「怒り」の所在

では、彼らがペギータの活動に参加する動機はいったいどこにあるのか。それを探るための素材として、二〇一四年一二月一五日にドレスデンでのデモを取材したテレビのドキュメンタリーを用いてみたい。これは「接触の試み――『嘘つきメディア』、ペギーダに出会う」というタイトルで一二月一八日に北ドイツ放送（ＮＤＲ）の「パノラマ」（Panorama）という番組で放映されたものである。[4]この番組の取材班はペギーダのデモの現場にマイクを持ち出し、参加者に直接その場で質問している。インタビューに答えているのは、老若男女あわせて二〇人ほどで、放映された時間は約一時間である。

取材班は、「イスラム化とは何か」「愛国的ヨーロッパ人とはどういう意味か」などの質問を行っている。だが、

「イスラム化」についてほとんどの回答者はあまり具体的なイメージを持っていないように見受けられる。ザクセン州のムスリム人口が総人口の〇・二％であるということを考えるとそれも不思議なことではないかもしれない。彼らにとって「イスラム化」はあまり切迫した問題ではないのである。むしろ回答者の多くが強調するのは、「彼ら」が得をし、自分たちが損をしているという不公正感である。彼らは、難民の多くが「真の」難民ではない（つまり「経済難民」）にもかかわらず国家から社会給付を受けて生活をしていること、その財源は自分たちが働いて、納税することによって負担していることへの「怒り」を表明している。さらにその「怒り」は、自分たちよりも難民を優遇する「不当」な政策を自分たちに何の相談もなく決定している連邦政府や、そのような現実を伝えようとしない主要メディアに対して向けられている。

たとえば、ある高齢の男性は取材班に対し、難民のほとんどが戦争が理由ではなく社会給付を受けるためにドイツに来ている「寄生者」であるとし、「私はいま続々やってくる人たちのことに反対しているのです。誰がすべてを支払っているのか！」と怒りをあらわにしている。

私が仕事に行くとき、彼らは市内電車にビール瓶を持って乗ってくる。これが真実なのです。……私は少額の年金をもらいながら働いています。住宅手当も児童手当ももらっていません。彼らはすべてをもらっているのです。……ここには五〇〇万人の〔ドイツ人の〕貧困児童がいます。彼らにこそ何かをしなければならないのです。

別の若い女性も、社会給付金を利用して「余暇」を過ごしていながらドイツで「庇護」されている（自称）難民についての「不快」感を述べている。

ムスリムや助けが必要な庇護民に反対しているわけではありません。しかし、残念ながら多くの人たちが私たちの費用で、ここで余暇を過ごしているのです。冬には暖かい祖国に戻り、夏にはこちらに来て私たちのお金で暮らしているのです。これが私には不快です。

彼らの「怒り」や「不快」の対象は、難民ではない外国人にまで及ぶ。南西部で警察官を一五年務めていたという男性は、「ルーマニアやブルガリアからここに来ている外国人は、強盗や万引きをするために来ています。……問題は、おろかなドイツ市民が、その損害をきちんと取り戻せないことです」と語っている。さらにそれに続けて、彼は国家予算の使い方の批判へと話しを向ける。

ベルリンの政府はドイツ市民のためにあまり多くのお金を使っていません。……政府は誤ったところにお金を使っているのです。

政府の政策が間違っているため自分たちにはあまりお金が回ってこないのだという不満は、次の女性の発言でも強く述べられている。

私にはお金を私と私の家族に残すようにすることが問題です。働いてもお金があまり残りません。……政治は底辺の人たちに何も聞くことなく決めてしまうのです。……私たちは十分な年金をもらうために働いているのです。

このような社会国家の再配分に関する不満は、他の番組のインタビューからも確認できる。たとえば、イギリスBBC特派員キャトリン・ナイがBBC Radio 4のドキュメンタリー番組『ドイツ、イスラム、新右翼』においで行ったインタビューでも、ある人物が次のように語っている。[5]

政府は庇護請求者に多くのお金を費やしています。このお金はなくなってしまうのです。それは私たちのため、普通の人々のためには使われないのです。（Nye 2015：5）

移民が社会国家にもたらす負担については、前述のようにザラツィンも指摘していた。しかし二〇一二年以後急増する難民はさらなる負担とみなされるようになった。そのため、再配分において難民が優遇され、自分たちドイツの市民が冷遇されているという感覚が、彼らの「怒り」につながっているのである。

それはまた、ドイツ市民にとって「不公正」な政策を、自分たちの意見も聞かずに進めている政治家・既存政党に対する「怒り」にもつながる。ヴェルナー・パッツェルトらの調査によれば、デモ参加者のうち、現在の政党や政治家によって「自分の意見を代弁されていないと感じる」者の割合が約九〇%にのぼるという（Patzelt und Klose 2016：194）。また、ガイゲスらは、政治的に「置き去りにされている（Alleingelassensein）という感覚」が、彼らを反イスラムデモに駆り立てている一因であると指摘している（Geiges et al. 2015：99）。「われわれは人民だ」という旧東独における民主化運動で用いられていたスローガンを掲げ、「寛容」な難民受け入れを進め、難民を「歓迎」しているメルケル首相やその他の主要政治家たちが「人民の裏切り者」とされるのは、そのためである。ペギーダの創始者ルッツ・バハマンも演説のなかで、政治家たちが「すでに長らく支持基盤との接触を失い、有権者を裏切っている」として厳しく批判している。[6]

さらにガイゲスらによれば、ペギーダのデモ参加者の七七％が、現在の連邦共和国における民主主義の機能の仕方に不満を持っているという（ibid.：70）。これに対し、ペギーダへのカウンターデモ（「ノー・ベギーダ」と呼ばれる）の参加者の間で同様の不満を持つ者はわずか一六％にとどまっている（ibid.：77）。つまりペギーダの参加者の方が圧倒的に「反体制的」なのである。

### ＡｆＤの右傾化

二〇一五年夏以後、ドイツへの難民の流入が急増するなか、ＡｆＤは連邦政権の「寛容」な政策に対抗し、「反難民・反移民」の立場を明確化した。それとともに、ＡｆＤは積極的に街頭で運動を行うようになる。東部のチューリンゲン州では、ＡｆＤ同州代表で党内の右派勢力を代表する政治家ビヨン・ヘッケが九月中旬から毎週水曜日にペギーダを模したような街頭デモを行い、「庇護カオス」の停止を訴えて連邦政府を厳しく批判した。このデモには毎回数千人が参加したという。[7] 一〇月九日に党首を務めるフラウケ・ペトリと党首代理のアレクサンダー・ガウラントがベルリンで記者会見を行い、市町村の収容能力に見合った数に難民の受け入れを制限すること、家族呼び寄せを停止すること、暫定的にオーストリアとの国境の管理を復活させることなど、難民流入を阻止するための政策案を公表するとともに、メルケル政権の難民政策が「外国人の密輸罪」で法律違反にあたるとまで主張した。[8] さらに一一月七日には、ＡｆＤの幹部が先頭に立って、ベルリンで「庇護権の乱用」に反対するデモが行われた。

ＡｆＤのリーダーたちは、連邦政府や既存政党の「寛容」な難民政策や、「歓迎」ブームを煽る主要メディアが、いかにドイツ「人民」の利益を不当に無視したものであるかを訴えて、人々の怒りや不快の感情を煽り立てる手法を用いている。難民収容のために体育館や学校が使えなくなること、移民や難民がではなくドイツ人の方が「多文化主義」への適応を強要されることの理不尽さが例としてあげられる。しかもそれらが、「人民」の意見を聞かれることなしに政府と「旧政党カルテル」によって勝手に決められていることへの不満も述べられる。ペギーダで馴染みの「われわれは人民だ！」や「人民の裏切りもの！」というスローガンが、ここでもこのような「怒り」を表明する言葉になっている。

ＡｆＤの主張においてもまた、社会国家の再配分をめぐる問題が、「人民に反した」難民政策の不当さを明らかにする事例のひとつとして語られている。たとえばペトリは、一一月七日のデモにおけるスピーチで、「社会問題」について以下のように言及している。

この国の社会問題が第一に来なければなりません。いかに社会的であるかは、こんにちでも政府がいかに自身の市民に責任を持っているのかにかかっています。社会的弱者や中間層が、自分たちの政府によって他の国の弱者と競売にかけられています。それがギリシャであったりスペインであったり、アフリカであったりアフガニスタンであったりシリアであったりです。……難民政策では、つつましい市民（einfache Bürger）、社会的弱者がツケを支払わなければなりません。……大量の移民は経済的・社会的な利得にはなりません。つつましい市民が、〔難民収容のために〕閉鎖された体育館、一部の閉鎖された学校、増加する社会保障分担金、おそらく上がるであろう税金を通じてツケを支払わなければならなくなっています。これが自身の人民に反したメルケルの政治です。……国家の境界に限界があるように、ドイツの社会保障制度の能力にも限界があるということを知るのに経済学者である必要はありません。社会国家は守られなければならず、社会国家はすべての人を守らなければなりません。……この難民政策は、社会国家を破壊し、自身の市民に継続的に対処できなくしています。(9)

「つつましい市民」が政府の難民政策によって不当な「ツケ」を支払わされている、とペトリは訴えている。再配分をめぐるドイツ市民と移民・難民との対立の構図が、ここに明瞭に述べられている。同様の構図はヘッケの演説のなかでも語られている。彼は現職大臣や高名な経済学者の名前をあげながら、「ドイツ人」の負担について述べている。

アンドレア・ナーレス（社会労働大臣）は、難民の流入により失業者の数が来年は顕著に増加するという前提に立っています。二〇一六年には、庇護請求者がさらに四六万人もハルツⅣの給付を申請することになるそうです。ベルント・ラーフェルヒューゼン教授によれば、庇護請求者の労働市場への統合に対して……、中期的にみて九〇〇〇億円の出費が税金から支払われることになるそうです。……経済研究所のハンス・ヴェルナー・ジンは「難民援助は最貧困者の犠牲のもとになされる。社会国家は自由な移民によって不可避的に損害を受ける。それはおそらく最貧困層に影響を与える」と述べています。……私たちには二〇億円を越える国家の負債があります。ドイツでは一二三〇万人が貧困基準以下で生活しています。豊かとされているこの国で、二八〇万人の子どもが貧困に脅かされているのです！　不名誉なことです。（二〇一六年一月二〇日、イエナでの演説[10]）

さらにヘッケは、「文化圏」の違うムスリム移民が特に負担になるとも述べている。二〇一五年一〇月二一日のミュンヘンでのスピーチ（これは街頭演説ではないが）では次のように語られている。

九月から一二月までの間に、九三万人がドイツに移住してきます。二〇一五年には、少なくとも一五〇万人にはなるでしょう。……アフガニスタンからの庇護請求者の六〇％は文盲です。……どの統計でも示されているように、これらの人々は圧倒的に男が多く、若く、教育のないムスリムたちです。私たちは彼らを決して統合したくありません！　……これらの人々は決してこの国を豊かにしません。経済的な負担となり、私たちの共同体の連帯に打撃を与えます。今年、庇護にどのくらいの費用がかかるのかはまだはっきりとした数字になっていません。しかしショイブレ財務大臣は二〇一六年には新たに債務が出ると言っています。（二〇一五年一〇月二一日、ミュンヘンのＡｆＤ集会での演説[11]）

このように、ＡｆＤの政治家たちは、難民の流入がドイツ市民にとっていかに大きな負担となっているのかと訴えることで、積極的に人々の支持と共感を獲得しようと試みた。こうしたポピュリスト的な反難民の政治手法が世論の注目を集めると同時に、ＡｆＤの支持率もまた増加に転じた。各世論調査研究機関の調査によれば、二〇一五年七月には四％前後に低迷していた支持率が二〇一六年一月には一〇％を越えるようになったのである。政府の難民政策への不満からＡｆＤ支持に転じた者も多かったように思われる。

### 再配分をめぐる対立

ペギーダの台頭ならびにＡｆＤの右傾化とともに、反難民・反移民の排外主義は多くの「普通の市民」たちを街頭デモへと駆り立て、彼らの投票行動を大きく動かすまでになった。これは戦後ドイツの歴史においてはかつて見られなかった現象である。本節では、そのような人々の行動が、どういった心理によって動機づけられているのかを明らかにしようと試みてきた。そして、その重要な一面が、社会給付や（学校・体育館などの）公共施設の利用機会などの公共的資源の配分において、本来は優遇されるべき「ドイツ市民」（＝「われわれ」）が移民・難民のせいで

「割を食っている」ということへの不快や怒りの感情にあることを明らかにしてきた。それは、庇護権を「乱用」して入国し、ドイツの社会給付に「寄生」する「経済難民」や、ドイツ社会のルールや文化に適合しえない（とみなされている）ムスリム移民にむけられるとともに、ドイツ市民の利益を無視して「寛容」な移民・難民政策を続けてきた連邦政府や、それを支持する主要政党の政治に対しても向けられるのである。

最近の研究では、ペギーダの参加者と同様、ＡｆＤの支持者もまた収入、教育レベルとも中程度の階層に多いことが知られている（Bergmann et al. 2017 : Lengfeld 2017）。決して裕福ではないが現在生活に困窮しているわけではなく、社会給付に頼らずに自力で生活をやりくりしている人々の多くが、連邦政府の難民・移民への「寛容」な再配分の施策を「不公正」であると感じるようになったこと。それが、ＡｆＤへの支持が「普通の市民」にまで広がったことの一因と考えることができるだろう。

シュレーダー政権による社会保障制度改革と、その後のメルケル政権における緊縮財政政策は、社会国家が再配分できる資源に限界があることを人々に強く認識させることになった。「返礼の義務なしに給付されるセルフサービスの店舗ではない」（Heisig 2010 : 199）という「能動化型」の社会国家像がドイツ社会に広まった。そのようななか、二〇一五年に難民が急増した。ドイツでは法制上、庇護請求者に宿泊施設と最低限の社会的援助を提供することになっている（佐藤 2017）。そのため、難民とドイツ市民とが有限なる資源の再配分をめぐって対立関係にあると理解されるようになる。庇護権を「乱用」してドイツの社会国家を食い物にする難民と、それに対して「寛容」な連邦政府に対する反感が同時に広まったことの背景には、このような国家の再配分機能収縮に伴う社会国家像の変化があったと思われる。

## 5　グローバル化との出会い――これからの展望

### 排外主義の論理と心理

本章は、近年のドイツにおける「反イスラム」を掲げた排外主義の台頭について、ドイツ社会に深く根づいた「レイシズム」が顕在化したとか、「地位降下への不安」に駆り立てられたものであるなどというような、人間の不合理性・非合理性によって説明する方法を批判するところから出発した。そして、排外主義が語られ、感じられる際に当事者が持つ論理と心理を明らかにしようと試みてきた。まず2節では、二〇〇五年前後に「イスラム批判」が台頭してきた社会・政治的背景を検討しながら、この反イスラム的な排外主義の言論がある一定の正当性をもって受け入れられるのは、九・一一以後の「テロとの闘い」という国際政治状況のなかで、「市民的」価値対「イスラム的」文化という差異図式を通して「イスラム」をみる（「問題」視する）観点がドイツ社会に広まっていただけでなく、連邦政府の新たな（「市民的」な）移民統合政策の前提にもなっていたという状況について論じた。3節では、二〇一〇年にザラツィンの著作がベストセラーになり、広く大衆レベルでの共感を得ることになった理由のひとつが、既存の「イスラム批判」を、収縮する社会国家の（「支援」するだけでなく「要求」もする「能動化型福祉国家」の）再配分問題と結びつけた議論を展開したところにあったのではないかという点について論じた。さらに4節では、二〇一四年末に台頭したペギーダや二〇一五年に右傾化が進んだAfDによる反難民・反移民の主張に対する「普通の市民」たちの支持や共感が、社会国家の再配分において自分たちが「割を食っている」、また自分たちが政府から「不公正に扱われている」ことへの反感に発しているという点について明らかにした。

たしかに難民の急増は、国家の財政的負担となる。庇護請求者の収容施設や生活費の支給、ドイツ語講座の費用、ハルツⅣの支給、行政職員の増員などのため、二〇一七年には一〇〇億円の出費が見込まれていた[12]。財務大臣のショイブレは、これを「ドイツ社会とグローバル化との出会い（rendezvous）」であるといい、「私たちはこの出会いに徐々に馴れていかなければならない。世界で起きていることが、私たちに直接影響をあたえるのだ」と述べる。ショイブレは、この追加の出費によって「だれも被害を被るものがいてはならない」とする（前節でのヘッケの演説とは異なり、国家債務が生じる見込みはないともされる）。この負担が、一般ドイツ市民の社会生活に実際にどのような影響を与えるのかは定かではないが、ドイツ市民への配慮を後回しにして、「グローバル化との出会い」に優先的に取り組む連邦政府の姿勢にこそ、ペギーダやＡｆＤの支持者は反感を抱くのである。

### 治安問題と再配分問題――グローバル化がもたらす国家の負担

だが、社会国家の再配分に対する反感だけでは、二〇一六年に入ってからのＡｆＤの支持率増加の原因は語りつくせない。難民の増加はまた、ドイツ社会に治安の悪化というもうひとつの問題をもたらした。ドイツでは、二〇一五年大晦日に、ケルンやその他の都市で北アフリカ・中東出身者（とされる人々）による大規模な集団女性暴行事件が発生し、一〇〇〇件を越える被害があった。イスラム過激派によるテロや暴力犯罪への批判は、もちろん以前から排外主義運動が掲げるテーマのひとつだったが、二〇一五年大晦日のこの事件はドイツ国内で、しかもケルンという大都市の中心部で起きた事件であるという点において、それまでとは（たとえばその前月に起きたパリでの同時多発テロと比べても）比較にならない大きな衝撃を与えた。これによって、ドイツ社会での難民に対する世論は大きく変わり、それまで辛うじて残っていた「歓迎」のムードはほぼ消滅したといってよい。メルケル政権の難民政策への批判もより厳しいものになった。

この事件で特に問題にされたことのひとつが、大晦日に駅前広場で警備の任についていたはずの警察官たちが、事実上ほとんど実効的な役割を果たせなかったことだった。治安維持能力を失った国家の「無力さ」が問題視された（たとえば*Der Spiegel*, 3/2016：18-25）。ＡｆＤは、当然この問題を取り上げて政府の無策と誤った難民政策についての批判を展開した。たとえば三月の州議会選挙の選挙期間中、ラインラント・ファルツ州のＡｆＤは、ケルンの事件の加害者とおぼしき男たちのシルエットと、涙を流す若い女性の写真を並べ、「私たちの妻と娘たちのためにより安全を」という標語を掲げた大判の選挙ポスターを州内に設置した。[13] これは、治安に対する危機感を煽るとともに、ドイツ市民の「安全」を軽視する誤った政策への批判を表明したものであるとみることができる。

治安問題もまた、再配分問題と同様、「グローバル化との出会い」がドイツ社会にもたらした負担から生まれるものである。ドイツ政府はこれまで、国際的かつ歴史的な責務として「寛容」な難民政策をとってきた。しかしながらケルンの事件は、国家が国内での「法と秩序」を維持できなくなっていることを露呈させてしまった。他国から来る難民の「人身の安全」を保証することによって、それがかえって自国の市民の「人身の安全」を脅かす結果になっているという逆説がそこにはある。それは「『彼ら』と『私たち』のどちらの安全を優先するのか」という問いかけを生み出す。つまり治安という、社会保障とならぶ国家が提供すべき「公共財」をめぐって、ドイツ市民と難民・移民との対立構図が浮き彫りにされるのである。

### 排外主義の再エスノナショナル化？

二〇一五年以後のペギーダの台頭やＡｆＤの右傾化とともに、排外主義の論理の方も変化しつつある。「民主主義」対「イスラム」という「ポストナショナル」な対立図式に依拠した二〇〇〇年代の「イスラム批判」の論理が、「ドイツのアイデンティティ」や「ドイツの利益」の保持に訴える「ナショナル」な論理へと転化しつつあるのである。反イスラムの論理もまた、近代的な「基本権」や「民主主義」に依拠した「リベラル」なものから、近代以前の「ユダヤ・キリスト教」的伝統の概念に依拠した「保守的」なものへと比重が移る一方で、ナショナルな論理の方も、ドイツの伝統文化やドイツ人の血統に基づくエスノ文化的なネーション観に回帰する傾向が見られる。

このような排外主義のエスノナショナル化は、ゲッツ・クビチェクやユルゲン・エルゼサーらの民族至上主義的(フェルキッシュ)な「新右翼」の作家・活動家によって精力的に主導されている（*Der Spiegel*, 51/2015 : 19-26）。彼らは著作の出版やネットでの動画配信のほか、講演会や街頭デモで演説を行い、ドイツ人の文化的「アイデンティティ」に訴え、「ドイツをドイツ人のものに」と主張する。また、彼らが「人民」（Volk）について語る場合、そこにはエスノ文化的な「ドイツ民族」（deutsches Volk）という意味が込められる。たとえばクビチェクは、ライプチッヒのデモで次のように述べて聴衆から喝采を得ている。

> 私たちの民族（Volk）は偉大で特別な歴史を持っています。……私たちは母親と父親を持ち、私たちは息子と娘を持ち、私たちは全ドイツ史の一部になっているのです。……私たちはみな、今もドイツの歴史をさらに建設しているのです。[14]

「新右翼」の思想家は、ヘッケやヘッケの盟友でザクセン・アンハルト州代表のアンドレ・ポッゲンブルクなどAfD内の右派とネットワークを築き、AfDのさらなる右傾化を促進している。ヘッケ自身もまた「新右翼」とのつながりを公然とアピールしながら、「一〇〇〇年のドイツの歴史」に言及し、「ドイツ文化」の保持を主張している。

それに対し、AfDの党中央幹部は「新右翼」の活動家たちとは距離を置いている。だが、AfDもまた二〇一六年五月の党大会において決議した基本綱領のなかで、「イスラムはドイツに帰属しない」という立場を掲げ、「ドイツの文化、言語、アイデンティティの保持」を求めている。さらに「大量移民ではなく、より多くの子どもたちを」と主張する家族政策において、「先住者人口の出生率を高めなければならない」と述べている（Alternative für Deutschland 2016）。この「先住者人口」が「ドイツ系」の、すなわちエスニックな意味でのドイツ人を意味していることは明らかだろう。さらに基本綱領は、国内の治安を回復するため、一九九九年以前の純然血統主義による国籍制度を再導入することさえ主張しているのである。このようにＡｆＤ党本体の主張もまた、エスノナショナル化の方向性を示していると言えるだろう。

ここ二〇年間、ドイツは血統共同体に基づくエスノ文化的なネーションから脱却し、憲法的価値を重視した「市民的」なネーションへと変化してきた（佐藤 2009）。しかし近年の排外主義の高まりは、それに逆行するようにみえる。「新右翼」やＡｆＤの動向にみられるこうした再（エスノ）ナショナル化の傾向が、今後どのようになっていくのかが注目される。

## 注

（1）ペギーダへの参加者数の推移については、https://de.wikipedia.org/wiki/Pegida（以下ウェブサイトの最終アクセス日はすべて二〇一七年一二月一七日）にまとめられている。

（2）ドイツ各世論調査機関による政党支持率調査の結果は、http://www.spiegel.de/politik/deutschland/sonntagsfrage-umfragen-zu-bundestagswahl-landtagswahl-europawahl-a-944816.html にまとめられている。

（3）ペギーダの主導者ルッツ・バハマンも演説のなかでこの点を指摘している。次の動画を参照 “PEGIDA 10.11.2014 Abendspaziergang/Abschlussrede Postplatz Dresden”,（https://www.youtube.com/watch?v=2fZuI35QD-w：2：55-3：05）

（4）番組は北ドイツ放送（ＮＤＲ）のサイトで全編視聴することができる（http://daserste.ndr.de/panorama/archiv/2014/

Kontaktversuch-Luegenpresse-trifft-Pegida,pegida136.html)。「嘘つきメディア」(Lügenpresse) とは、ペギーダが主要メディアを攻撃するときに用いたスローガンである。なお、この番組が放送されたあと、番組で最初にインタビューに応じている男性が実はドイツ最大の民間放送局RTLのレポーターであり、ペギーダ参加者に扮してインタビューに応えていることが判明し、批判を浴びた。だが、それ以外のインタビューに関しては信頼できるものとみなし、ここで引用している。

(5) このラジオ番組 *Germany, Islam and the New Right* は http://www.bbc.co.uk/programmes/b04ykk5n で聞くことができる。

(6) 二〇一四年一二月一五日デモ開始時の演説において。"Pegida Montagsdemo in Dresden vom 15.12.2014 mit ungekürzten Redebeiträgen" (https://www.youtube.com/watch?v=ILKQ_J8UGEg : 4 : 03–4 : 07)

(7) Sevelin Weiland, "AfD in Flüchtlingskrise. Der Angstmacher in Erfurt", (Spiegel Online, 2015/10/7, http://www.spiegel.de/politik/deutschland/afd-in-der-fluechtlingskrise-der-angstmacher-von-erfurt-a-1056367.html)

(8) 記者会見全体の動画が YouTube にアップされている。"Die AfD zur Asylpolitik – Komplette PK vom 9. Oktober 2015" (https://www.youtube.com/watch?v=SrsdFzxIc8Y)

(9) "Rede von Frauke Petry auf die Abschlusskundgebung", (https://www.youtube.com/watch?v=tip9ljzXdXg#t=193 : 8 : 40–11 : 04)

(10) "Höcke: Wir wollen unser Land zurück" (https://www.youtube.com/watch?v=6HE4tMmt2PQ : 12 : 22–14 : 20)

(11) "Rede Björn Höcke 22.10.2015 München" (https://www.youtube.com/watch?v=dKNJBWScB5o)

(12) "Schäubles Rendezvous der Globalisierung", Zeit Online, 2016/3/23 (http://www.zeit.de/wirtschaft/2016-03/wolfgang-schaeuble-fluechtlinge-finanzminister-bundeshaushalt)

(13) "12 Millionär spendieren der AfD Wahlwerbung", Bild.de, 2016/3/4 (http://www.bild.de/politik/inland/alternative-fuer-deutschland/bekommen-wahlkampfhilfe-von-millionaeren-44779754.bild.html : 28 : 35–31 : 10)

(14) 二〇一五年一月二一日の「レギーダ」における演説。("Götz Kubitschek Rede in Leipzig 21.01.2015" (https://www.youtube.com/watch?v=0015O8iBpew : 8 : 55–9 : 57)

## 文献

Alternative für Deutschland, 2016, *Grundsatzprogram der Alternative für Deutschland. Leitantrag der Bundesprogrammkomission und des Bundesvorstand. Vorlage zum Bundesparteitag am 30. 04. 2016 / 01. 05. 2016.* Alternative für Deutschland.

Amann, Melanie, 2017, *Angust für Deutschland. Die Wahrheit über die AfD : wo sie herkommt, wer sie fürhrt, wohin sie steuert.* Droemer.

Amir-Moazami, Schirin, 2009, "Die Produktion des Tolerierbaren : Toleranz und ihre Grenzen im Kontext der Regulierung von Islam und Geschlecht in Deutschland", Gabriele Dietze, Claudia Brunner und Dieter Wenzel Hrsg., *Kritik des Okidentalismus : Transdisziplinäre Beiträge zu (Neo-) Orientalismus und Geschichte,* transcript.

Bade, Klaus J., 2013, *Kritik und Gewalt : Sarrazin-Debatte, 'Islamkritik' und Terror in der Einwanderungsgesellschaft,* Wochenschau Verlag.

Berbuir, Nocile, Marcel Lewandowsky and Jasmin Siri, 2015, "The AfD and its Sympathizers : Finally a Right-Wing Populist Movement in Germany ?", *German Politics,* 24 (2) : 154-178.

Bergmann, Kurt, Matthias Diemeier und Judith Niehues, 2017, "Die AfD : Eine Partei der sich ausgeliefert fühlenden Durchschnittsverdiener ?", *Zeitschrift für Parlamentsfragen,* 1/2017, 57-75.

Deutsche Islam Konferenz (DIK), 2008, *Zwischen-Resümee der Arbeitsgruppen und des Gesprächskreises,* Bundesministerium des Innern.

Dingeldey, Irena, 2006, "Aktivierender Wohlfahrtstaat und sozialpolitische Steuerung", *Aus Politik und Zeitgeschichte,* 56 (8/9) : 3-9.

Geiges, Lars, Stine Marg und Franz Walter 2015, *Pegida. Die schmutzige Seite der zivilgesellschaft ?,* transcript.

Hafez, Kai und Sabine Schmidt, 2015, *Die Wahrnehmung des Islams in Deutschland,* Bertelsmann Stiftung.

Häusler, Alexander und Rainer Roeser, 2015, "Zwischen Euro-Kritik und rechtem Populismus : Merkmale und Dynamik des Rechtstrucks in der AfD", Andreas Zicl und Beate Küpper Hrsg., *Wut, Verachtung, Abwertung. Rechtspopulismus in Deutschland,* Dietz, 124-145.

Heisig, Kirsten, 2010, *Das Ende der Geduld. Konsequent gegen jugendliche Gewalttäter*, Herder.

Hierl, Katharina, 2012, *Die Islamisierung der deutschen Integrationsdebatte*, LIT Verlag.

Hoffmann, Lutz und Herbert Even, 1984, *Soziologie der Ausländerfeindlichkeit*, Beltz Verlag.

Keleck, Necla, [2005] 2006, *Die fremde Braut. Ein Bericht aus dem inneren des türischen Lebens in Deutschland*, Goldmann.

Kelek, Necla, 2010, *Himmelreise. Mein Streit mit dem Wächtern des Islams*, Kiepenheuer & Witsch.

近藤潤三、二〇〇七、『移民国としてのドイツ――社会統合と平行のゆくえ』木鐸社。

近藤正基、二〇一四、「福祉政策」西田慎・近藤正基編『現代ドイツ政治――統一後の20年』ミネルヴァ書房、二二五-二四七頁。

Lengfeld, Holger, 2017, "Die 'Alternative für Deutschland': eine Partei für Modernisierungsverlierer ?", *Kölner Zeitschrift für Soziologie und Sozialpsychologie*, 69 : 209-232.

中谷毅、二〇一六、「『再国民化』と『ドイツのための選択肢』――移民問題およびユーロ問題との関連で」高橋進・石田徹編『「再国民化」に揺らぐヨーロッパ――新たなナショナリズムの流星と移民排斥のゆくえ』法律文化社、八三-一〇三頁。

Nye, Catrin, 2015, "Pegida : Why is the populist right on the rise in Germany ?", *Prospect*, January 23, 2015.（http://www.prospectmagazine.co.uk/world/pegida-why-is-the-populist-right-on-the-rise-in-germany）

Patzelt, Werner J. und Joachim Klose, 2016, *PEGIDA. Warnsignale aus Dresden*, Thelem.

Peter, Frank, 2010, "Welcoming Muslims into the Nation : Tolerance, Politics and Integration in Germany", Jocelyne Cesar Hrsg., *Muslims in the West after 9/11 : Religion, Politics, and Law*, Routledge.

Pfahl-Traughber, Armin, 2015, "Pegida -eine Protestbewegung zwischen Ängsten und Ressentiments : Eine Analyse aus der Sicht der Bewegungs-, Extremismus- und Sozialforschung", bpb.de.（http://www.bpb.de/politik/extremismus/rechtsextremismus/200901/pegida-eine-protestbewegung-zwischen-aengsten-und-ressentiments）

Rucht, Dieter et al., 2015, *Protestforschung am Limit. Eine soziologische Annäherung an Pegida*. Wissenschaftszentrum Berlin für Sozialforschung.（https://www.wzb.eu/sites/default/files/u6/pegida-report_berlin_2015.pdf）

Sarrazin, Thilo, 2010, *Deutschland schafft sich ab. Wie wir unser Land aufs Spiel setzen,* Deutsche Verlag-Anstalt.

佐藤成基、二〇〇九、「『血統共同体』からの決別――ドイツの国籍法改正と政治的公共圏」『社会志林』55（4）：七三-一一一頁。

佐藤成基、二〇一一、「『統合の国』ドイツの統合論争――変化するドイツ社会の自己理解」『社会志林』57（4）：一七三-二〇五頁。

佐藤成基、二〇一三、「ドイツの排外主義――『右翼のノーマル化』のなかで」小林真生編『移民・ディアスポラ研究3　レイシズムと外国人嫌悪』明石書店、一三六-一四七頁。

佐藤成基、二〇一四、「移民政策」西田慎・近藤正基編『現代ドイツ政治――統一後の20年』ミネルヴァ書房、二九三-三二〇頁。

佐藤成基、二〇一五、「難民受け入れ国としてのドイツ」『Migration Net』12月号：二八-二九頁。

佐藤成基、二〇一七、「国民国家と外国人の権利――戦後ドイツの外国人政策から」『社会志林』63（4）：五九-九七頁。

Schiffauer, Werner, 2008, “Zur Konstruktion von Sicherheitspartnerschaften”, Michael Bommes und Marianne Krüger-Potratz Hrsg., *Migrationsreport 2008. Fakten, Analysen, Perspektiven,* Campus, 205-229.

Schneiders, Thorsten Gerald Hrsg., 2010, *Islamfeindlichkeit. Wenn die Grenzen der Kritik verschwimmen,* VS Verlag.

Schneiders, Thorsten Gerald, 2015, *Wegbereiter der modernen Islamfeindlichkeit. Eine Analyse der Argumentationen so genannter Islamkritiker,* Springer Verlag.

Vorländer, Hans, Maik Herold und Steven Schäller, 2016, *PEGIDA. Entwicklung, Zusammensetzung und Deutung einer Empörungsbewegung,* Springer VS.

# 第4章　イスラムはなぜ問題化されるのか
## ——イタリアの排外主義の現状

秦泉寺友紀

## 1　注視／攻撃されるイスラム

### 注視されるイスラム

二〇一五年一月のフランスの風刺新聞「シャルリ・エブド」襲撃事件は、イタリアでも波紋を広げた。今からふりかえれば、同じ年の一一月に同じくパリで起こったＩＳが関与したとみられる連続テロ事件より規模は小さかったとはいえ、隣国での前例のない事件をイタリアの主要紙は連日第一面で報道した。紙面には「アラーは偉大なりの叫びとともに三人（原文ママ）のテロリストがムハンマドの風刺漫画新聞を襲撃」（*Il corriere della sera*, 8 gennaio 2015）、「ジハード、新聞社での虐殺」（*La Repubblica*, 8 gennaio 2015）などの見出しが並び、預言者を描いたシャルリ・エブドの風刺画も転載された。(1) 容疑者が郊外地区出身のアルジェリア系フランス人兄弟であることも、事件発生翌日の報道初日から繰り返し報じられた。

イタリアで描かれたこの事件の構図は総じて、移民二世のムスリムの兄弟がイスラムを揶揄するメディアに憤り、国際的なイスラム過激派勢力の支援のもと、その編集部を襲撃したというものだった。そうした構図の一方、困難な環境に育ち、学業に失敗し、雇用も不安定だった容疑者兄弟が「コーランを軽視」していたとか、地域のムスリムコミュニティとの関わりは希薄で、服役中に原理主義に接近した、あるいはアルジェリア系フランス人の同紙の校正者や「敬虔なムスリム」の警官が犠牲になったといったことも報道された（*La Repubblica*, 8 gennaio 2015 : *Il corriere della sera*, 9 gennaio 2015）。しかしこの事件を、社会的に排除され、将来の展望が描けず不満を抱えていた兄弟による襲撃という観点から捉える方向性は、襲撃の動機をイスラムへの傾倒に見出し、これをイスラムによる攻撃とみる見方のまえに、イタリアでは後景に退いた。

シャルリ・エブド襲撃事件を受け、イタリアのイスラム関係者は相次いでこの襲撃を非難した。報道では、「〔風刺漫画には〕共感はしないが、あの行為〔編集部の襲撃〕は正当化できるものではない」といったローマのモスクの信徒の声も紹介されている（*Il corriere della sera*, 10 gennaio 2015）。しかし、こうした記事の前提には、イタリアのムスリムがこの事件にコメントすべき関係者であるとの取材側の認識が見え隠れする。その意味では、こうした報道もまた、この事件がイスラムによる襲撃であるとする見方の固定化に加担したといえよう(2)。

このようにイスラムが社会の不安要素として注視され、差別、排斥の対象となるという現象は、近年のヨーロッパで広くみられる。しかし、イタリアのムスリムに関しては、フランスやドイツなどと比べると、その規模、割合とも小さいのが現状である。調査機関によって多少のばらつきはあるものの、イタリア在住のムスリムは約一六〇万人、人口に占める割合は三〜四％程度にとどまるとみられている（Centro Studi e Ricerche IDOS 2015）。さらにイタリア在住のムスリムの出身国は、一九八〇年代はマグレブ諸国が多数派を占めたが、近年は西アジアから中東、北アフリカと広範囲にわたり、地理的に多様である（Spena 2010 : 162-163）。すなわちイタリアのムスリムは、一枚岩の集合体とはほど遠い。こうした点からすると、イタリアのイスラムへの注視にはある種の過剰さがあると思われる。

### 攻撃されるイスラム

それだけではない。イスラムへの攻撃そのものにも、ある種の過剰さが見受けられる。シャルリ・エブド襲撃事件を受け、イタリアではイスラム全般、また国内のムスリムを標的とした攻撃的な発言が相次いだ。たとえば反移民政党として知られる「北部同盟」所属の欧州議会議員は、「われわれは戦争のさなか」にあり「イスラムとの対話はあり得ない」、「移民の受容と彼らへの寛大さは〈自殺行為〉だ」と発言した。また、ネオファシスト政党を前身とする「国民同盟」出身の下院議員は、襲撃を非難したイタリア北東部ヴェネト州在住のイマームに対し、「テレビカメラの前ではそう言っているが、説法はアラビア語で行われていて、祈りではどんなことが言われているかわからない」とか、「公的な場でのスカーフ着用は禁止すべきだ」といった発言がなされた。同じく国民同盟出身の欧州議会議員で、エジプト出身のイタリア国籍取得者であり、イスラムからカトリックに改宗したジャーナリストからは、「穏健なイスラムは存在しない」との発言があった（*Il corriere della sera*, 9 gennaio 2015）。

こうした反イスラム、あるいはイスラム嫌悪の発言は、イタリア社会で全面的な賛同を得たわけではない。同じ紙面の別の記事では、襲撃事件とは無関係なパリのイスラム関連施設への嫌がらせについて懸念が示されている（*Il corriere della sera*, 9 gennaio 2015）。また、シャルリ・エブド襲撃事件発生から八日後、記者からの質問への教皇フランシスコの回答――「母親をののしられたらこぶしが飛んでくる。それは普通のことだ。他人の信仰を挑発したり、侮辱したりしてはならない。表現の自由と同時に宗教の自由がある。前者の名のもとにすべてが容認されるわけではない」――も大きく報じられた（*Il corriere della sera*, 16 gennaio 2015）。しかしイタリアでは、こうしたイスラムを標的とする発言が特に問題視されたり，政治家の進退問題に発展したりすることはなく，その意味では，こうした発言がいわば許容されているともいえる。

それでは，イタリアが宗教の多元性に関し非寛容な社会なのかというと，一概にそうともいえない。というのも，仏教やヒンズー教，ユダヤ教，ワルドー派福音教会，エホバの証人などの諸宗教・宗派については，すでにそれぞれの代表者となる団体に，たとえば公立学校における「宗教」の授業への対応に関する権利（当該宗派の担当教員の派遣など）をはじめ，宗教上の諸権利が公に認められており，こうした宗教・宗派がイタリアの社会的な不安要素として取り沙汰されることも特にないからである。こうした点からみると，イスラムへの攻撃にもまた，ある種の過剰さがあるように思われる。

こうした「過剰さ」の背景には，複雑に絡まりあった多様な要因があるだろう。それらを展望することは，本章のなしうることではない。しかし，宗教・宗派の統合に関わる「協約」という独特のシステムが機能不全に陥っていることや，カトリックを基軸としたナショナル・アイデンティティが今や盤石でないことは，少なくとも無関係ではないと考えられる。そこで，本章では，こうした事象について理解を深めることにしたい。そのことを通し，イタリアの排外主義を分析するためのひとつの足がかりを確保することが本章のめざすところである。

以下，2節ではイタリアの移民受け入れや法整備の展開について簡潔にふりかえった上で，イタリアの排外主義およびこれに抗する動きについて概観する。3節では，イタリアが宗教・宗派の統合に関して「協約」という独特のシステムに依拠していること，このシステムがイスラムの統合においては機能していないことをみていく。4節では，イタリアのナショナル・アイデンティティがカトリックを基軸としていること，しかしこのアイデンティティが今や盤石ではなくなっていることをみていく。

## 2　排外主義の展開

### 移民受け入れと法整備の展開

そもそもイタリアは、一八六一年の統一から一九七一年までの一一〇年間で二六〇〇万人を外国に送り出したヨーロッパ最大の労働力輸出国で（Dalla Zuanna et al. 2009 : 12）、移民受け入れ国としての性格を強めたのは一九九〇年代半ば以降と比較的最近のことである。国立統計局によれば、二〇一七年一月時点の「外国籍市民」は五〇四万七〇〇〇人で、人口の約八・三％を占める（ISTAT 2017）。この割合はヨーロッパ平均を下回り、伝統的な移民受け入れ国の数十年前の水準だが、イタリアには突然の予期せぬ事態だった（Garau 2015 : 8）。受け入れ移民数は急激に伸び、一九七一年には一二万二〇〇〇人（〇・二二％）一九八一年には三二万一〇〇〇人（〇・五七％）だったイタリア在住の外国人人口は、一九九〇年代に拡大し、一九九七年に一〇〇万人に達すると、二〇〇五年には二〇〇万人、二〇〇七年には三〇〇万人を越えた（Einaudi 2007 : 405）。

こうした移民送り出し国から受け入れ国への急激な転換は、受け入れの社会的基盤を相対的に欠くために法制度整備の重要性を高める。しかし、イタリアの法制度は、この重要性に十分に応えてきたとはいえない。

イタリアの移民法は、マルテッリ法（一九九〇年）からトゥルコ・ナポリターノ法（一九九八年）、ボッシ・フィーニ法（二〇〇二年）と展開した。中道左派政権下（プローディ政権）で成立したトゥルコ・ナポリターノ法が、移民をイタリア社会の新たな構成員として包摂する方向性を志向していたのに対し、(3) 中道右派政権下（ベルルスコーニ政権）で成立したボッシ・フィーニ法は、移民は社会の不安要素であるという理解を前提に、移民の定住に伴うイタリア社会の変化を可能な限り縮減する方向性に基づいていた。

このような方向性の違いはあるもののトゥルコ・ナポリターノ法、ボッシ・フィーニ法はいずれも、移民の急増に歯止めをかけることを企図したにもかかわらず、その点での実効性に乏しかった点で共通する。イタリアにおける法制度の整備は、移民の増加に対応できてはいなかった。しかも、二〇一五年当時、イタリアの移民法であるボッシ・フィーニ法は一〇年以上抜本的な法改正が行われておらず、事態とのギャップは大きくなっているといわざるをえなかった。(4)

### イタリアにおける排外主義——北部同盟の移民論

社会における移民の位置づけが法的に定まらないなかでの移民の増加を背景のひとつとして、排外主義が台頭する。イタリアでは、外国からの移民の姿が一九八〇年代から目をひくようになるのと時を同じくして、外国人を標的とする差別が問題となり始めた。

イタリアにおける排外主義の中心となってきたのが、二〇一八年三月の総選挙より会派として「同盟」を名乗るようになった「北部同盟」である（本章では、以下、二〇一五年前後の時点で用いられていた「北部同盟」の名称を用いる）。北部同盟とともにボッシ・フィーニ法（二〇〇二年）の立法に関わった旧「国民同盟」も、外国人や移民に冷淡な政党ではある。しかしネオファシスト政党「イタリア社会運動」を前身とする国民同盟は、特に一九九四年に与党入りしてからは、その動向が国内外で注視されたこともあり、政治システムから遠ざけられないよう、反移民政党の役割を引き受けず（Einaudi 2007：138）、そのため、北部同盟がイタリアにおける排外主義の先鋒となった。(5)

反移民政党として知られる北部同盟だが、党名が示す通り、もともとは北部の地域主義政党として出発した。二〇一二年まで党首をつとめたボッシによる黒人蔑視の発言は物議を醸していたものの、北部同盟の当初の主張の柱は、「北部」の搾取の上に立脚するイタリアという国家への批判と、そのような国家に抗しての「北部」（彼らのいう「パダーニア」）の独立にあった。彼らの批判の矛先は「南部人」（侮蔑の意を含む「テッローネ」の呼称）と国家にむけられていたが、一九九〇年代半ばから、北部同盟は批判の矛先を「南部人」から「移民」、とりわけ「ＥＵ域外出身者」（extra-communitari）へとずらしていく（Garau 2015：137）。「ＥＵ域外出身者」は主として途上国出身者が想定されており、ＥＵのいわゆる東方拡大以降は、イタリアでも急増したルーマニアやアルバニアなどの東欧出身者も標的に加えられた。移民の脅威からのアイデンティティの防衛、移民と犯罪の結びつき、地元民が地域を守る権利など多様な論点によって、移民の受け入れの拒絶が主張された（Garau 2015：117-118）。二〇一八年総選挙からの会派の名称変更は、こうした流れのなかに位置づけられる。

しかし、二〇〇〇年代からは、北部同盟はこうした立場に変化を見せ始めていた。それは、ベルルスコーニ政権下の二〇〇二年に、当時制度改革・地方分権担当大臣であった党首のボッシと、国民同盟総裁で副首相であったフィーニが中心となって成立させた移民法のボッシ・フィーニ法からみてとれる。

トゥルコ・ナポリターノ法への反対法案を下敷きとするボッシ・フィーニ法については、成立時にも中道左派を中心とする勢力から反対が噴出し、今なお「反移民法」との批判は根強い。同法では、非正規滞在者の就労を手助けした者にも罰則規定が設けられたほか、再結合が可能な家族の範囲が制限されるなど、移民の入国と滞在に関する規制が強化された（Cesari 2010：21）。ただしこの法律は、「寛容ゼロ」をスローガンとしながらも、入国以前にイタリアでの職が約束されている者にはイタリアでの就労の門戸を開き、すでに入国している非正規滞在者についても、発給の上限や条件は定めながら、滞在資格を認める措置をとっていた。すなわちそれは、外国人、移民の受け入れをすべて拒絶するのではなく、労働力の観点からイタリアにおける移民の必要性を認めるものだった。

こうした姿勢は、北部同盟の「治安・移民部」がまとめた「移民に関する一般ガイドライン」（二〇一五年）にも継承されている。ガイドラインによれば、「正規性と合法性抜きに正当な仕事はない」のであり、「イタリアの法を尊重しない者」、すなわち「非正規／不法移民」に対しては「否というべき」であるが、「イタリアの成長と発展」に「有益」で、「労働市場の要請」がある場合の移民は「受け入れる必要がある」（Lega Nord 2015）。こうした移民は、法律の定める条件を満たせば、イタリアの市民権を得る。ガイドラインによれば、イタリア社会への彼らの「真の統合」は、彼らが「イタリア社会に接近」することを通して実現する（ibid.）。北部同盟の想定する「統合」は、移民のみにイタリア社会への「接近」を求めるものだが、同党の治安・移民部の部長を務めるイタリア在住約四〇年のナイジェリア出身男性の存在は、同党が外国にルーツを持つ人間すべてを拒絶するわけではなく、受け入れる用意があることを示す格好の材料となっている。

その一方、こうした労働力としての有用性とは別に、同化の容易さの観点から、北部同盟が最も望み薄としてその受け入れや定住に異を唱えたのが、ムスリムである（Garau 2015：120）。実際の立法には至っていないものの、北部同盟は教会から六〇〇メートル以内でのモスク建設を認めず、建設計画には住民による投票を求める法案（二〇〇八年）や、ブルカ着用への執行猶予なしの一年間の懲役、着用を強いた者に三万ユーロの罰金を求める法案（二〇一〇年）を提出した。こうした一連の政策的提案に、「反レイシズム・不寛容欧州委員会」（European Commission against Racism and Intolerance：ECRI）も懸念を表明している（ECRI 2012：43）。

このように、北部同盟の移民排外主義は従来からの地域主義を基盤として形成され、移民を有用な労働力とする現実的観点をも織り込みながら、イスラムを焦点化してきた。それゆえまた、北部同盟のイスラムを標的とした排外主義は、限定されたものであるにせよ歴史的・現実的基盤を備えており、シャルリ・エブド襲撃事件後に噴出した一連の発言が容認されている現状にみられるように、実際にイタリア社会では一定の広がりをもって受け入れられているのである。

## 排外主義に抗する動き

しかし、イタリアで排外主義ばかりが力を得ているわけではむろんない。排外主義に抗する動きもまた、活発になっている。内閣府の「反人種差別局」（ＵＮＡＲ／二〇〇三年開設）は活動領域を広げ、外国人・移民問題に取り組むＮＧＯは四五〇を超えている（ECRI 2012 : 7）。二〇〇六年には、ＥＵからの働きかけも大きかったとはいえ、外国人・移民に対する差別に関連した法律も導入された(6)。

また、象徴的なこととして、「イタリア移民博物館」（イタリア統一一五〇周年の記念事業の一環として二〇〇九年開館／二〇一八年現在閉館中）に関する事例をあげることができる。同博物館の展示内容の検討過程では、「移民（emigrazione）博物館は、送出・受入の両方の移民（emigrazione/immigrazione）に関する博物館であるべきだ」と主張された（Prencipe 2013 : 619）。実際には、同博物館は、一九世紀半ば以降のイタリアからの送り出し移民に関する展示が大半を占めることになった。しかし、館内の解説では、同博物館は「今日の移民によってなされている挑戦に向き合うのを助ける機関」となること、「異なったルーツ、経験を持つ人々の共通の経験を若い人に示すこと」をめざすとうたわれている。

こうした排外主義に抗する動きの中心になっているのは、中道左派政党や労働組合などの左派勢力である。移民問題は、貧困や環境問題、同性愛者の権利などと並び、近年の左派が関心を寄せるテーマである。イタリア初の本格的移民法となったマルテッリ法（一九九〇年）が制定された背景には、難民認定を受けられなかったために、劣悪な条件で就労していた南アフリカ出身男性の殺害事件（一九八九年）を契機として左派を中心に展開した、イタリア在住の外国人がおかれた状況への抗議運動がある（Einaudi 2007 : 141-142）。かつてない規模での移民の受け入れや彼らの定住化への対応は困難が予想される挑戦だが、それを避けることはできないし、移民のもたらす多様性はイタリアの将来に有益なものとなるとの認識は、左派に通底するものといえる。

　カトリックの掲げる連帯には福音の伝道を前提とした「教会内では誰も外国人ではない」という選択的な性格がある一方、「無条件の愛とキリストの隣人愛」が掲げられている（Garau 2015：71）。カトリックも、排外主義に抗する動きの担い手のひとつになっている。代表的なところでは、イタリア司教協議会付属のＮＧＯ組織カリタス・イタリアーナによる、食事の提供から移民に関する調査研究までの広範に及ぶ活動があげられる。第二バチカン公会議（一九六二年〜一九六五年）で宗教間対話の重要性が宣言されて以降、ムスリムとの宗派を超えた対話の努力も数多く重ねられている（Cesari 2010：21、Garau 2015：197）。近年では、教皇フランシスコが教皇就任後の洗足木曜日（二〇一三年）にムスリムの少女の足を洗い反響を呼んだ。それは教会の外の少年院でのことではあったものの、イスラムへの服従のサインと受け取られかねないとの懸念も引き起こしたが（Garau 2015：196）、そうしたことも含め、教皇フランシスコはイスラムに歩み寄る姿勢をみせている。

## 3　宗教と社会の位相

### 宗教的多元性に関わる「協約」システム

　このようにイタリアでは排外主義に抗する動きもまた、中道左派政党、労働組合、カトリックといった一定の社会的基盤のもとで活発になっている。しかし、だからといって、イタリアにおいてイスラムが過剰なまでに注視され攻撃されていることに、変わりがあるわけではない。

　1節でみた、この「過剰さ」の背景には何があるのだろうか。先にも確認したように、この背景には、本章では到底見通すことのできない、複雑に絡まりあった多様な要因があると考えられる。しかし、宗教・宗派の統合に関わる「協約」という独特のシステムが機能不全に陥っていることや、カトリックを基軸としたナショナル・アイデンティティが今や盤石でないことは、少なくとも無関係ではないと考えられる。本節では、前者について考えることにしよう。そのためにはまず、イタリア社会が宗教・宗派の統合に関して依拠する、「協約」という独特のシステムについて知ることから始めなくてはならない。

「協約」は、共和国憲法（一九四七年制定）の条項、「カトリック以外の宗派と国家との関係は、その代表者との取極に基づき、法律で規律する」（第八条第三項）に基づく。[7] この条項に基づいて、カトリック以外の宗教・宗派であっても、国家と「協約」を締結することで、「協約」内容によってそれぞれ異なるものの、宗教上の祝日に休暇をとる権利や、学校教育における「宗教」の授業への対応に関する権利、病院や刑務所、兵舎での食事などに関する権利などが認められる。また、納税者が各自の選択で個人所得税の〇・八％を国庫もしくは所定の宗教団体におさめることができる「一〇〇〇分の八（otto per mille）」制度に関しても、「協約」を締結済の宗教・宗派は、寄付先の団体となり、納税者の選択に応じて税配分を受けることができる。[8]

このような「協約」は、カトリック以外の宗教・宗派であっても、国家と「協約」を結ぶ限りで、国家のカウンターパートとして社会に一定の居場所を確保し、公に認められた形で信仰生活を実践することを保障するものであり、その限りでまた、宗教的多元性を法的・制度的に保障するシステムとして機能しうる。実際、二〇一七年時点で、ワルドー派福音教会やセブンスデー・アドベンチスト教会、バプテスト連合、ルター派教会、ユダヤ教連合、イタリア仏教徒連合など、多彩な宗教団体が国家と協約を締結している。仏教団体のような小さな宗教団体との合意は、伝統的なユダヤ－キリスト教以外の宗教も考慮に入れる「協約」の広がりを示すもので（Musselli 2002：29）、たとえ不十分であるとしても、宗教的多元性が法的・制度的に保障された地平が切り開かれていることをあらわす。その点において、「協約」システムは、ある種の多文化主義に連なるものといえる。

ただしここで、カトリックがイタリアにおいて単なる一宗派にとどまらない特別な位置を法的・歴史的に占めてきたことを、無視することはできない。カトリック以外の宗教・宗派が国家と協約を締結したのは一九八四年、ワルドー派福音教会が初めてのことであった（田近 2006：72）。カトリックが国家との「協約」を独占していた状況は、憲法制定から四〇年近くに及ぶ。この点に関しては、「すべての宗派は、法律の前に等しく自由である」（第八条第一項）と定められている一方、国家と宗教団体の関係は選択的なもので、「どの宗派と協定を結ぶかは国家の自由裁量に属するのであって、国家は、すべての宗派と協定を結ぶ義務を負っているわけでない」（田近 2006：87）ことに注意がむけられなければならない。

また、カトリックは、戦後に制定された共和国憲法において、他の宗教とは異なる特別な位置づけを与えられてもいた。すなわち新憲法は、「すべての宗派は、法律の前に等しく自由である」（第八条第一項）とする一方、カトリックについては、憲法の制定過程でその内容をめぐり議論が紛糾した別の条文において、「国家とカトリック教会は、各々その固有の秩序において、独立かつ最高である」（第七条第一項）、「両者の関係はラテラノ諸協定により規律する。これらの諸協定の改正は、両当事者が承認するときは憲法改正の手続を必要としない」（第七条第二項）と定めてもいた。

ラテラノ協定とは、教皇庁がファシズム期の一九二九年に、イタリア国家（当時はイタリア王国）とのあいだに締結した協定で、これによりカトリックは（イタリア王国の憲法にあたる）「サルデーニャ王国基本憲章」（一八四八年）に基づいてイタリア唯一の宗教と位置づけられることとなった。すなわちイタリアは一九四六年の国民投票を経て君主制から共和制へと移行したが、イタリアにおける国家と教会の関係は、憲法第七条により、憲法以外に、君主制下で取り決められたラテラノ協定によっても規定されることになった。その結果、戦後のイタリアでは、憲法で「すべての宗派は、法律の前に等しく自由である」（第八条第一項）とされながらも、カトリックが唯一の宗教であるとのラテラノ協定の取り決めもまた、憲法で保障されるという二重規定の状況が生じた。

カトリックを唯一の宗教と承認したラテラノ協定における条項が見直されたのは、一九六九年から交渉が始まり、一九八四年に合意に至った政教協約見直しによる（Garau 2015：66）。公立学校での週一コマの宗教教育が必修科目から外れるとともに、国家による司祭への給与支払いの廃止も――個人所得税に関する「一〇〇〇分の八」制度はこれを背景とする――、憲法制定から約四〇年後の一九八〇年代半ばにようやく実現したこの見直しによってであった（ibid：66）。

以上のように、イタリアではカトリックが単なる一宗派にとどまらない特別な位置を法的・歴史的に占めながらも、「協約」というシステムが宗教的多元性を法的・制度的に保障する機能を備え、実際には不十分であるにせよ、そのように機能してきたのである。

### 「協約」システムの機能不全

しかし、この「協約」というシステムは、少なくとも現時点では、イスラムに関しては機能していない。イタリア政府とイスラムは今のところ、「協約」締結にむけた交渉を始めることさえできていないのが現状である。その主な要因としては、国家と宗派の交渉を担うのが、宗派の「代表者」と定められていることがある（第八条第三項）。イタリアのムスリムの団体としては、ＵＣＯＩＩ（Unione delle comunità e organizzazioni islamiche in italia「イタリア・イスラムコミュニティ組織連合」、一九九〇年、複数のムスリム団体を吸収し設立）、「イタリア・イスラム文化センター」（Il Centro islamico culturale d'Italia 一九九五年に落成したヨーロッパ最大規模のローマ・モスクを管轄）、ＣＯＲＥＩＳ（Comunità religiosa islamica italiana「イタリア・イスラム宗教コミュニティ」、一九九七年、イタリア人改宗者を中心に設立）、Ｕｍｉ（Unione dei musulmani in Italia「イタリア・ムスリム連合」、二〇〇七年設立、ＣＯＲＥＩＳやカトリック教会と良好な関係）などがあげられる（Bombardieri 2011：27-50）。その他にも種々の団体が林立している上、それぞれが対立関係にあり（ibid.：26）、加えてローマとミラノといった地域的な対抗関係も交錯し（Allievi 2003：187-188）、現時点では求心力を持つ「代表者」は存在しない。

さまざまなイスラム団体を横断する組織としては、二〇〇五年に設立された内務省の諮問機関「イタリア・ムスリム評議会」（Consulta per l'Islam italiano）がある。この組織は、全国レベルで当局とムスリムコミュニティの対話を促進するという目的のもと立ち上げられ、内務大臣と一六名のムスリム——出身国はアジア、中東、北アフリカ、ヨーロッパなど広範で、職業も国内のイスラム団体の役職者のほか、学生、ジャーナリスト、医師、イマームなど多岐にわたる——により構成されるが（Ministero dell'Interno 2015）、「あまり活発ではなく役割も不明確」とも評される（ECRI 2012：44）。もともと「代表者」をたてることを意図した組織ではない以上、当然といえばそれまでだが、この機関からも国家との交渉の「代表者」となる組織の擁立につながる動きは今のところ生じていない。

こうした状況は、イタリア在住のムスリムに特殊な現象ではなく、イスラムの信徒の組織全般が、ローマ教皇を頂点とするカトリックのようなピラミッド構造をとっていないことに起因する。イタリアで、「すべての宗派は法律の前に等しく自由である」とされていることの前提には、そうした「宗派」が国家と「協約」を結ぶ主体であること、またそうした主体が「代表者」によって代表されることが含意されている。こうした前提は、カトリックが多数派を占め、そうした意味での主体の存在が自明であるイタリアでは自然なことだが、信徒の組織が異なるイスラムからすれば必ずしも自然なことではない。

さらにイタリアにおけるイスラムの場合は、先に触れたようにムスリムの出身国、地域が多岐にわたる上、イタリアが後発の移民受け入れ国であることを背景に、ムスリムがまだ基本的に第一世代で、定住や家族の形成も比較的最近の動向だという事情がある（Spena 2010：165）。そのため、「代表者」を立てるのは容易でない状況にある。

このように、宗教的多元性の法的・制度的保障をイタリアに約束したはずの「協約」というシステムは、少なくとも現時点では、イスラムに関しては機能していない。それどころか「協約」を通してのイスラムの規制は、さまざまな否定的結果をもたらしている（Musselli 2002：34）。この機能不全は、イスラムが統合されざるものとして、場合によっては統合されえないものとしてあらわれること、その限りで過剰に注視される対象と化すことと無関係ではないと考えられる。ヨーロッパの周辺国と比べれば、現在のイタリアでムスリムが占める割合は、低いにもかかわらず、イスラムがことさらに注視される背景のひとつには、宗教社会を法的・制度的に構成するシステムの機能不全があるといえよう。

こうした背景に加え、カトリックの総本山であるヴァチカンを擁するイタリアでは、歴史的に人口の大半がカトリックによって占められてきたことも付言を要するであろう。「協約」システムによって一定の宗教的多元性を保障しながらも、イタリアはこれまで現実には宗教的多元性の度合いの低い社会であった。しかし、急増する移民とともにその存在感を増したイスラムは、現在信徒数で、首位のカトリックとは大差があるとはいえイタリア第二の宗教となっている。こうしたイスラムの「躍進」は、イタリアの既存の宗教状況に風穴を開ける現象として、人口の三〜四％という実際の規模以上のインパクトをもって受け止められている。「協約」システムの機能不全に加え、このこともまた、イスラムがことさらに注視される背景として指摘できよう。

## 4　ナショナル・アイデンティティの位相

### カトリック＝イタリア・アイデンティティ

イタリアにおいてイスラムは過剰に注視されているだけではなかった。イスラムは過剰に攻撃されてもいた。この点に関しては、カトリックを基軸としたイタリアのナショナル・アイデンティティが今や盤石ではないことが、無関係ではないと考えられる。本節では、この点について考えることにしよう。そのためにはまず、イタリアのナショナル・アイデンティティのあり方について再考することから始める必要がある。

イタリアのナショナル・アイデンティティについては、その欠如が繰り返し指摘されてきた。北部同盟がイタリアという国家に疑義を呈していたことについては先に触れたが、こうした見解は北部同盟に特殊なものではない。統一五〇周年を五年後に控えた一九〇六年には、歩兵隊の兵士の大半が「祖国の名前」をたずねられても「ボラのように無言であった」との記録があるという（藤澤 1997：314）。統一一〇〇周年の一九六一年前後についても、「イタリア人の支配的価値観の星座において、ネーションの神話の位置はますます周辺的なものとなった」と指摘される（Gentile［1997］2006：407）。さらに二〇一一年の統一一五〇周年に際しても、イタリアというネーションの存立は問い直されている。

むろん、ナショナル・アイデンティティの不在が広く認識されているからといって、ナショナル・アイデンティティが実態として欠落しているとは限らず、両者は分けて考える必要がある。仮にイタリアなるナショナル・アイデンティティが真に不在であれば、その不在が想起されること自体、生じにくいと考えられる。しかしイタリアに関しては、ナショナル・アイデンティティの不在が絶えず指摘され、問題として論じられ、その行方が案じられてきた。イタリアのナショナルな共同性は、こうした営為のなかに存在してきたともいえよう。実際、たとえば、二〇〇〇年のユーロバロメーターの報告書からは、ナショナルな共同性について、一見冷淡なようでありながら誇りを持つイタリアの姿が浮かび上がる。すなわち「ヨーロッパ」や「ナショナリティ」に関わるアイデンティティのうちどこに拠りどころを持つかという調査で、「ナショナリティのみ」と回答した割合が、イタリアはＥＵ一五ヶ国中最低の二五％（一五ヶ国平均は四一％）にとどまる一方、「ナショナルな誇り」については、「非常にある」、「いくらかある」と回答した割合が八七％と、ＥＵ一五ヶ国平均の八三％を上回った（European Commission 2000）。

だが、少なくとも認識の次元においてナショナル・アイデンティティが不在だと捉えられてきたことは、一定の帰結をもたらした。この不在を穴埋めしうる求心力ある要素が求められることになり、ここで有力なそれのひとつとして浮上したのがカトリックであった。カトリックは、「イタリア人民の歴史的財産の一部」を構成する要素として見出されたといえる。たとえば、現行の政教協約（ヴィッラ・マダーマ協約）の条文には、「イタリア共和国は、宗教文化の価値を承認しおよびカトリック教義の諸原理がイタリア人民の歴史的財産の一部となっていることを考慮して」（第九条第二項）との文言がある。この条文は、公教育の枠内でのカトリック教育の保障に関するもので、カトリックの「諸原理」が「イタリア人民の歴史的財産の一部」であるゆえに、公教育ではカトリック教育が行われるということを定めており（田近 2006：83-84）、カトリックをナショナル・アイデンティティの中心的構成要素に据えようとする試みを象徴している。

こうした試みは、イタリアが十分にカトリック化されていれば、現実的でありうる。実際、この点では、十分にイタリアはカトリック化されていた。たとえば、二〇〇八年においても、小教区数は二万五〇〇〇にのぼり（Conferenza Episcopale Italiana 2008）、その数は日本の市町村に相当するコムーネより多い。また教区数は二〇二（Conferenza Episcopale Italiana 2008）で、その数はヨーロッパ全体の約三割を占めるとともに、小教区のネットワークは人々の生活に密着している（Garelli 2007：74-75）。

しかしここで、こうしたカトリック＝イタリア・アイデンティティには、はじめから矛盾が内包されていることに注意が必要であろう。ヴァチカンがイタリア共和国とは別個の独立国家であることに象徴されるように、カトリックはイタリア固有のものではなく、国境を越えた世界的な広がりを持つ宗教である。イタリアに固有でないものにイタリアの固有性を求めるという矛盾が、このアイデンティティには内包されている。

ただし、この矛盾は、カトリックが十分にイタリア化されていれば、潜在化したままにとどまる。実際のところ、この点においては十分なまでに、カトリックはイタリア化されていた。たとえば、ヴァチカン市国はイタリア王国とのラテラノ協定により生まれた国家であり、イタリアの首都ローマに所在するだけでなく、ポーランド出身のヨハネ・パウロ二世（在位一九七八〜二〇〇五年）以前に二〇世紀に在位した八人の教皇はすべてイタリア人であった。ヴァチカンでの教皇のスピーチなどは現在も基本的にイタリア語で行われ、ヴァチカン市国の新聞「オッセルヴァトーレ・ロマーノ」（*L'Osservatore Romano*）も、日刊版はイタリア語版のみである。(9) 教皇に次ぐ高位聖職者の枢機卿に関しても、シャルリ・エブド事件と近い二〇一四年一月末日時点で、一九九名のうち、イタリア人が最多の四六名を占めた（Sala Stampa della Santa Sede, 2014）。二〇一八年四月現在も、二二四名のうち、イタリア人はその人数、割合とも減らしているものの、四一名を占める（Sala della Sante Sede, 2018）。

### カトリック＝イタリア・アイデンティティの危機

しかし、こうしたカトリック＝イタリア・アイデンティティは、今や盤石のものではなくなり、イタリアの非カトリック化は着実に進んでいる。一九七〇年には離婚法、一九七八年には人工妊娠中絶法が世論を二分しながらも成立をみるなど、世俗化の流れが指摘されるようになって久しい。個人所得税に関する「一〇〇〇分の八」制度に関しても、二〇一五年には、納付先を指定する人のうち、カトリックが占める割合は八〇％、国庫を指定する人は一三〜一五％台ではあるが、納税者の半数以上は寄付先を表明していない（Ministero dell'Economia e delle Finanze 2015）。納付先を指定しない人も含めた全体比では、カトリックを指定する人の割合は、一九九二年に四〇％を切って以降、減少傾向にあり、二〇一五年は三六・七五％であった（ibid.）。信仰する宗教（二〇一〇年）についても、キリスト教が八三・三％と多数派を占める一方、特定の宗教なしが一二・四％というデータもある（Pew Research Center 2014：19）。こうした非カトリック化は、イタリアのナショナル・アイデンティティの中心的な構成要素をカトリックに見出そうとする試みの現実的基盤を徐々に掘り崩している。

また、カトリックの非イタリア化も進展している。ポーランド人のヨハネ・パウロ二世以降の直近三代の教皇は、ベネディクト一六世（在位二〇〇五～二〇一三年）がドイツ人、現在の教皇フランシスコ（在位二〇一三年～）がアルゼンチン人であり、三人ともイタリア人ではない。二〇一〇年時点で世界の七八・三％を占めるキリスト教徒（プロテスタント諸派、正教会含む）は、二〇五〇年には六六・四％に減少し（Pew Research Center 2015：19）、同じく二〇一〇年時点で世界のキリスト教徒のうち二五・五％を占めるヨーロッパは、二〇五〇年にはその割合を一五・六％に減らすと推計されている（ibid.：60）。それに対し、二〇一〇年時点でキリスト教徒の二四・五％を占める南米は、二〇五〇年にはその割合を減らすものの二二・八％に踏みとどまり、サブサハラが同二三・九％から三八・一％にその割合を伸ばすと推計されている（ibid.：60）。こうしたカトリックの非イタリア化は、カトリック＝イタリア・アイデンティティに潜在していた矛盾を顕在化させることになるだろう。

このようなカトリック＝イタリア・アイデンティティの動揺は、かえってその保守の動きを強めている。たとえば、公立学校内での十字架の設置の是非が欧州人権裁判所で争われ[10]、イタリア政府の主張が通って、二〇一一年三月に十字架の設置が認められた際には、全国紙で「イタリアはストラスブールでの戦いに勝利した」と報道された。なぜなら判決は、とりわけ自分たちの価値やアイデンティティを擁護する市民の声をくみ取っているからだ」（*La Repubblica*, 18 marzo 2011）、フラッティーニ外相（当時）のコメント「今日ヨーロッパの大衆的な感覚が勝利し（ibid.）に象徴されるように大いに歓迎された。こうした保守の動きは、イタリアにおけるカトリックならざるものへの攻撃を強める要因になっていると考えられる。注視されたイスラムがことさらに攻撃された背景には、こうしたカトリックを基軸としたナショナル・アイデンティティの動揺がひとつの要因として隠されているといえよう。

本章では、イタリアの排外主義の現状について、近年特にその標的となっているイスラムに焦点をあわせ、それが生じる背景をイタリアの社会的構造にさかのぼって検討した。具体的には、宗教・宗派の統合に関わる「協約」というイタリア独特のシステムが機能不全に陥っていること、カトリックを基軸としたナショナル・アイデンティティが今や盤石ではなくなっていることの二点を取り上げ、それらがイタリアにおけるイスラムへの過剰な注視と攻撃をもたらしていることを示した。ここから浮かび上がるのは、イタリアにおける排外主義が、それ自体で独立に展開しているというよりは、イタリア社会の動揺がまずあって、それを反映したものとしてあらわれているという性格を持つことである。排外主義に抗する動きや取り組みがイタリアでも一定程度重ねられている一方、その成果は、シャルリ・エブド襲撃事件後の排外主義の噴出にみられるように、現時点では限定的と言わざるを得ない。こうした現状は、イタリアの排外主義が、イタリア社会それ自体の揺らぎという基底的な領域から派生しており、それゆえに解決が容易ならざるものであることを象徴的に物語っているといえよう。

## 注

(1)　二〇一五年九月時点では、「出版普及アセスメント（Accertamenti Diffusione Stampa 2015）」によれば、両紙の発行部数は、コリエレ・デッラ・セーラ（*Il corriere della sera*）が三九万五〇〇〇部、レプッブリカ（*La Repubblica*）三九万二〇〇〇部であった。両紙は現在もイタリアの総合紙では、第一位と第二位を占めるものの、同じく「出版普及アセスメント」によれば発行部数は二〇一八年二月現在、それぞれ三〇万三七〇〇部、二五万一〇〇〇部に減少している。

(2)　ムスリムの大統領が誕生した近未来のフランスを舞台とする小説『服従』を発表したばかりの作家ミシェル・ウエルベックのインタビューや動向が繰り返し紹介されたことも、こうした見方を補強した（同書のイタリア語版は、大手出版社のモンダドーリ社より原著発売の翌週に刊行された）。他方、ある具体的な対象に抗議するというよりは、「私はシャルリ」と書かれたカードや鉛筆のモチーフを掲げ、犠牲者への哀悼や連帯、「表現の自由」の擁護などを表出する集会も国内各地に広がった。

(3)　マルテッリ法では、その中心となったマルテッリ議員自身は移民の統合という観点を同法に盛り込もうとしていたが、政治環境の変化により移民の統合という観点を欠いたものとなった（Einaudi 2007：155）。

（4）たとえば、国籍へのアクセスが依然として困難であることについて、反レイシズム・不寛容欧州委員会は改善すべき点として指摘している（ECRI 2012：13）。

（5）イタリア共和国憲法では、ファシスト党の再結成が禁止されている。エイナウディの述べる「政治システムから遠ざけられないよう」とは、「国民同盟」がこうした状況を踏まえ、前身の「イタリア社会運動」時代の古参の党員やムッソリーニの孫娘と袂を分かち、ネオファシスト色を払拭した通常の政党へと脱却しようとしていたことを含意する。

（6）欧州評議会の「反レイシズム・不寛容欧州委員会」は、EU加盟各国のレイシズムや不寛容の状況を監視し、状況改善にむけた勧告を行っている。二〇〇六年二月二四日法律第八五号は、人種あるいはエスニシティ、宗教的な優越ないし憎悪に基づくプロパガンダを行ったり、そうした差別を行うかそれを扇動した場合には、一年半の懲役もしくは六〇〇〇ユーロ以下の罰金を課すと定めている（Parlamento Italiano 2006）。

（7）以下、憲法の訳文については、初宿・辻村（2014）を用いた。

（8）カトリックに関しては、イタリア司教協議会（Coneferenza Episcopale Italiana）が指定団体となる。

（9）週刊版はイタリア語（一九四八年〜）のほか、フランス語（一九四九年〜）、英語（一九六八年〜）、スペイン語（一九六九年〜）、ポルトガル語（一九七〇年〜）、ドイツ語（一九七一年〜）、ポーランド語（一九八〇年〜）が刊行されている（L'Osservatore Romano 2015）。

（10）イタリアでは一九二八年の規定に基づき、公立学校の教室内に十字架が教卓や椅子と並ぶ「備品」として設置されている。こうした状況に対する異議申し立てがイタリア人男性を配偶者とするフィンランド出身のイタリア国籍の女性より欧州人権裁判所でなされ、二〇〇九年一一月にはいったんはその女性の訴えが認められた。イタリア政府はこれを不服として控訴し、二〇一一年には政府の訴えが通り、十字架の掲示は「人権を侵害しない」として、これまで同様とすることが認められた。

## 文献

Accertamenti Diffusione Stampa, 2015, "DMS Settembre 2015 Quotidiani" (http://www.adsnotizie.it/_dati_DMS.asp, 30,

November, 2015).

Allievi, Stefano, 2003, *Islam italiano : Viaggio nella seconda religione del paese,* Einaudi.

Bombardieri, Maria, 2011, *Moschee d'Italia : Il diritto al luogo di culto, il dibattito sociale e politico,* Emi.

Centro Studi e Ricerche IDOS, 2015, *"Dossier Statistico Immigrazione 2015".*

Cesari, Jocelyne, 2010, "Securitization of Islam in Europe", Cesari, Jocelyne ed., *Muslims in the West after 9/11 : Religion, Politics and Law,* Routledge.

Conferenza Episcopale Italiana, 2008, Parocchie, (https://www.chiesacattolica.it/cci_new/parrocchie/parrocchie.html, 30, November, 2015).

Conferenza Episcopale Italiana, "Le Chiese delle diocese italiane", (http://www.chieseitaliane.chiesacattolica.it/chieseitaliane/30, November, 2015).

Dalla Zuanna, Gianpiero, Patrizia Farina and Salvatore Strozza, 2009, *Nuovi italiani : I giovani immigrati cambieranno il nostro paese ?,* il Mulino.

Einaudi, Luca, 2007, *Le politiche dell'immigrazione in Italia dall'Unità a oggi,* Laterza.

European Commission, 2000, "Eurobarometer : Public Opinion in the European Union, Report Number 53", (http://ec.europa. eu/commfrontoffice/publicopinion/archives/eb/eb53/eb53_en. pdf#search = %27Eurobarometer%3A + Public + Opinion+in+the+European+Union%2C+Report+Number+53%27., 1, February, 2018).

European Commission against Racism and Intolerance, 2012, "ECRI Report on Italy", Council of Europe, (file:///C:/Users/yshin/ AppData/ Local/ Microsoft/ Windows/INetCache/IE/2YTJKWI3/ITA-CbC-IV-2012-002-ENG.pdf, 30, November, 2015).

藤澤房俊、一九九七、『大理石の祖国――近代イタリアの国民形成』筑摩書房。

Garau, Eva, 2015, *Politics of National Identity in Italy : Immigration and Italianità,* Routledge.

Garelli, Franco, 2007, *La Chiesa in Italia,* il Mulino.

Gentile, Emilio, [1997] 2006, *La grande Italia : Ascesa e declino del mito della nazione nel XX secolo,* Einaudi.

ISTAT, 2017, "Popolazione straniera residente al 1 Gennaio 2017 per età e sesso Italia", (http://demo.istat.it/strasa2017/index.html, 1, February, 2018).

Lega Nord, 2015, "Linee guida Generali Lega Nord", (http://www.leganord.org/immigrzione-lineeguida, 30, November, 2015).

L'Osservatore Romano, 2015, "Il Giornale", (http://www.osservatoreromano.va/it/pages/il-giornale, 30, November, 2015).

Ministero dell'Economia e delle Finanze, 2015, "Ripartizione del gettito derivante dall'otto per mille dell'IRPEF", (http://www1.finanze.gov.it/stat_8xMilleSerie/index.php?&req_classe=01, 30, November, 2015).

Ministero dell'Interno, 2015, "La composizione della Consulta", (http://www1.interno.gov.it/mininterno/export/sites/default/it/sezioni/sala_stampa/notizie/immigrazione/app_notizia_22030.html, 30, November, 2015).

Musselli, Luciano, 2002, The Position of Islam within the Italian Legal System, Shadid, W. A. R, van Koningsvels, P. S. eds., *Religious Freedom and the Neutrality of the State : The Position of Islam in the European Union,* Peters.

Parlamento Italiano, 2006, "Modifiche al codice penale in materia di reati di opinione", (http://www.camera.it/parlam/leggi/06085l.htm, 30, November, 2015).

Pew Research Center, 2014, "Global Religious Diversity : Half of the most Religiously Diverse Countries are in Asia-Pacific Region", (http://www.pewforum.org/2014/04/04/religious-diversity-index-scores-by-country/, 30, November, 2015).

Pew Research Center, 2015, "The Future of World Religions : Population Growth Projections, 2010-2050", (http://assets.pewresearch.org/wp-content/uploads/sites/11/2015/03/PF_15.04.02_ProjectionsFullReport.pdf, November, 2015).

Prencipe, Lorenzo, 2013, "Come nasce il Museo nazionale dell'Emigrazione Italiana. Una breve storia del MEI", in «*Studi Emigrazione/Migration studies*», N. 192.

Sala Stampa della Santa Sede, 2014, "Il Colleggio Cardinalizio Statistiche", (http://www.vatican.va/news_services/press/documentazione/documents/cardinali_statistiche/cardinali_statistiche_continenti_it.html, 30, November, 2015).

Sala Stampa della Santa Sede, 2018, "Elenco dei Cardinali per nazione in ordine d'età", (http://press.vatican.va/content/salastampa/it/documentation/cardinali___statistiche/elenco-per-nazione.html, 3, May, 2018).

Spena Russo, Maurizia, 2010, "Muslims in Italy : Models of integration and new citizenship", Ttiandafyllidou, Anna ed., *Muslims in 21st Century Europe: Structural and cultural perspectives*, Routledge.

初宿正典・辻村みよ子、二〇一四、『新解説世界憲法集』（第三版）三省堂。

田近肇、二〇〇六、「イタリアにおける国家とカトリック教会」『宗教法』25：六九－九八頁。

# 第5章　福祉国家は排外主義を乗り越えるか
## ——福祉愛国主義と社会保障制度

永吉希久子

## 1　移民に揺れる北欧諸国

### 進歩主義者のジレンマ

寛容な福祉国家は移民を包摂しうるのか。一九八〇年代後半以降のヨーロッパ諸国において、こうした問いがさかんに論じられている。寛容な福祉国家と寛容な移民制度の対立は、「進歩主義者のジレンマ」と呼ばれる。多くの移民を受け入れることと、広範な再分配を行う福祉国家であることとの両立可能性が、なぜ議論の対象となるのか。それは、「人々は自分自身と似た人たちにしか、再分配を認めない」と考えられるからである（Goodhart 2004 : Pearce 2004）。たとえば、イギリスの保守党議員であるデイヴィッド・ウィレットは次のように述べている。

税金によって多額のお金を集め、それを給付として支出することを可能とする基盤は、ほとんどの人が、受給を受ける人は自分たちも直面する可能性のある困難に直面している、自分自身と似た人だと考えていることにある。もし価値観がより多様化し、ライフスタイルがよりばらばらになれば、普遍主義的で、リスクを全体でプールするような福祉国家の正当性は維持するのがより困難になるだろう。人々は「なぜ私ならばしないようなことをする人たちのために、お金を払わなければならないのか」と問うだろう。これはアメリカとスウェーデンの対立だ。極度に共有された価値を持つ同質的な社会である場合に限って、スウェーデンのような福祉国家を持つことができる。（Goodhart 2004：30 に引用されたウィレットの発言）

普遍主義的な福祉国家の成立には、貧困状態にある人を「自分たちの一部」として捉え、彼らのために自らを犠牲にすることをいとわない態度が必要となる。こうした態度は、社会が文化的に同質であることによって醸成できると考えられている。したがって、文化的背景の異なる移民が増加し、社会の文化的多様性が増すことによって、福祉国家の基盤が弱体化することが危惧されたのである。

進歩主義者のジレンマの議論のなかで、北欧諸国は、高い文化的同質性と普遍主義的な社会保障制度を持つ代表例として扱われた。しかし、第二次世界大戦後、北欧諸国においても、移民の増加とそれに伴う文化的多様性の増大が生じている。特にスウェーデンは第二次世界大戦後から広く移民を受け入れ、多文化主義政策のもとで移民の文化的・社会的権利を広く認めてきた。イギリスのジャーナリストであるデイヴィッド・グッドハートは、スウェーデンのこうした政策を、デンマークの制限的な移民政策と比較しつつ、両者が「将来の統合と多様性のトレード・オフについての社会実験を提供している」と述べている（Goodhart 2004）。

この「社会実験」は、どのような帰結をもたらすのか。本章では、北欧諸国を含むヨーロッパを対象にした社会意識調査データの分析を通じて、移民の受け入れと寛容な福祉国家の間にジレンマがあるのかどうかを検証する。

具体的には，「社会実験」の場とされた北欧諸国における極右政党の躍進の状況とその特徴を概観した上で（1節），福祉国家の制度が移民に対しての意識に与える影響について，社会意識調査データの分析を通じた検証を行う（2・3・4節）。その上で，進歩主義者のジレンマが寛容な福祉国家における排外意識の醸成という形で生じているのか，考察を行う（5節）。

## 北欧諸国における排外主義の広がり

進歩主義者のジレンマ論からは，二つの帰結が導かれる。第一の帰結では，移民の受け入れによって，福祉国家の正当性が失われ，維持できなくなる。第二の帰結では，福祉国家を維持するために，移民の排斥が訴えられる。第一の帰結の妥当性については，実証的な観点からの研究が進められてきた。そこでは次のような三段階のプロセスが想定される（Kulin, Eger, and Hjerm 2016）。①移民の増加とそれによって生じた文化的多様性の増大によって，社会のなかでお互いへの信頼感が失われる。②その結果として，社会全体の統合が弱まる。③人々は信頼できない相手や，自分と同じ社会の構成員だとみなせない人に再分配することは拒否するので，福祉国家を維持できなくなる。この三段階のプロセスが実際に生じているのか，特に第一のプロセスに関して，移民の割合の高さや文化的多様性の高さがその国／地域で暮らす人の信頼感や再分配支持に与える影響の検証が行われてきた。しかし，その結果は混在している。一部の研究では文化的多様性や移民割合の高さが信頼感を低下させることや，再分配への支持を低下させることを示している（Eger 2010；Putnam 2007）。これに対し，他の研究では両者の間に関連がみられていない（Crepaz 2008；Hooghe et al. 2009；Leigh 2006）。したがって，移民の受け入れによる文化的多様性の増大は，必ずしも福祉国家に対する支持を弱めるわけではない。

他方で，第一の帰結を否定する立場からも，第二の帰結への懸念が示される。たとえばカナダの研究者ケイス・

バンティングは、寛容な福祉国家と寛容な移民国家の間のジレンマに対して、人々は移民の排除の支持という形での解決を求める可能性が高いことを指摘する（Banting 2000）。

進歩主義者のジレンマの第二の帰結が現実に起こりつつあることを示すように、一九八〇年代以降のヨーロッパ諸国では極右政党の躍進が生じている（Kitschelt 1997；Rydgren 2005）。北欧諸国においても状況は同様である。たとえば、デンマークでは極右政党デンマーク国民党（Dansk Folkeparti）が一九九八年以降一貫して国会に議席を持ち続けているばかりか、二〇〇一年には第三党、二〇〇九年には第二党にまで躍進した。デンマーク国民党は多くの議席を占めるだけではなく、二〇〇一年以降たびたび野党として中道右派内閣に協力することで移民制度や統合政策の厳格化を促した（Goodman 2012）。ノルウェーの極右政党である進歩党（Fermskrittspartiet）は、一九九七年の国政選挙で第二党になると、二〇一三年には保守党との連立内閣を形成している。フィンランドでは、真フィン党（Perussuomalaiset）が二〇一一年の選挙で五議席から三九議席まで議席を伸ばして第三党に躍り出ると、二〇一五年の選挙では第二党になり、連立政権入りを果たしている。

スウェーデンは極右政党の躍進がみられない例外的な国とされていた[1]（たとえば、Andersen and Bjøtklund 1990：宮本 2004）。宮本太郎によれば、この背景には、デンマークやノルウェーで行われたアクティベーションによる福祉の削減を、スウェーデンでは実施しなかったことがある（宮本 2004）。これは、進歩主義者のジレンマの主張とは逆に、寛容な福祉国家こそが、移民の肯定的な受け入れを可能にする土台となるという見方に基づいている。寛容な福祉国家と寛容な移民受け入れ・統合政策を両立するスウェーデンのあり方は、ヨーロッパにおける移民受け入れのひとつのモデルとなっていた。

しかし、移民に対して寛容な国というスウェーデンのイメージは、揺らぎつつある。一九八八年に発足した極右政党であるスウェーデン民主党（Sverigedemokraterna）は、二〇〇六年の選挙で躍進を遂げ、国政選挙で二・九％

の票を獲得、地方議会では二八〇の議席を獲得するに至った。この時点では国政での議席は得られなかったが、二〇一〇年の選挙では二〇議席を獲得、二〇一四年の選挙ではさらに議席を伸ばし、第三党になった。スウェーデン民主党は政権を担ってはいないが、その影響力は無視できなくなっている。(2)

北欧における極右政党の特徴は、文化的には権威主義的立場を、経済的には福祉国家を支持する立場をとる点にある（Jungar and Jupskås 2014：Nordensvard and Ketola 2015：宮本 2004）。もともと北欧における極右政党は、経済的な自由主義を中心的な綱領とし、減税や社会支出の削減を訴えていた。しかし、労働者や失業者が支持層のなかに増え、支持基盤の政治的傾向が変わってくると、徐々に経済右派的な側面は弱まり、福祉国家への支持を示すようになった（Jungar and Jupskås 2014：宮本 2004）。ただし、極右政党の主張において福祉国家が包摂するのは、「われわれ普通の市民」であり、そこに含まれない他者――たとえば文化的に異なる移民――は排除される。後者はむしろ、「われわれ普通の市民」の生活を脅かす存在として攻撃の対象となる。この立場――福祉国家の維持を訴えつつ、その恩恵を受けるのは「私たち自身」に限定されると考え、福祉国家からの移民の排除を支持する立場――は、福祉愛国主義（welfare chauvinism）と呼ばれる（Andersen and Bjørklund 1990：212）。

たとえば、スウェーデン民主党は、「社会保守主義と統合された福祉国家の維持を、よい社会を作る最も重要なツールと考えている」と述べる一方、「遠くの国からの大量の移民は全体として経済的にも社会的にもきわめて否定的な影響をもたらす」と述べ、「われわれの国民的アイデンティティと豊かさと安全に対する脅威となる」ような大規模な移民の受け入れの制限を訴える（Sverigedemokraterna 2011：23）。同党の予算案によれば、医療制度や高齢者介護、教育、公的セクターにおける女性労働者の就労環境の改善などにかかる予算をねん出するためには、「隣国と同程度の水準まで難民や家族結合による移民の受け入れを減らす」必要がある（同党の議会代表であるマティアス・カールソンの二〇一四年コミューン・レーン会議での発言(3)）。スウェーデン民主党の主張からは、福祉国家を維持するために移民の排除を必要とするという福祉愛国主義のロジックがみてとれる。

デンマーク国民党と真フィン党も、スウェーデン民主党と同じイデオロギーを持つグループに含まれる（Jungar and Jupskås 2014）。デンマーク国民党は、キリスト教をベースとしたデンマーク文化と「何世代もの努力によって作り上げてきた」「われわれの福祉国家」を守るため、大規模な移民の受け入れを拒否する（Dansk Folkeparti 2002, 2015）。真フィン党が強調するのは、「普通のフィンランド人」のための福祉国家をエリート主義から取り戻す必要であり、批判の対象は主権を脅かすＥＵである（Nordensvard and Ketola 2015）。しかし、同党も「寛容な福祉国家と開かれた国境は両立しない」とし、「今日の移民政策の構造はただ福祉国家のサービスの水準と財政状態を弱体化させるだけ」であるため、移民の受け入れの制限が必要だと主張する（The Finns Party 2015）。こうした主張には福祉愛国主義の立場が現れているといえよう。

これに対し、ノルウェーの進歩党は独自の位置にいる。同党は文化的なイシューより経済的なイシューを重視しているだけでなく、経済自由主義的な政策を提唱し、公的セクターの削減や社会保障制度への民間セクターの参入を訴えている（Fremskritspartiet 2013 : Jungar and Jupskås 2014）。ただし、支持層の変化に伴い、ノルウェー進歩党も政策的立場を変遷させており、今日では社会保障制度の運営に対して批判的である一方で、福祉国家そのものは維持する必要があるとの立場をとっている。

北欧諸国で福祉愛国主義を訴える政党が支持を集めていることは、進歩主義者のジレンマの第二の帰結を示しているようにみえる。しかし、北欧諸国内においても政党の綱領にはバリエーションがあり、どの程度の支持を集めているのかにも国による差がある。また、その綱領も、国民の支持を広く獲得し、他の政党と協力関係を形成する過程で、より穏健なものへと変化するなど、一定ではない。さらに、極右政党への支持は、他の政党が政治空間の中にどのように位置づけられるのかといった要因にも影響を受ける（Rydgren 2005）。したがって、極右政党への支持は必ずしも社会全体の排外意識の広がりの程度やその特徴を示しているとはいえない。一般の人々の間で福祉愛国主義が広がっているのかどうかを知るためには、極右政党の支持ではなく、人々の意識自体に着目する必要があるだろう。

そこで以下では、社会意識調査データの分析を通じて、北欧諸国が他のヨーロッパ諸国と比較し、福祉愛国主義が強いといえるのか、そして、国ごとの福祉愛国主義の程度の差は福祉国家のあり方の差、すなわち福祉国家がどのように、誰に対して資源を分配しているのか、移民はそこに含まれるのかという福祉国家の制度設計の違いで説明できるのかを検証する。

## 2　福祉愛国主義はなぜ高まるのか

### 福祉愛国主義と「望ましさの基準」

前述したように、福祉愛国主義とは、福祉国家の恩恵を受ける対象から移民を排除すべきとする言説や、それに対する支持を指す。ヨーロッパにおける社会意識調査の結果をみると、移民は失業者や高齢者、障害者と比較して、最も福祉の受給が望ましくない集団とみなされている（Van Oorschot 2007）。そのため、移民の社会保障からの永続的な排除を支持する割合は少ないものの、入国後すぐに受給を許可することを認める人も少なく、多くの人は一定期間の納税による貢献ののち、あるいは市民権の取得ののちに認めるべきだと考えている（Reeskens and van Oorschot 2012）。

福祉サービスの受け取り手として認められるか否かは、「望ましさの基準」に基づく。ヴァン・オーショットによれば、望ましさの基準は、現在の状況が自ら招いた結果ではないという「コントロール」、サービスを必要としているという「必要性」、自分たちの一員とみなすことができるという「アイデンティティ」、サービスを受けられることに対して感謝しているという「態度」、福祉国家にこれまで貢献してきた／今後貢献していくという「互酬性」の五つによって構成される（Van Oorschot 2000）。このうち特に重要になるのが、コントロール、アイデンティティ、互酬性である。

移民はこれらの望ましさの基準を満たすことができないため、「もっとも望ましくない」グループであるとみなされる（Van Oorschot 2007）。難民のように移住を余儀なくされた例はあるものの、多くの場合、受け入れ国の人々は移民が自主的に移住しており、自らの状況に対して責任を持っていると考える。また、特に文化的に異なる国出身の移民は「われわれ」の一人とはみなされにくい。さらに、移民はその国の福祉国家に貢献してきた経歴が、受け入れ国で生まれ育った人に比べて短くなる。したがって、移民はホスト社会の住民から、最も重要となる三つの望ましさの基準、コントロール、アイデンティティ、互酬性を満たしていると認識されにくいのである。

### 福祉愛国主義に対する福祉制度の影響

しかし、市民がどの程度移民の福祉サービスの利用を望ましくないとみなすかについては、国による違いがみられる。この違いは、国の制度の違い、特に福祉制度の違いによって説明されると考えられてきた（Larsen 2008：Rothstein 1998：Van der Waal, Koster and van Oorschot 2013）。

福祉意識（welfare attitudes）研究では、福祉国家が人々の福祉制度に伴う利害関係のあり方（たとえば生活保護制度を受給する貧困者にとっては生活保護制度を支持するインセンティヴがある）を決めるだけでなく、人々が持つ、再分配に関わる規範に対しても影響を与えると考えられてきた（Rothstein 1998：Mau 2003）。福祉制度はそれを共有する市民の間に互助の関係性を作り出す。ただし、その際の互助のあり方は、福祉制度のあり方によって異なる。誰から取り、誰に、どのような条件のもとで与えるのか。どの程度の生活水準が保障されるのか。これらの問いに対する答えは、福祉制度のなかに織り込まれている。そして、特定の福祉制度のもとで暮らす人たちは、それぞれの制度に織り込まれた互助のあり方を前提として、貧困や福祉に関わる問題を認識するのである。

この福祉意識研究の知見をもとに、ヴァン・デ・ワールらは、福祉愛国主義に福祉制度が与える影響を検証している。ヴァン・デ・ワールらが注目するのは、制度の「選別性」(selectivity) と「寛大さ」(generosity) の二つの次元である。選別性とは、福祉制度がどの程度普遍主義的かを意味する。そして選別性は、福祉制度の受給者がどの程度主流社会から逸脱しているとみなされるかに影響を与えることで、福祉愛国主義に影響する。普遍主義的な福祉制度のもとでは、誰もが福祉制度から多かれ少なかれ恩恵を受けている。この場合、受給者と貢献者の線引きは明確ではなくなる。一方、ミーンズテスト付きの生活扶助など、選別的な福祉制度のもとでは、福祉制度から恩恵を受けるのは社会のなかのごく一部に限られる。さらに、制度を利用するために、本当に受給を必要としているのか、どの程度必要としているのかといったことを精査される。ロスステインの言葉を借りれば、「選別主義的な制度のもとでの社会政策に関する人々の議論は、しばしば社会にうまく適合している (well-adjusted) マジョリティが、より適合できていない、さまざまな程度で社会的に周辺化されたマイノリティのために、何をすべきかという問いに陥る」(Rothstein 1998 : 158)。したがって、選別的な福祉制度のもとでは、「彼ら」受給者と、「われわれ」納税者の間に明確な線引きが行われる。「われわれ」納税者は福祉制度を自身に恩恵をもたらすものとは認識せず、受給者にはスティグマが付与されやすくなる。結果として、選別主義的な制度のもとでは、福祉受給者の「望ましさ」は低下する (Van der Waal, Koster and van Oorschot 2013)。

寛大さとは、福祉制度がどの程度不平等の解消に役立つものかを示す。寛大さも、福祉受給者がどの程度主流社会から逸脱しているとみなされるかに影響を与える。福祉制度が不平等の解消を果たすほど十分なものであれば、貧しい人と豊かな人の生活水準の差は小さくなる。その結果として、福祉の受給者とその他の人の間でのアイデンティティの共有がより容易になる。一方、福祉制度の寛大さの程度が低く、不平等が解消可能なほどの経済的資源が提供されない場合、両者の社会的分断は大きくなり、アイデンティティの共有が困難になる。

移民は望ましさの基準を満たすのが困難であるため、それが強く認識されるような福祉制度のもとでは、福祉愛国主義は強くなると予測される。選別性と寛大さの次元からは、普遍主義的で、予算規模の大きな福祉国家（たとえば北欧諸国）において、福祉愛国主義が抑制されることが予測される。実際に、ヨーロッパの意識調査のデータを用いた分析では、選別性の程度が低いことと、寛大さの程度が高いことによって福祉愛国主義が抑制されることが示されている（Van der Waal, Koster and van Oorschot 2013）。他の研究においても、より規模の大きな、脱商品化の程度の進んだ福祉国家ほど、移民の福祉サービスの利用に肯定的であることが示されている（Crepaz and Damron 2009）。

### 本章の分析枠組み

先行研究においては、より寛大で、普遍主義的な福祉国家において、福祉愛国主義の程度が低いことが示されてきた。この知見に基づけば、北欧諸国においては、福祉愛国主義の程度は低くなると予測される。この場合、包摂的な福祉国家から、より制限的・残余的な福祉国家への転換が、福祉愛国主義を醸成することになる。

しかし、福祉国家が福祉愛国主義に影響を与えるメカニズムを考える上では、移民がどの程度福祉を得る権利を付与されているのか——福祉国家の開放性——を考慮に入れる必要がある。ヨーロッパの多くの国では外国籍を持つ移民に対して社会保障の利用を認めているものの、それが自国民と同じ水準なのかという点や、生活保護や住宅扶助など多様な制度のなかのどれに関して認めるのか、また、短期滞在者や家族結合による移民などにも認めるのかといった点については、国による違いがある。したがって、このような違いを考慮する必要がある。というのも、福祉国家の選別性や寛大さが福祉愛国主義を抑制するのは、それが福祉受給者の幅を広げることによって、あるいは両者の生活水準を近づけることによって、望ましさの基準に影響を与えるからである。しかし、そもそも移民が福祉制度を利用できないのであれば、少なくとも福祉制度を通じては、移民の生活水準が自国民と同等になることはない。二〇〇二年から二〇一一年にかけてデンマークで導入されていた二重福祉制度では、移住七年未満の移民に対する生活保護の給付水準は自国民に対するものと比べ三五％～五〇％低くなっていた（Andersen 2007）。この場合、移民失業者の生活水準は自国民の失業者の生活水準よりも低くなるだろう。また、市民権の有無によって福祉制度における取り扱いが異なるのであれば、福祉制度の利用が望ましいかどうかを人々が検討する上でも、この線引きが参照される可能性がある。ヴァン・デ・ワールらは、寛大な福祉国家において、移民の失業率が高い場合に福祉愛国主義が高まることを示し、互酬性の規範が侵されるという認識が福祉愛国主義を強めると述べている（Van der Waal, Achterberg and van Oorschot 2011）。しかし、失業した移民が福祉制度を利用可能でないとすれば、互酬性に基づく説明は妥当ではないだろう。したがって、福祉愛国主義と福祉国家の制度の関連を考える上では、開放性の視点を導入する必要がある。

そこで、本章では、選別性と寛大さに加え、移民に対する開放性が福祉愛国主義に与える影響を検証する。

## 3　データと変数

### 使用するデータ

分析には、ヨーロッパ諸国において行われている国際比較社会意識調査であるEuropean Social Survey（ESS）

のデータを使用する。ESSは、二〇〇一年から二年に一度行われている国際比較調査で、二〇ヶ国以上のヨーロッパの国々が参加している。調査は無作為抽出によって選ばれた一五歳以上の居住者を対象として行われている。本章の分析では、福祉愛国主義の項目を含む二〇〇八年（第四回）調査のデータを用いる。分析は、福祉制度の指標に用いるデータが入手できる国に限定して行う。また、アイルランドは福祉制度の値が外れ値となり、結果に影響を与えるため、除外した。このため、ベルギー、スイス、キプロス、チェコ、ドイツ、デンマーク、エストニア、スペイン、フィンランド、フランス、イギリス、ギリシャ、ハンガリー、ラトビア、オランダ、ノルウェー、ポーランド、ポルトガル、スウェーデン、スロベニア、スロバキアの二一ヶ国が分析に含まれる。また、移民に対する意識を扱うため、両親ともに対象国で生まれた人にデータを限定した。使用する変数に欠損値のある人を除いた二万九九〇一人が分析の対象となる。

### 福祉愛国主義の指標

福祉愛国主義を測る指標として、「〔国名に〕他の国から移住してくる人のことを考えてください。あなたは、いつから彼らがすでにここに住んでいる市民と同様の社会福祉やサービスを受ける権利を得るべきだと思いますか。あなたの考えに近いものを選んでください」という質問への回答を用いる。回答は「到着後すぐに（以下、移住直後）」、「働いているかどうかにかかわらず、一年が経過したら（以下、居住条件）」、「少なくとも一年間働き、税金を支払ったら（以下、就労条件）」、「市民になったら（以下、市民権条件）」、「同じ権利を得るべきではない（以下、排除）」の五点尺度で与えられている。

移民の福祉制度利用の条件は、「移住直後」、「居住条件」、「就労条件」、「市民権条件」、「排除」の順に制限的であると考えられるため、分析では、値が大きいほど福祉愛国主義の度合いが大きいことを示す順序尺度として扱う。[4]

### 福祉制度の指標

福祉制度の選別性の指標としては、社会保障費のうち、ミーンズテスト付きの社会保障に用いられた費用を、ミーンズテストのない社会保障に用いられた費用で割った値を用いる。ミーンズテスト付きの社会保障は選別主義的な制度であるため、こうした制度に多くの予算を割いている国ほど、選別主義的な制度の度合いが大きい国と判断できる。データはEUの集計による二〇〇八年のものを用いる（Eurostat 2016a）。ただし、フランス、ポーランド、ノルウェーについては、二〇〇八年のデータが存在しないため、最も近い二〇一〇年のデータを用いている。

寛大さの指標としては、政府による再分配前と再分配後のジニ係数の差を、もとのジニ係数で割った値に一〇〇をかけたものを用いる。これにより、福祉制度がどの程度格差を縮小できたかを測ることができる。データはEUの集計による、二〇〇八年の値を用いている[5]（Eurostat 2016b）。

さらに、福祉制度の移民に対する開放性の指標として、ブリティッシュ・カウンシルと移民政策グループの主導により作成された移民統合政策指標（Migration Integration Policy Index, MIPEX）における二〇〇八年の数値をもとに算出したものを用いる（Migration Policy Group 2016）。具体的には、①外国人労働者の各種社会保障制度（失業保険、老齢年金、障害者年金、育児休暇、家族給付、生活保護）への包摂度、②住宅給付等の住宅に関する制度への外国人労働者の包摂度、③労働環境についての権利（安全で健康な労働環境、雇用終了や解雇の場合の取り扱い）への外国人労働者の包摂度、④長期滞在移民の各種社会保障制度への包摂度、⑤住宅給付等の住宅に関する制度への長期滞在移民の包摂度の平均値を用いる。①と②については、より多くの在留資格の移民（長期滞在者、短期の労働ビザでの滞在者、家族結合による滞在者）に開かれているほど、③、④、⑤については、国籍を持つ市民と同等の権利が認められ

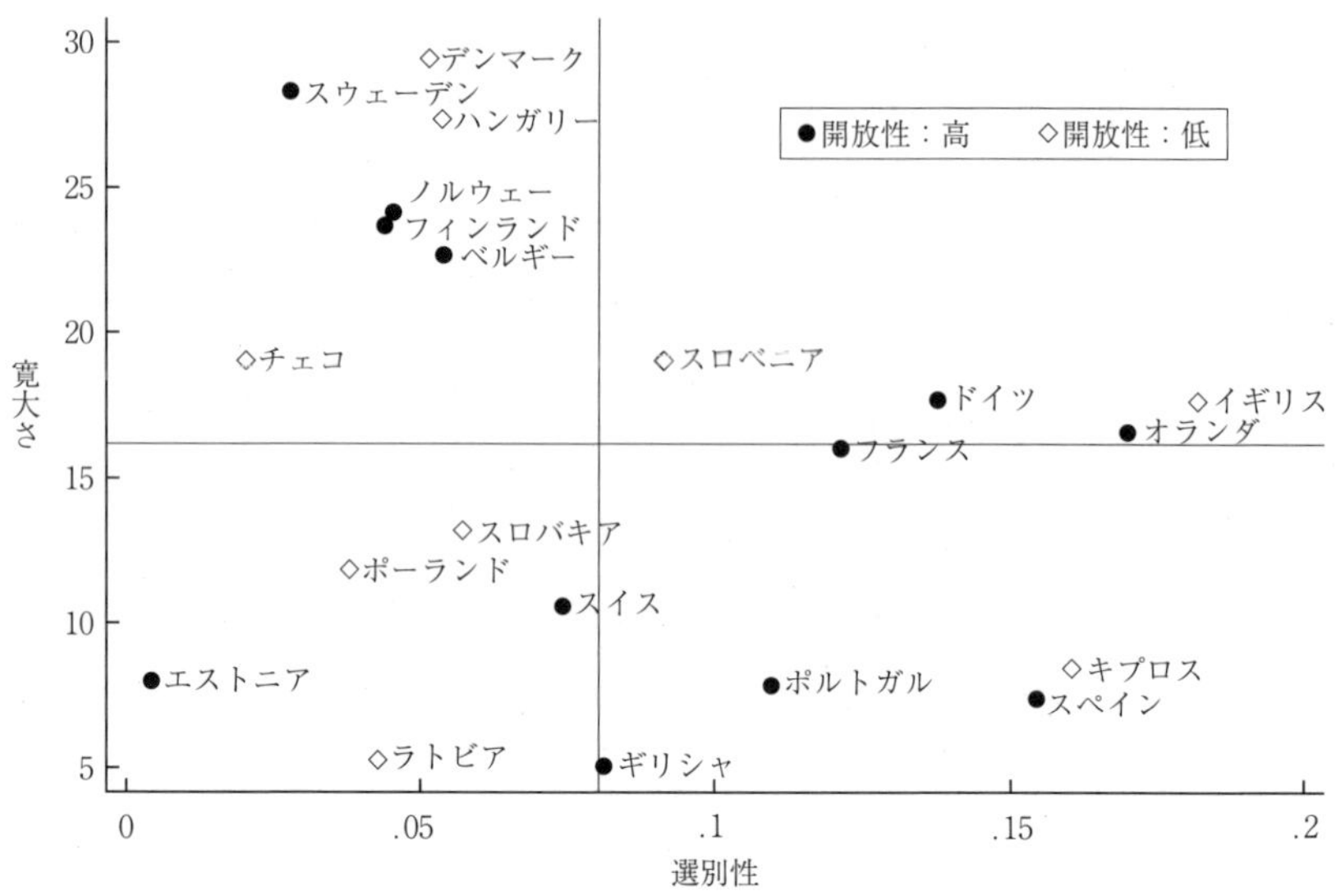


**図5-1**　選別性・寛大さ・開放性の分布

出所：Eurostat（2016a，2016b），Migration Policy Group（2016）をもとに筆者作成。

ているほど、包摂度が高くなるように、数値が与えられている。これらの数値の平均値を開放性の指標とした。

これら三つの変数の相関は弱く、寛大さが開放性とマイナス〇・〇八、選別性とマイナス〇・二〇、開放性と選別性は〇・〇三の相関にとどまる。つまり、寛大な福祉制度を持つ国が、普遍主義的だったり、開放的だったりするとは必ずしもいえない。

各国の選別性、寛大さ、開放性の度合いの分布を示したのが、図5-1である。図5-1では開放性の程度が平均値（七五）を上回っている場合に黒丸を、下回っている場合に白菱を用いている。北欧諸国は左上の領域に固まっており、選別性が低く（すなわち普遍主義的で）、寛大さの程度の高い（すなわち再分配の機能の強い）福祉制度を持っていることがわかる。デンマークは開放性が低く、全体平均を下回っている一方、スウェーデン、フィンランド、ノルウェーは開放性も高い。二〇〇八年時点ではデンマークが移民に対して非常に制限的な社会保障制度を持っていた一方、他の北欧諸国は開放的であったことが、ここからうかがえる。

### 統制変数

本章では福祉制度の福祉愛国主義への影響を検証する。しかし、この影響を明確にするためには、福祉制度以外の要因の影響を統制する必要がある。そこで、国レベルの変数として、外国籍人口割合と人口一人あたりGDP、個人レベルの変数として年齢、性別、教育年数、職業（ノンマニュアル職、マニュアル職、失業者、無職）、世帯収入レベル、生活保護・失業手当の利用を用いる。外国籍人口割合、人口一人あたりGDP（ユーロ）はともにEUの集計による二〇〇八年の数値（Eurostat 2016c, 2016d）を用いている。また、世帯収入レベルについては、「あなたは最近の世帯の収入についてどのように感じていますか」という質問に対する回答を指標とする。回答は、「現在の収入で快適に生活できる」、「現在の収入でやっていける」、「現在の収入で生活するのは難しい」、「現在の収入で生活するのは非常に難しい」の四点尺度で与えられており、値が大きいほど世帯収入のレベルが高いことを意味する。

## 4　社会意識調査からみる福祉愛国主義

### 北欧諸国の福祉愛国主義の程度

まず、福祉愛国主義の程度が、北欧諸国では他のヨーロッパ諸国よりも高いのかを確認する。図5－2をみると、移民がどの段階で福祉制度を利用する権利を持つべきかについては、就労条件または市民権条件を選ぶ割合がすべての国で高く、一定の貢献を果たした後で、あるいは法的に国民となることによって、福祉制度を利用できるようになるべきとの意見が多数派であることがわかる。特に旧共産圏の国においては、市民権条件を選ぶ割合が高く、

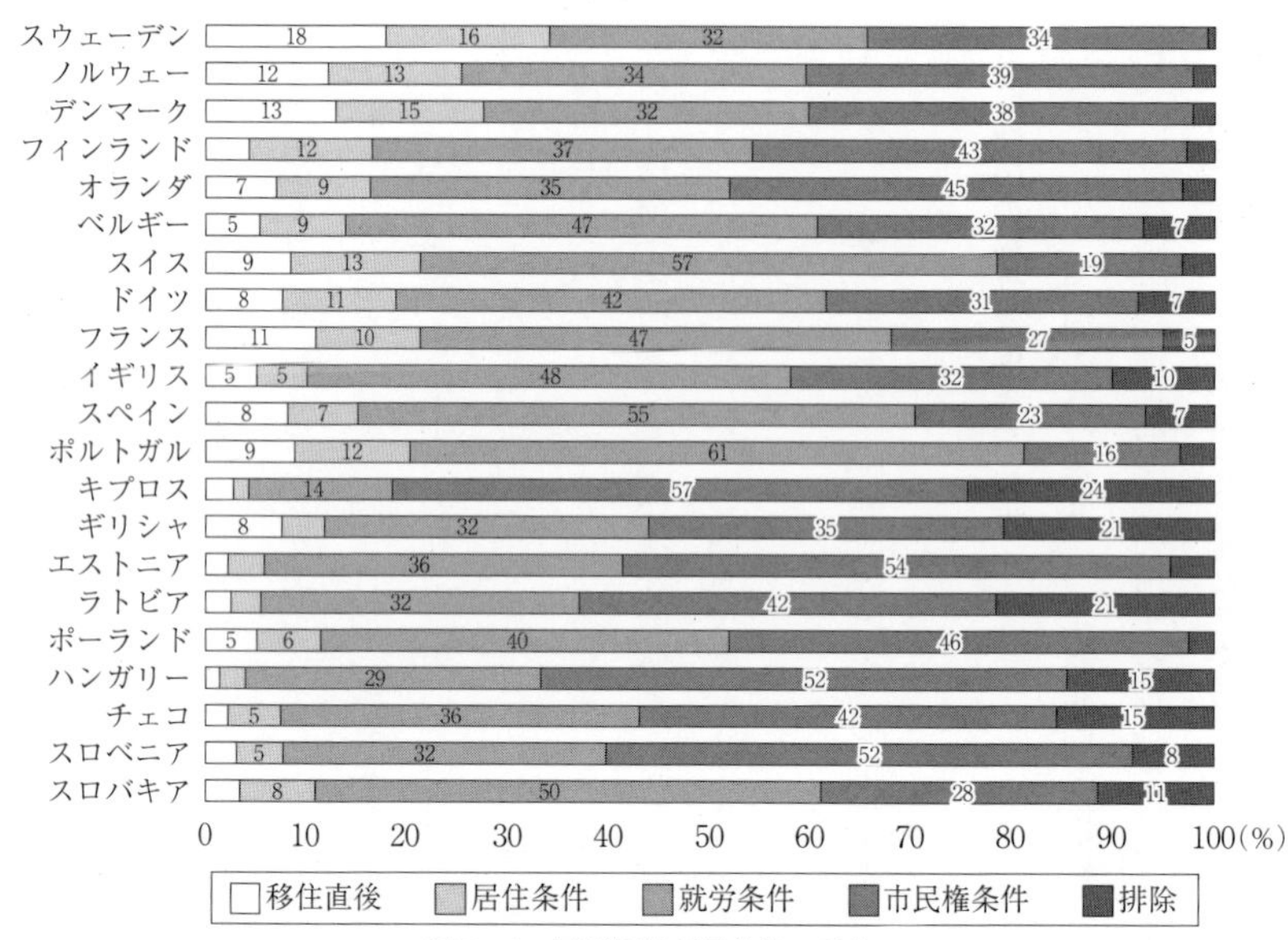


**図５－２**　国別福祉愛国主義の分布

出所：ESS 2008 をもとに筆者作成。

エストニア、ハンガリー、スロベニアでは半数以上の人が選んでいる。また、キプロスでは五七％に上る人が市民権条件を選択している。

　これに対し、北欧諸国では移住直後または居住条件を選ぶ割合が相対的に高い。これら二つの選択肢を選ぶ割合が最も高いのはスウェーデンであり、三割の人が就労や市民権の取得を条件とせずに、福祉制度の利用を認めている。デンマークやノルウェーにおいても、それぞれ二八％、二五％の人がこれら二つの選択肢を選んでいる。デンマークは移民の福祉制度利用について制限的な政策をとっていたが、人々の意識においてはそれほど制限的とはいえない。一方、フィンランドでは、これら二つの選択肢を選ぶ割合が一七％にとどまる一方で、市民権条件を選ぶ人が四三％と高く、北欧諸国のなかでは最も制限的な態度を示している。この結果をみると、北欧諸国において福祉愛国主義が広がっているとはいえない。むしろ、他のヨーロッパ諸国に比べ、福祉愛国主義の程度は低いといえるだろう。

排除を選択する割合はどの国においても低いが、キプロス、ギリシャ、ラトビアでは二割以上が、イギリス、ハンガリー、チェコ、スロバキアでは一割以上の人がこの選択肢を選んでいる。南欧や旧共産圏では、相対的に移民の福祉制度の利用に対して制限意識を持つといえるだろう。

**福祉愛国主義を高める要因**

福祉愛国主義の国による差は、福祉制度の違いと関連があるのだろうか。これを調べるため、マルチレベル分析という分析手法を用いる。マルチレベル分析を用いることによって、個人の違いによって生じる意識の差と、国の違いによって生じる意識の差を分けて分析を行うことができる。従属変数となる福祉愛国主義は順序を持つカテゴリ変数であるため、マルチレベル順序ロジスティック回帰分析を用いる(6)。

分析の焦点は福祉制度の影響にあるが、その前にまず、個人要因の影響をみる。個人要因のみをモデルに入れた結果を示したのが、表５－１のモデル１である。ひとつでも＊印のついている数値は、統計的に意味のある効果といえる。分析結果をみると、教育年数と世帯収入レベルにマイナスの効果が、マニュアル職と無職にプラスの効果があることがわかる。つまり、教育年数が長い人や世帯収入レベルが高い人は、福祉愛国主義の度合いが低くなりやすい。また、ノンマニュアル職の人と比べ、マニュアル職の人や無職の人は、福祉愛国主義の度合いが高くなりやすい。つまり、脆弱な社会経済的地位にいる人は、安定的な地位にいる人に比べ、福祉愛国主義の度合いが高い傾向にある。これは、先行研究と一致する結果である（Van der Waal, Achterberg, and van Oorschot 2011 : Reeskens and van Oorschot 2012）。一方で、年齢や性別、生活保護や失業手当の利用には統計的に有意な効果はみられなかった。生活保護や失業手当を利用している人は福祉制度の資源をめぐって移民と競合関係になる可能性があるが、本章の分析結果は、こうした人たちが必ずしも、移民の福祉制度からの排除を支持しているわけではないことを示し

**表 5-1 福祉愛国主義に対する個人レベル変数の効果**

| | モデル 1 | | モデル 2 | | モデル 3 | | モデル 4 | | モデル 5 | |
|---|---|---|---|---|---|---|---|---|---|---|
| | B | Robust S.E. | B | Robust S.E. | B | Robust S.E. | B | Robust S.E. | B | Robust S.E. |
| 個人レベル変数 | | | | | | | | | | |
| 年齢 | 0.000 | 0.002 | 0.000 | 0.002 | 0.000 | 0.002 | 0.000 | 0.002 | 0.000 | 0.002 |
| 男性 | 0.027 | 0.026 | 0.028 | 0.026 | 0.028 | 0.026 | 0.027 | 0.026 | 0.027 | 0.026 |
| 教育年数 | −0.053** | 0.006 | −0.053** | 0.006 | −0.053** | 0.006 | −0.053** | 0.006 | −0.054** | 0.006 |
| マニュアル職(対ノンマニュアル職) | 0.187** | 0.064 | 0.187** | 0.064 | 0.187** | 0.064 | 0.187** | 0.064 | 0.187** | 0.064 |
| 失業（対ノンマニュアル職） | 0.188 | 0.103 | 0.187 | 0.103 | 0.187 | 0.103 | 0.187 | 0.103 | 0.188 | 0.103 |
| 無職（対ノンマニュアル職） | 0.122* | 0.047 | 0.122* | 0.047 | 0.122* | 0.047 | 0.122* | 0.047 | 0.122* | 0.047 |
| 世帯収入レベル | −0.125** | 0.041 | −0.125** | 0.041 | −0.125** | 0.041 | −0.125** | 0.041 | −0.126** | 0.041 |
| 生活保護・失業手当受給 | −0.080 | 0.068 | −0.078 | 0.068 | −0.078 | 0.068 | −0.078 | 0.068 | −0.080 | 0.068 |
| 国レベル変数 | | | | | | | | | | |
| 外国籍人口割合 | | | 2.894 | 2.406 | 2.216 | 2.458 | 3.025 | 2.258 | 0.290 | 2.150 |
| GDP | | | −0.002 | 0.001 | −0.002 | 0.001 | −0.002 | 0.001 | −0.001 | 0.001 |
| 選別性 | | | 0.004 | 2.065 | 0.244 | 2.037 | 0.092 | 1.955 | 0.287 | 1.272 |
| 寛大さ | | | 0.008 | 0.021 | 0.007 | 0.021 | 0.012 | 0.025 | 0.014 | 0.022 |
| 開放性 | | | −0.014* | 0.006 | −0.013* | 0.006 | −0.015** | 0.005 | −0.010** | 0.003 |
| 交互作用効果 | | | | | | | | | | |
| 選別性＊開放性 | | | | | −0.081 | 0.107 | | | −0.005 | 0.055 |
| 寛大さ＊開放性 | | | | | | | 0.001 | 0.001 | 0.002** | 0.000 |
| 選別性＊寛大さ | | | | | | | | | 0.558** | 0.167 |
| 選別性＊寛大さ＊開放性 | | | | | | | | | 0.040** | 0.008 |
| ランダム効果 | | | | | | | | | | |
| 切片 | 0.365 | 0.120 | 0.195 | 0.048 | 0.191 | 0.046 | 0.164 | 0.038 | 0.092 | 0.026 |

注：n＝29,901(Level 2：n＝21)，**$p < 0.01$，*$p < 0.05$
　分析はマルチレベル順序ロジスティック回帰分析。サンプリング・デザインと人口規模で重みづけ。連続変数は全体平均で中心化。
　切片は紙幅の都合で非掲載とした。
出所：ESS 2008 をもとに筆者作成。

ている。

### 福祉愛国主義に対する福祉制度の効果

次に、福祉愛国主義に対する福祉制度の効果を、選別性、寛大さ、開放性に着目して分析した。表5－1のモデル2ではモデル1の個人要因に加え、外国籍人口割合、GDP、福祉制度の三つの次元を含んでいる。さらに、モデル3では選別性と開放性の交互作用を、モデル4では寛大さと開放性の交互作用を追加し、モデル5ではすべての交互作用を追加している。交互作用をモデルに加えることで、福祉国家の諸次元の組み合わせによって福祉愛国主義が影響を受けるのかどうかを検証することができる。

モデル2から4をみると、開放性が一貫してマイナスの効果を持つ一方で、選別性や寛大さには統計的に有意な効果はみられない。これに対し、モデル5では選別性の効果に加え、交互作用項にも統計的に有意な効果がみられる。つまり、福祉制度の三つの次元の組み合わせによって、福祉愛国主義は影響を受けている。

図5－3は、これらの効果を図で示したものである。図5－3では、福祉愛国主義の選択肢のうち、「排除」（図5－3の一番上）、「市民権条件」（二番目）、「就労条件」（三番目）、「居住条件」（四番目）を選択する確率（縦軸）が、開放性の程度（横軸）によってどのように変化するのかを、選別性の程度（図のなかの二つの線）と、寛大さの程度（左右の図）別に示したものである。

図5－3をみると、寛大さの程度が高く選別性が高い（各図の右側のボックスの◇印の線）、つまり、再分配機能の強い、選別主義的な福祉制度の場合を除くと、開放性が高まることによって、福祉愛国主義の程度が弱くなる傾向にあることがうかがえる。したがって、スウェーデンのように、寛大で普遍主義的、移民に開放的な福祉制度であれば、移民包摂の基準として就労条件が選択されやすく、市民権条件を選択する割合は相対的に低い。しかしこう

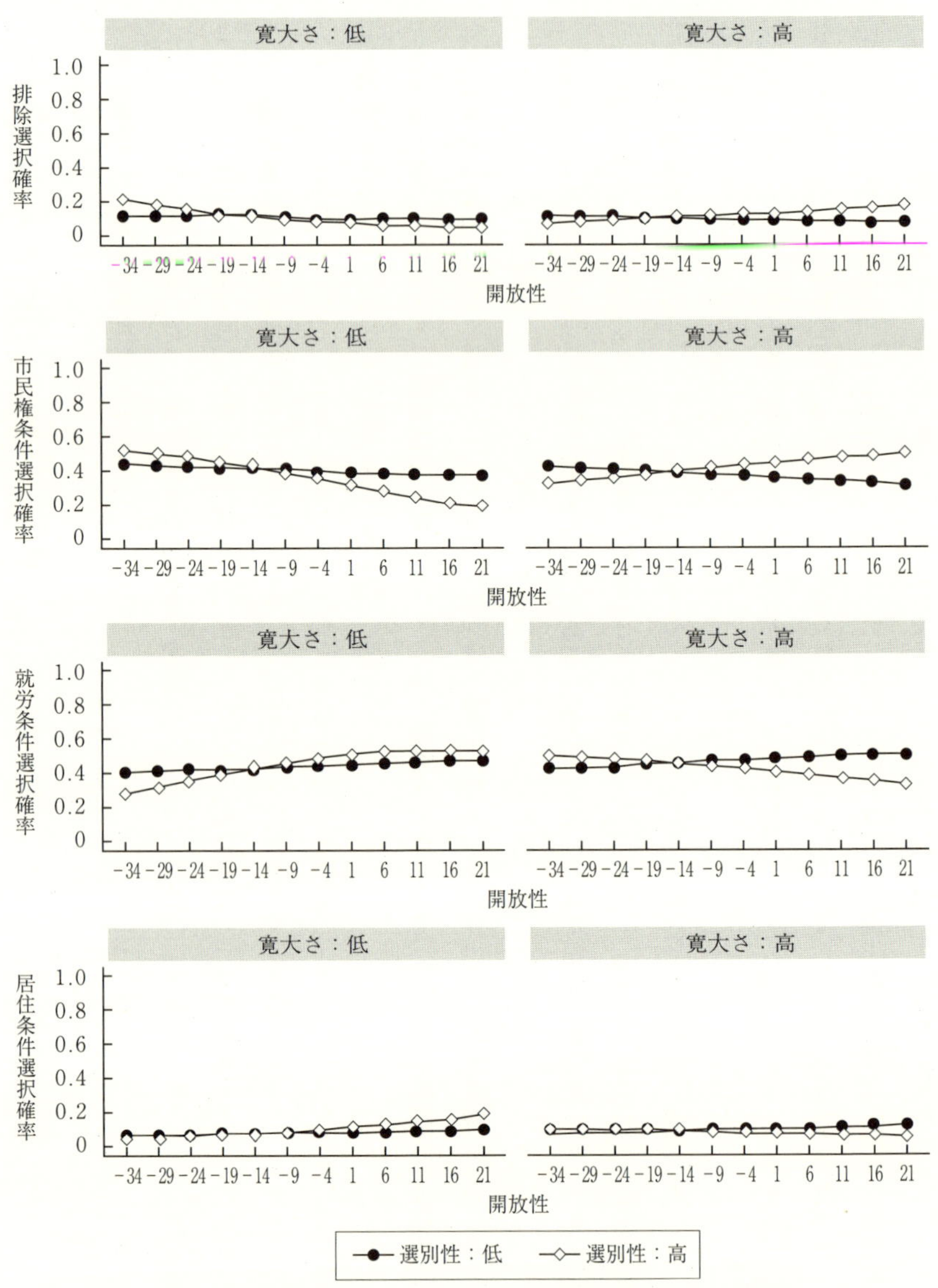


**図5－3** 選別性・寛大さ・開放性による福祉愛国主義に対する効果

注：他の変数を平均値に固定した場合の予測値。寛大さ・選別性の「低」は平均値－1標準偏差，「高」は平均値＋1標準偏差とした。

出所：筆者作成。

した寛大で開放的な福祉制度が選別主義を伴うならば（各図の右側のボックスの◇印の線）、移民の福祉制度からの完全な排除が支持される確率はわずかではあるが高まる。選別主義的な福祉制度のもとでは、福祉受給者が本当に福祉を必要としているのかということが問われる。この結果として、本当に福祉の受給が必要であり、受給の資格を満たしていると認識されにくい移民に受給を認めることに、より否定的になる。これは特に、福祉制度からの恩恵が大きく（＝寛大さの程度が高い）、移民がその恩恵を受けられる状態にあるときに顕著である。逆に、普遍主義的な福祉制度のもとでは、受給者と貢献者の区別は曖昧になる。その結果として、移民に福祉制度の受給資格を与えることにも肯定的になるのではないだろうか。

ただし、最も福祉愛国主義の程度が低いのは、スペインやポルトガルのように、福祉制度の寛大さの程度が低く、開放性が高く、選別性が高い場合である。この場合、排除や市民権条件を選択する確率は低下し、居住条件を選択する確率は高まる。寛大さの程度が低く、選別性が高い福祉制度とは、給付の規模も小さく、またその受給ができる対象も限定的な、きわめて残余的な福祉制度である。こうした制度に移民が包摂されている場合、移民に福祉制度の受給資格を与えることに肯定的になる。したがって、福祉制度から得られる資源が希少で、競争的である場合に、福祉愛国主義が高まるとはいえない。こうした結果が得られた理由は、本章の分析では検証できない。しかし、考えられる理由のひとつとして、再分配機能が弱く、限定的な人しかその対象とならないことによって、福祉制度への包摂自体が重要と認識されにくくなっている可能性がある。これに加えて、移民がメンバーとして制度に包摂されることによって、自分たちだけが恩恵を受けるものとしての福祉制度の認識は弱められ、移民の包摂が支持されるのではないだろうか。

## 5　北欧諸国の福祉制度と福祉愛国主義

表5-1の結果から、福祉制度の福祉愛国主義への効果が、選別性、寛大さ、開放性の組み合わせによって決まっていることが示された。では、北欧諸国の福祉制度は、市民の福祉愛国主義の程度にどう影響しているのだろうか。

北欧諸国は四ヶ国とも選別性が低く、寛大さの程度が高いことが特徴であった。図5-3でみたように、選別性が低い普遍主義的な福祉制度を持つ国では、福祉制度が移民に開かれることで、福祉愛国主義の程度は低下しやすい。このため、ほかの条件が同じならば、デンマークは他の三ヶ国よりも福祉愛国主義の程度が高くなる。つまり、北欧諸国の普遍主義的で寛大な福祉制度は移民に開かれることによって、人々の間で福祉愛国主義が広がることを抑制しているといえる。

本章の分析結果から導かれる、進歩主義者のジレンマに対する答えは、「普遍主義的で寛大な福祉国家は、移民に開かれることでむしろ、移民に対する人々の包摂的態度の醸成を促しうる」というものになる。普遍主義的な制度のもとでは、福祉の受け手である「彼ら」が「われわれ」から切り離されることは少ない。この場合、移民は「彼ら」でもあり、「われわれ」でもありうる存在として、包摂が認められるのである。こうした福祉国家において移民の排除を促すのは、むしろ福祉制度における選別主義の浸透である。この意味で、福祉受給の条件としての就労義務の強化など、「周辺層を構造的に切り離す」ワークフェア制度（宮本 2004：82）は、福祉愛国主義の高まりを生じさせうる。

また、普遍主義的で寛大な福祉国家を移民に対して閉じることも、福祉愛国主義を強めうる。福祉制度の外に置かれることで、移民と自国民の生活水準に差が生じ、アイデンティティの共有がより困難になることが予測される。ただし、寛大で普遍主義的、開放的な福祉国家のもとでは、移民の福祉国家からの排除や、市民権の取得を条件として強調するような強い福祉愛国主義はみられなくとも、就労条件を支持する割合が高いことには注意が必要である。寛大で普遍主義的な福祉国家において、移民は就労によって貢献をすることにより、福祉制度への包摂が認められる。このことは、ヴァン・デ・ワールらの研究と同様、寛大で普遍主義的な福祉制度を持つ国において、互酬性の規範が重視されている可能性を示唆している（Van der Waal, Koster, and van Oorschot 2013）。したがって、移民が就労条件を満たしていないとの認識が広がった場合には、移民の福祉制度からの排除が要求される可能性もある。

本章の分析にはいくつかの限界がある。特に、二〇〇八年というひとつの時点のデータを用いた分析であるため、制度と意識のどちらが原因でどちらが結果なのかは明確でない。人々の福祉愛国主義の程度が低いからこそ、開放的な政策を導入しているともいえるだろう。さらに、二一ヶ国しかデータに含まれておらず、少数の国の影響が強く現れている可能性があるため[7]、結果の一般化可能性は十分ではない。このため、今後はより多くの国を含む、繰り返し調査のデータを用い、国ごとの制度変化が福祉愛国主義に与える影響を検証する必要がある。また、福祉愛国主義は移民の国内への流入の拒否という形をとっても現れる。移民の流入の拒否については、福祉制度のアクティベーションがセーフティネットを保持したまま導入されることによって抑制されるとの知見もある（Nagayoshi and Hjerm 2015）。本章の分析では含めることができなかったが、アクティベーションが移民の福祉制度への包摂の支持に与える影響について検証することも、今後の課題となる。

## 注

（1） スウェーデンでも一九九〇年代に極右政党である新民主主義党（Ny demokrati）が国会に議席を獲得しているが、同党は福祉国家の縮小を主張しており、福祉愛国主義的特徴は持っていない（宮本 2004）。

（2） 極右政党はたとえ政権入りした場合でも、政治への影響力はきわめて少ないとの指摘もある（たとえば Mudde 2013）。

（3） この全文は、同党の機関紙の二〇一四年一二月七日号に掲載されている（Sdkuriren 2014）。

（4） 「市民権条件」と「就労条件」のどちらが制限的かについては、国によって市民権付与の条件が異なるため、判断が難しい。ただし、先行研究においては、「市民権条件」を除いて分析を行った場合と、「就労条件」よりも制限的な順序で含めた場合で、同様の結果が得られている（Van der Waal, Achterberg, and van Oorschot 2011）。そこで、本章では市民権条件を就労条件よりも制限的とみなして分析を行った。

（5） 先行研究では、選別性は年金制度等の諸制度の受給資格を持つ人の割合を、寛大さは再分配後のジニ係数等の格差の指標を用いている（Van der Waal, Koster, and van Oorschot 2013）。しかし、この選別性の指標では生活保護制度等の受給者と貢献者が明確に分かれやすい制度が考慮されない。また、寛大さの指標も、福祉制度がもたらした平等化の影響を測定しているとはいえない。そのため、本章ではこれらの点を考慮しうる指標を用いた。

（6） 分析にはＳＴＡＴＡバージョン14を用いている。

（7） 国をひとつずつ順に外して分析を行った場合でも、結果に大きな変化はなかった。したがって、外れ値となっているひとつの国の影響で今回の結果が得られたとはいえない。

## 文献


Andersen, Jørgen Goul, 2007, "Restricting access to social protection for immigrants in the Danish Welfare State", *Benefits,* 15 (3) : 257–269.

Andersen, Jørgen Goul and Tor Bjøtklund, 1990, "Structural Changes and New Cleavages : the Progress Parties in Denmark and Norway", *Acta Sociologica,* 33 (3) : 195–217.

Banting, Keith G., 2000, "Looking in three directions : Migration and the European welfare state in comparative perspective", Michael Bommes and Andrew Geddes eds., *Immigration and Welfare : Challenging the borders of the welfare state,* Routledge, 13-33.

Crepaz, Markus M. L., 2008, *Trust Beyond Borders : Immigration, The Welfare State, and Identity in Modern Societies,* University of Michigan Press.

Crepaz, Markus M. L. and Regan Damron, 2009, "Constructing Tolerance : How the Welfare State Shapes Attitudes About Immigrants", *Comparative Political Studies,* 42 : 437-463.

Dansk Folkeparti, 2002, "Principrogram", (http://www.danskfolkeparti.dk/Principprogram, December 3, 2015).

Dansk Folkeparti, 2015, "Tryghed og tillid- det er dit valg", (http://www.danskfolkeparti.dk/pictures_org/A5-VALG-brochure-til%20net.pdf. December 3, 2015).

Eger, Maureen A., 2010, "Even in Sweden : The Effect of Immigration on Support for Welfare State Spending", *European Sociological Review,* 26 (2) : 203-217.

ESS Round 4 : European Social Survey Round 4 Data, 2008, *Data file edition 4.4. NSD-Ndrwegian Center for Research Data,* Norway -Data Archive and distributor of ESS data for ESS ERIC.

Eurostat, 2016a, "Social protection", (http://ec.europa.eu/eurostat/cache/metadata/en/spr_esms.htm. February 24, 2016).

Eurostat, 2016b, "Income and living conditions", (http://ec.europa.eu/eurostat/cache/metadata/en/ilc_esms.htm. February 24, 2016).

Eurostat, 2016c, "Population on 1 January by age, sex and broad group of citizenship", (http://ec.europa.eu/eurostat/cache/metadata/en/migr_pop2ctz_esms.htm. February 24, 2016).

Eurostat, 2016d, "Annual national accounts", (http://ec.europa.eu/eurostat/cache/metadata/en/nama_esms.htm. February 24, 2016).

Fremskrittspartiet, 2013, "Handlingsprogram fpr perioden 2013-2017", (https://www.frp.no/hva-vi-mener/prinsipp-og-handlingsprogram. December 3, 2015).

Goodhart, David, 2004, "Too Diverse ?", *Prospect,* 95 : 30-37.

Goodman, Sara W., 2012, "Fortifying Citizenship : Policy Strategies for Civic Integration in Western Europe", *World Politics,* 64 : 659–698.

Hooghe, Marc, Tim Reeskins, Dietlind Stolle and Ann Trappers, 2009, "Ethnic diversity and generalized trust in Europe : A cross-national multilevel study", *Comparative Political Studies,* 42 (2) : 198–223.

Jungar, Ann-Cathrine and Anders R. Jupskås, 2014, "Populist Radical Right Parties in the Nordic Region : A New and Distinct Party Family ?", *Scandinavian Political Studies,* 37 (3) : 215–238.

Kitschelt, Herbert, 1997, *The Radical Right in Western Europe,* Michigan University Press.

Kulin, Joakim, Maureen A. Eger and Mikael Hjerm, 2016, "Immigration or Welfare ? The Progressive's Dilemma Revisited", *Socius* 2 : 1–15.

Larsen, Christian Albrekt, 2008, "The Institutional Logic of Welfare Attitudes : How Welfare Regimes Influence Public Support", *Comparative Political Studies,* 41 (2) : 145–168.

Leigh, Andrew, 2006, "Trust, Inequality, and Ethnic Heterogeneity", *Economic Record,* 82 (258) : 268–280.

Mau, Stefen, 2003, *The Moral Economy of Welfare States : Britain and Germany Compared,* Routledge.

Migration Policy Group, 2016, *Migration Integration Policy Index* (http://www.mipex.eu/. December 16, 2015).

宮本太郎、二〇〇四、「新しい右翼と福祉ショービニズム」斎藤純一編『福祉国家／社会的連帯の理由』ミネルヴァ書房、五五–八五頁。

Mudde, Cas, 2013, "Three decades of populist radical right parties in Western Europe : So what ?", *European Journal of Political Research,* 52 : 1–19.

Nagayoshi, Kikuko and Mikael Hjerm, 2015, "Anti-immigration attitudes in different welfare states : do types of labor market policies matter ?", *International Journal of Comparative Sociology,* 56 (2) : 141–162.

Nordensvard, Johan and Markus Ketola, 2015, "Nationalist Reframing of the Finnish and Swedish Welfare States : The Nexus of Nationalism and Social Policy in Far-right Populist Parties", *Social Policy and Administration,* 49 (3) : 356–375.

Pearce, Nick, 2004, "Diversity versus Solidarity : A New Progressive Dilemma ?", *Renewal : A Journal of Labour Politics,* 12

(3): 79–87.

Putnam, Robert D., 2007, "E Pluribus Unum: Diversity and Community in the Twenty-first Century The 2006 Johan Skytte Prize Lecture", *Scandinavian Political Studies,* 30 (2): 137–174.

Reeskens, Tim and Wim van Oorschot, 2012, "Disentangling the 'New Liberal Dilemma': On the relation between welfare redistribution preferences and welfare chauvinism", *International Journal of Comparative Sociology,* 53 (2): 120–139.

Rothstein, Bo, 1998, *Just Institutions Matter: The Moral and Political Logic of the Universal Welfare State,* Cambridge University Press.

Rydgren, Jens, 2005, "Is extreme right-wing populism contagious? Explaining the emergence of a new party family", *European Journal of Political Research,* 44: 413–437.

Sdkuriren, 2014, "Mattias Karlssons tal på Kommun- och Landstingskonferensen", (https://sdkuriren.se/mattias-karlssons-tal-pa-kommun-och-landstingskonferensen/. December 3, 2015).

Sverigedemokraterna, 2011, "Sverigedemokraternas Principprogram 2011", (https://sd.se/wp-content/uploads/2013/08/principprogrammet2014_webb.pdf. December 3, 2015).

The Finns Party, 2015, "The Finns Party's Immigration Policy", (https://www.perussuomalaiset.fi/wp-content/uploads/2013/12/ps_immigration_final.pdf. December 3, 2015).

Van der Waal, Jeroen, Peter Achterberg and Wim van Oorschot, 2011, "Why Are in Some European Countries Immigrants Considered Less Entitled to Welfare? An Assessment on Impact of Ethnic Diversity, Ethnic Competition, and Violated Reciprocity on Welfare Chauvinism", Presented at the NORFACE Conference, London, April 2011.

Van der Waal, Jeroen, Willem De Koster and Wim van Oorschot, 2013, "Three Worlds of Welfare Chauvinism? How Welfare Regimes Affect Support for Distributive Welfare to Immigrants in Europe", *Journal of Comparative Policy Analysis: Research and Practice,* 15 (2): 164–181.

Van Oorschot, Wim, 2000, "Who should get what, and why? On deservingness criteria and the conditionality of solidarity among the public", *Policy and Politics,* 28 (1): 33–48.

Van Oorschot, Wim, 2007, "Solidarity towards immigrants in European welfare states," *International Journal of Social Welfare*, 17 : 3–14.

# 第6章　「移民の国」のネイティヴィズム
## ——アメリカ排外主義と国境管理

南川文里

### 1　国境危機時代のアメリカと人種主義

翌年に大統領選挙を控えた二〇一五年夏、アメリカ合衆国（以下アメリカ）のメディアを席巻したのが、共和党大統領候補に名乗りを上げた実業家ドナルド・トランプであった。トランプは大統領予備選挙への出馬声明のなかで次のように語った。

アメリカは、アメリカ以外の国々の問題を抱える人々のゴミ捨て場になっている。……メキシコがアメリカへ送ってくるのは、最良の人々ではない。そうだ。彼らが送る人々といえば、問題を抱えた奴らばかりだ。奴らは私たちに問題を持ち込む。麻薬を持ち込む。犯罪を持ち込む。強姦犯だっている。（Washington Post Staff 2015）

彼は、メキシコからの移民を「犯罪者」「麻薬犯」「強姦犯」と呼び、その侵入を防ぐために「南の国境に巨大な壁を作る」と訴えた。この発言は、当然ながら主要メディア、メキシコ政府、そして国内のヒスパニック住民から厳しく批判された。しかし、「サイレント・マジョリティ」を代弁すると主張するトランプの過激な発言は、萎縮することなく続いた。メディアを席巻した「トランプ現象」は、厳しい批判を浴び続けながらも、従来の共和党支持層を越えて拡大し、二〇一六年一一月、ついにトランプは、民主党のヒラリー・クリントンを破って次期大統領に選出された。

この「トランプ現象」は、近年の世界が直面した移民や難民をめぐる「危機」に対する人々の不安と結びついている。二〇一四年頃より、シリアを中心とする中東・アフリカ地域から地中海を横断してヨーロッパへと向かう難民が空前の規模で生じ、二〇一五年にはその数は一〇〇万人を越えた（International Organization for Migration 2015）。ドイツなどの国々での難民認定を求めて陸路を移動する難民の波を阻止するため、ハンガリーやオーストリアでは、壁やフェンスが建設されている。また、二〇一〇年代のアメリカでも、メキシコや中央アメリカから未成年の非合法越境者が押し寄せ、従来の国境管理のルールでは対応困難な移住者や越境者への対処は大きな課題となっている。二〇一〇年代は、地中海や米墨国境など、国境管理の困難がクローズアップされた時代であった。さらに、二〇一五年以降ヨーロッパ各地で続発するテロ事件や、イギリスのEU離脱問題など、移民や難民の流入と国境危機に対する不安は、先進諸国での共通課題となっている。トランプは、同時期の先進諸国の多くが実感した国境の脆弱性に対する危機感を煽ることで、その支持を広げた。彼は、国境危機の時代における「移民戦争」を体現した扇動家の一人である（森・ルバイ編 2014）。

しかし、「トランプ現象」に象徴されるアメリカ排外主義を理解するためには、上記のようなグローバルな不安の連鎖だけでなく、アメリカにおける人種主義（racism）の歴史的形成との連続性にも注目する必要がある。アメリカは、植民地形成から国家建設までの歴史を踏まえ、「移民の国」と自己規定してきた。それは、異なった文化的背景を持つ人々にも共有可能な普遍的な政治理念を国家の柱と位置づけ、国外からの移民を市民として統合するというアメリカニズムの物語に支えられている（古矢 2002）。しかし、「移民の国」という人工的な国家建設は、その移民の波の変化に応じて、アメリカという「国」のかたちを問うことを繰り返してきた（Zolberg 2006）。現代アメリカの排外主義は、人種主義の観点から移民を拒絶し攻撃しながら、アメリカのナショナルな自画像を描き出す運動でもある。すなわち、排外主義は、市民としての包摂と人種主義的な排除が絡まり合う歴史的な展開のひとつの帰結として、位置づけることもできるはずだ。

ここで鍵となるのは、ネイティヴィズム（nativism）と呼ばれる移民排斥運動の系譜である。ネイティヴィズムは、先住民の征服や黒人の奴隷制を歴史的起源とするアメリカ人種主義体制の重要な構成要素である（Roediger 2008：Molina 2013）。こんにち、人種主義をめぐる研究は、個人に内在する差別意識あるいは差別的行為だけでなく、特定の人種集団をカテゴリー化することで既存の優劣関係や格差を正当化する社会制度や日常的な言説のあり方を問題化している。アメリカでは、さまざまな人種集団を排除する制度のなかで、「白人性」（whiteness）を有するとされる者を序列的な優位に位置づける白人優越主義（white supremacy）が成立してきた。それは、奴隷制、人種隔離制度から、公民権運動を経て法的差別が廃止された時代の新しい排除まで、歴史のなかでさまざまな形をとっている（Omi and Winant 2015：南川 2016）。産業化からポスト産業化、そして自由主義から新自由主義へという社会体制を基礎づける枠組みの変化も、人種主義体制のあり方を大きく変えてきた。ネイティヴィズムも、移民が有する特定の身体的特徴や文化的・歴史的背景についての言説を生み、その特徴を共有する人々を排除したり周縁化したりする人種主義体制をつくり上げてきた。

一方では「移民の国」を自認し、文化的多様性を自国の優位の源泉とする現代アメリカにおいて、なぜ露骨な排外主義、移民に対する人種主義的な排除が蔓延するのであろうか。移民や外国人に対する排外主義に注目したとき、重要なのが国境管理（border control）への関心である。「壁」の建設という荒唐無稽ともいえる主張は、まさに国境管理への危機感を反映している。本章の目的は、人種主義体制の歴史的変容のなかで、ネイティヴィズムがいかに国境管理への関心と結びついてきたのかを明らかにすることである。それは、アメリカにおいて移民をめぐる諸課題が人種主義とどのような関係を結んできたのか、移民の包摂と排除がいかに絡まり合ってきたのかを描き出すことでもあるだろう。

## 2 「移民の国」の再発見とネイティヴィズム

### ネイティヴィズムの起源

アメリカにおけるネイティヴィズムの起源は、一九世紀前半にアイルランドなどから到来したカトリック移民への反対運動にあると言われている。反対派は、「アメリカ生まれ」としての「ネイティヴ」を自称し、「アングロサクソンのアメリカ」を、「異教徒」や「外国人」による「侵略」から守ることを訴えた。それは、先行移民による後続移民の排除を求める動きであった。そして、ネイティヴィズムは、新規に流入する移民だけでなく国内のマイノリティについても、その「外国」との結びつき、あるいは「非アメリカ的な」性格ゆえに、攻撃と排除の対象とみなした（Higham［1955］1992：4）。

初期のネイティヴィズムが最盛期を迎えたのは、二〇世紀転換期であった。産業化による労働者増大の需要を海外に求めた結果、一八八〇年から一九二〇年までの四〇年間に二〇〇〇万人を越える移民が到来した。この時期の移民の多くは、イタリア、オーストリア＝ハンガリー、ポーランド、ロシア、ギリシャなどの東ヨーロッパないし南ヨーロッパ出身の労働者で、カトリックやユダヤ教など、プロテスタントとは異なった信仰を持ち、大都市に集住して独自の言語や文化を持つコミュニティを形成した。また、一九世紀半ば以降、西海岸では中国や日本などアジアからの移民労働者の受け入れも活発になっていった。大量移民の時代の到来は、「移民の国」としてのアメリカのアイデンティティを根底から揺さぶったのである。

### 「移民の国」への包摂と排除

「移民の国」物語の原型は、「建国の父」の一人ベンジャミン・フランクリンの言葉に見ることができる。フランクリンは、ヨーロッパからの移住者も、アメリカでは身分や出自に関係なく、努力次第で自営農民として経済的に自立することが可能であると強調した（フランクリン 2005）。このような「自由と機会の国」の開放性は、アメリカ大陸の西に広がっていた「未開拓の地」フロンティアの存在に支えられていた。フロンティアは、移住者に土地と仕事と民主的な自治のためのコミュニティを与えるものとされていた。しかし、一九世紀半ばに合衆国の領土は太平洋岸へと到達し、一九世紀末までに、フロンティアは「消滅」したと見なされた（Turner 1920）。はじめて空間的な有限性に直面したアメリカが経験したもう一つの変化が、大量移民の到来であった。これまでと異なった文化的背景を持つ移民が空前の規模で殺到したことは、ナショナルな自己認識の前提を問いなおした。閉ざされた空間としての領土内に住まう、異なる背景を持つ人々の間の共存は、新時代のアメリカが直面した最大の課題となった（南川 2016：19）。

有限の領土意識と大量移民の到来は、「移民の国」としてのアメリカのあり方を新たに問いかけた。一八八三年には、ニューヨーク湾に自由の女神像が設置され、その台座には、「自由の息吹を求めて身を寄せ合う人々」の移住を歓迎するエマ・ラザルスによる詩「新しい巨像」が刻まれた。また、二〇世紀はじめに上演されたユダヤ系劇作家のイズラエル・ザングウィルの戯曲『るつぼ』(*Melting Pot*) は、多様な文化が溶け込む「るつぼ」としてのアメリカのイメージを再構築した。さらに、思想家ホラス・カレンは、移民の文化を「楽器」にたとえ、異なる楽器が奏でる「交響曲」としてアメリカを描く文化多元主義の構想を提案した。このように、フロンティアの消滅に直面して、「約束の地」(ラザルス)、「るつぼ」(ザングウィル)、「交響曲」(カレン) などの「移民の国」イメージが、続々と生み出されたのである (Gleason 1992：南川 2016)。

ネイティヴィズムは、このような「移民の国」イメージの定着と同時に全米規模に拡大した。二〇世紀転換期のネイティヴィズムは、反カトリックや反急進主義といった従来の主張を繰り返しながら、人種主義やナショナリズムとの融合を進めた。ここで問題となったのは、ヨーロッパ域内における「人種的な相違」である。たとえば、一九一六年にマディソン・グラントが発表した『偉大な人種の消滅』は、「北方ヨーロッパ系」人種と、「ユダヤ系」「アルプス系」「地中海系」を明確に区別し、北方系との人種間の混淆が、アメリカの根本的価値を形づくる北方系の人種的純粋性を脅かすと主張した (Higham [1955] 1992：155-157)。ネイティヴィズムは、このような人種主義的世界観を共有し、人種的な脅威として、新しい大量移民の排除を訴えた。黒人への人種主義的暴力で知られるクー・クラックス・クランは、二〇世紀前半に最盛期を迎えたが、その暴力の矛先は白人優越主義を脅かす非アングロ系移民集団にも向けられた。さらに、第一次世界大戦期のナショナリズムの高揚は、ネイティヴィズムに新たな動力を与えた。「一〇〇%アメリカニズム」と呼ばれる運動は、「外国」とのつながりを持つ移民集団を攻撃し、アメリカへの排他的な愛国心の表明と「外国」文化の放棄を要求した (Higham [1955] 1992)。一方で、ネイティヴィズムの標的となったアイルランドや東・南ヨーロッパ出身の移民労働者は、アメリカ生まれの白人と、アジア系移民や黒人の「狭間」に位置づけられ、アジア系移民の排斥運動や黒人への差別を担う主体となった (Barret and Roediger 1997)。このような複合的な移民排除や抑圧の動きは、移民規制への議論を巻き起こし、一九二四年移民法で確定した国別割当制度の導入によって、東・南ヨーロッパ出身の移民の数は激減した。さらに、この移民法は、「帰化不能外国人」とされたアジア出身の移民を停止させた。

ただし、最初の大規模なネイティヴィズムの時代において、国境管理は大きなイシューではなかった。船舶による移動の時代の入国管理は、東海岸のエリス島、西海岸のエンジェル島での移民審査に集中しており、国家の管理能力に対する関心は決して高くなかった。また、メキシコ出身の移民の大半は、米墨国境の数ヶ所のポイントを経由して入国したものの、メキシコからの「陸続き」の移動に対して移民当局は、「温情的な無視」(benign neglect)を続けていた。米墨国境の警護を目的とした国境警備隊(Border Patrol)が組織された一九二五年より以前、国境管理は移民政策の優先事項ではなかった(Lee and Yung 2010：250, 271)。この時代の最大の関心は、移民が持ち込む人種的な異質性であり、アメリカ国内の人種別構成の均衡を守ることにあった。

## 3 シヴィック・ネイティヴィズムと非合法移民

### ブラセロ計画と非合法移民の増加

国別割当制度が採用されていた一九二四年から六五年までの間、アメリカへの移民の流れは停滞期を迎える。移民制限時代の移動は、国別割当の対象外となったアメリカ大陸が舞台となり、移民問題の主要な関心はメキシコからの移民の動向に移った。一九四二年に戦時中の農業労働力不足を補うため、メキシコから契約農業労働者を導入するブラセロ計画(Bracero Program)が開始され、一九六四年までに、年間約二〇万人、のべ五〇〇万人に上るメキシコ人農業労働者が、カリフォルニアからテキサスにかけての南西部諸州へと流入した。ブラセロ計画は、南西部の農業労働力をメキシコ人に依存する構造を生み出すとともに、メキシコからの非合法越境を誘発した。この非合法移民は、米墨国境のリオグランデ川を渡って来ることから「ウェットバック」(濡れた背中)と呼ばれ、ブラセロ労働者よりもさらに安価な賃金で農業労働力を提供した。南西部の農場では非合法移民労働者の雇用が横行し、「ブラセロ」と「ウェットバック」の両方が多くの農場で働いた。

このような状況に対し、移民帰化局は、ウェットバック作戦と呼ばれる大規模な非合法移民摘発活動を開始し、一九五四年には一〇〇万人以上を逮捕した。この作戦にあたって、「ウェットバック」は「悲惨、病気、犯罪などの悪徳」をアメリカにもたらすと喧伝され、合法的な移民も含めてメキシコ人が「危険で犯罪的な病原」であるという人種的なステレオタイプが強調された(Ngai 2004 : 147-158)。一方で、ウェットバック作戦は、アメリカ国内に「非合法移民問題」への関心を高揚させたが、非合法移民が「移民の国」としてのナショナル・アイデンティティを脅かすとまでは考えられていなかった。ブラセロ計画は農業労働力のフレキシブルな導入をめぐる政策として議論されており、ブラセロ労働移民も、「移民の国」の枠外に位置する一時的な「外国人労働者」政策と考えられてきた(村田 2007 : 102-103)。

そのような認識を大きく変えたのが、国別割当制度を廃止した一九六五年移民法であった。この新移民法は、必要な労働力の確保(労働政策)と、家族の再結合や難民など移住者の権利擁護(人権政策)を基本原則としたが、その結果、メキシコ、カリブ海地域、アジア諸国から新たに大量移民が生じた(Reimers [1985] 1992)。特に、新時代の「移民問題」の象徴となったのが、メキシコ出身の非合法移民であった。メキシコからの非合法越境者は、アメリカへの家族移民の大きな流れに触発されたものであったが、アメリカ側でも農業に加え、都市部における経済的な再編成による清掃・飲食・家事労働など、低賃金・非熟練サービス業への転換が、非合法移民に対する労働需要を高めていた。推計によれば、一九六五年から八六年までの二一年間に、のべ二八〇〇万人ものメキシコ人が正規の資格を持たないまま流入し、米墨二国間の往来を繰り返した(Massey and Singer 1995)。一九八六年の移民法改革で雇用者罰則制度が導入され、非合法移民の合法化が行われたが、米墨間を横断する地域社会経済には、合法・非合法を問わず国境を越える移動と就労が組み込まれる「移住システム」が確立していた。そのため、非合法滞在者の数は、一九八六年移民法の後に二五〇万人まで減少したが、その後、九六年には五〇〇万人を越え、二〇〇四年までに一〇〇〇万人を越えるに至った（Massey, Durand and Malone 2002；Passel 2005）。

### シヴィックな理念を語るネイティヴィズム

二〇世紀後半のネイティヴィズムは、メキシコやラテンアメリカから流入する非合法移民を標的とした。一九七〇年代以後、アメリカの経済的な安定性が揺らぎ、失業や雇用の不安定が際だつようになると、「仕事を奪う」競合者として非合法移民が敵視されるようになり、さらに厳格な移民規制を求める声が高まった。特に、一九八六年の移民法改革後も非合法移民の管理の困難が続くと、新しいネイティヴィズムは、正規の資格を持たない「不法外国人」（illegal alien）を市民社会から排除することを求めるようになった。その典型は、一九九四年にカリフォルニア州の住民投票にかけられた提案一八七号（Proposition 187）であろう。この提案は、非合法移民によってさまざまな「被害や損害」を受けているカリフォルニア州の住民が、「違法に入国した人々」から州を守る権利を有すると主張した。そして、州内で教育・医療を含む公共サービスを提供する際に利用者の法的地位の合法性を確認することを求め、緊急時以外の非合法移民に対するサービスの停止と移民帰化局への通報を義務づけた。提案一八七号には、移民全体を脅威とするネイティヴィストだけでなく、非合法移民との差別化を通して、合法移民の権利を擁護しようとする移民系グループも賛同した。全米を巻き込んだ論争のなか、九四年一一月の住民投票では、五九％という多数の賛成票を獲得した(1)（HoSang 2010）。

提案一八七号は、非合法移民を既存の市民社会に対する「脅威」と位置づけたが、同様の非難は（合法移民や市民も含む）メキシコ系全体に対しても投げつけられた。カリフォルニア州におけるメキシコ系の増加とスペイン語使用の拡大は、英語を媒介とする統一性や統合性を傷つけるとして、英語公用語化運動や反二言語教育運動も活発化した（HoSang 2010）。ピーター・ブリムローは、ベストセラーとなった著書『エイリアン・ネーション』のなかで、ヒスパニックを、内側からアメリカを瓦解させる「内なる脅威」と描いた（Brimelow 1995）。このように九〇年代のネイティヴィズムが強調したのは、非合法移民を含むヒスパニックが、アメリカの市民的な価値を「劣化」させるという主張であった。村田勝幸は、アメリカのシヴィックな理想や理念の価値低下をもたらすとして移民の排除を求める動きを、「シヴィック・ネイティヴィズム」と呼んでいる。シヴィック・ネイティヴィズムは、「建国の理念」に代表される市民的な理想を、アメリカ・ナショナリズムの中核に位置づけるシヴィック・ナショナリズムの立場から、このような理想を阻害する「人種化された他者」として（一部の）移民とそれを支援する政策を批判するものである（村田 2007：78-82）。そして、非合法移民は、アメリカ市民社会の根幹としての「法を犯した」存在であるがゆえに、シヴィック・ナショナリズムの理想を共有しない人々と見なされた。非合法移民を含むヒスパニック移民を、アメリカ市民社会への脅威として排除するシヴィック・ネイティヴィズムは、シヴィックな理想と人種主義的な他者化が交差する場に成立したものであった。

提案一八七号が州内で広く支持を集めた背景のひとつとして、一九九四年に発効した北米自由貿易協定（ＮＡＦＴＡ）によるモノ、金、仕事、そして人間のトランスナショナルな移動の促進もあげられる。このようなトランスナショナルな変動は、アメリカ南西部諸州の住民に米墨国境が「溶解」する感覚を抱かせ、ヒスパニック人口のさらなる可視化とスペイン語生活圏の拡大を、「内なるメキシコ」の顕在化とナショナル・アイデンティティの危機の象徴と見なした。提案一八七号が求めた非合法移民に対する市民的な権利の制限は、曖昧化する境界線を再び明確に描き直し、トランスナショナル化によって混乱状態に陥った州内の社会秩序を再獲得することを求める動きであったといえる。このような危機感は、提案一八七号と同じ一九九四年に移民帰化局がカリフォルニア州の国境警備を強化したゲートキーパー作戦（Operation Gatekeeper）にも反映されている。さらに、九〇年代にはアリゾナ州やテキサス州でも、同様の国境警備を強化する政策として、セーフガード作戦（Operation Safe Guard）やリオグランデ作戦（Operation Rio Grande）が展開された（Nevins 2002）。

以上のように、一九八〇年代から九〇年代のシヴィック・ネイティヴィズムに共有されたのは、アメリカが享受してきた豊かさ、繁栄、安定の「底が抜ける」感覚であった。それは、八〇年代のレーガン政権期以来の新自由主義的な経済改革や福祉の縮小のなかで、ミドルクラスの凋落への不安を、黒人シングルマザー（「ウェルフェア・クィーン」）への攻撃に結びつける、新たな人種主義の動きと背景を共有している（Omi and Winant 2015：221）。このような視角からは、シティズンシップの価値低下も、新自由主義的な社会改革ではなく、黒人やヒスパニックなどの「人種化された他者」によって引き起こされたとみなされる。そして、一九九六年の移民法改革は、合法移民に対しても社会保障へのアクセスを制限し、合法移民と合衆国市民の間の社会権における境界線を再確定した（Schuck 1998：177；村田 2007：84）。非合法移民の増加と国境管理の不完全性をアメリカ市民社会の理想への脅威とみなした人々が、「市民」と「移民」の間の階層的な分断と、市民的価値を共有できない「人種化された他者」としての移民の排除を求めたのである（Nevins 2002）。

## 4　安全保障化時代の国境管理と排外主義

### 「テロとの戦争」と国境管理の焦点化

二一世紀のアメリカにおいて、移民をめぐる課題設定を大きく変えたのは、二〇〇一年九月一一日の同時多発テロ事件とその後の「テロとの戦争」であった。「テロリスト」が合法・非合法にアメリカへ侵入することに対する脅威は、アメリカ移民政策の枠組みを、労働政策や人権政策としてよりも、安全保障政策に基づくものへと変質させた。二〇〇三年には、司法省の管轄にあった移民帰化局が、新たに設置された国土安全保障省の部門へと再編され、国境管理や移民の地位をめぐる政策が、安全保障政策の枠組みに位置づけられた。

テロリスト対策は、移動者を潜在的な「敵」とみなすことを前提とする。「テロとの戦争」のなかで設立された国土安全保障省は、「テロ対策」として南アジア系やアラブ系移民の取締りも強化したが、国境管理政策の最優先事項に掲げたのは、米墨国境における非合法な越境の取締りであった。同地域を含む国境警備の予算は、二〇〇〇年の約一〇億ドルから二〇一一年の約三五億ドルまで三倍以上に膨らみ、国境警備隊の増強、最新監視技術の導入などが進められた（USCBP 2017）。そこに顕著にみられるのは、「敵」や「侵略者」と想定された非合法移民の移動を、軍事的な技術や手段を用いて監視・阻止しようとする国境管理の軍事化という事態である。米墨国境における警備要員は九・一一以前に比べて二倍以上に増加した。そして、国境警備隊には、軍事訓練が課され、装甲で守られた車輌やボート、無人探査機やハイテク監視機器が次々に導入された（Miller 2014）。

国境管理の軍事化の一端として、二〇〇〇年代半ばから活発化した米墨国境地域におけるフェンスの設置・延長・強化を求める動きもあげられる。二〇〇五年一二月、三〇〇〇キロにわたる米墨国境における「不法移民、テロリスト、犯罪者」の流入阻止を訴えた「国境防衛・反テロリズム・非合法移民管理法」（The Border Protection, Anti-terrorism, and Illegal Immigration Control Act）が下院を通過した。同法には、国境警備の強化のほか、米墨国境にフェンスの建設を求める条項が含まれていた。法案は全米での抗議デモの拡大のなか廃案となったが、フェンス建設については、二〇〇六年に「安全フェンス法」（Secure Fence Act）として成立し、フェンスの延長と国境警備人員の増員などが決定された。同法の成立後、米墨国境地域のフェンスは、既存の七七マイル（二〇〇〇年）から七〇〇マイル（二〇一四年）まで拡張し、カリフォルニアからテキサスに至る国境地域を広くカバーした（Gonzales 2014 : 74）。

### 安全保障化するネイティヴィズム

ポスト九・一一時代のネイティヴィズムの展開は、以上のような安全保障化する移民政策と連動し、「国家の敵」「潜在的なテロリスト」として移民を位置づける。ネイティヴィストは、国境地域の軍事化や徹底した取締りを要求する一方で、反連邦主義や地域（州権）主義の立場から、自らも国境管理に主体的に関与しようとした。たとえば、カリフォルニア出身の活動家ジム・ジルクリストは、アリゾナ州における国境警備をボランティア活動として行う自警団組織「ミニットマン・プロジェクト」を設立し、二〇〇五年以降、アリゾナ州内の米墨国境の監視や警護を行っている。「ミニットマン」とは、アメリカ独立戦争期における「民兵」を指し、保守派が掲げる「愛国者」のイメージを体現したものである。ジルクリストは、このプロジェクトの開始に際し、「機能不全」に陥った移民政策や連邦政治を批判し、アリゾナ国境地帯の警備活動を通して、「不法移民」問題と、国境における安全保障の欠如に対する人々の関心を喚起しようとした。すなわち、「ミニットマン・プロジェクト」は、二一世紀における米墨国境の「溶解」を目の前にして、国境問題に対するナショナルな関心を煽動する運動であった（Chavez 2008 : 139）。

また、地域主導のネイティヴィズムは、国境管理・安全保障・治安維持を最優先し、メキシコや中米出身の移民の基本的人権を軽視する差別的な取締り行為を容認する土壌をつくりだしている。二〇一〇年にアリゾナ州議会を通過した州上院法案一〇七〇号（ＳＢ一〇七〇）は、非合法滞在者であるという「合理的疑い」がある場合、警察や保安官がその人物を呼び止め、滞在資格を確認し、逮捕・拘束することを認める条項を含んでいた。しかし、このような「疑い」は、メキシコ系にみえるという外見上の特徴やスペイン語の使用などと容易に結びつく。その結果、メキシコ系市民や合法移民も含めて、その「人種」的特徴に基づいて呼び止めの対象になるという人種プロファイリング（racial profiling）を導く。人種プロファイリングは、外見や文化的特徴によって基本的人権を無視する人種主義的な捜査手法として問題視されているが、ＳＢ一〇七〇は、非合法移民対策を理由に、人種的・文化的な出自に基づくメキシコ系に対する不公平な扱いを容認・助長するものであった。

ＳＢ一〇七〇は最終的には法として成立しなかったが、そこに含まれる差別的で厳格な取締りは、すでに地域の法執行官によって実際に行われている。特に交通違反や軽微な犯罪捜査に基づいた非合法移民の摘発は、頻繁に行われている。ある調査によれば、ヒスパニック住民の一割は、滞在資格を確認するために呼び止められた経験を持つ。さらに、ヒスパニックの過半数が警察によって公平に扱われていると考えておらず、外国生まれの七三％、アメリカ生まれの三五％が、自分やその家族・友人に対する強制送還の脅威を感じていた（Pew Hispanic Center 2010）。

たとえば、アリゾナ州マリコパ郡の保安官ジョー・アルパイオは、交通違反、麻薬所持、非合法入国者の捜査や取締りにおいて、メキシコ系に対する人種プロファイリングを行っていることで知られている。さらに彼は、砂漠内に設置された非合法移民収容所でも、収容者に派手な縞模様の制服やピンク色の下着の着用を強制して屈辱感を与えるなど、基本的人権を無視した施策を繰り返している。アルパイオは、「メキシコ人移民」は、かつてメキシコ領であった南西部の州を取り戻そうとする「レコンキスタ」であると語り、メキシコ系移民を「アメリカ」に対する文化的・人種的な「脅威」として煽っている。「アメリカで最もタフな保安官」と呼ばれるアルパイオは、国境付近の地域社会における排外主義の拡大を象徴する人物と言えるだろう（Chavez 2008：44）。

## 国境管理の実践と人種主義

安全保障化されたネイティヴィズムと国境管理の活動は、二〇世紀後半以降のアメリカ人種主義の動きとも連動している。それを体現したのが、「麻薬との戦争」である。一九八〇年代以降のアメリカでは、麻薬犯罪に対して、「ゼロ・トレランス」を掲げる徹底した取締りが行われてきた。その第一の標的となったのは、コカインが蔓延しているとされた大都市の黒人コミュニティであった。麻薬捜査局（Drug Enforcement Agency：DEA）は、若い黒人男性を潜在的な「麻薬常習者」「麻薬密売人」とみなし、その人種的特徴に基づいて呼び止め、職務質問や所持品検査を行った。このような人種プロファイリングに基づく捜査は、犯罪摘発を優先する現場において横行し、多くの黒人男性を逮捕し、麻薬「重罪犯」として次々と収監させた。このような人種プロファイリングを用いた麻薬捜査は、人種マイノリティの大量収監をもたらし、そのコミュニティの解体を導くと考えられている（Alexander 2010）。

「麻薬との戦争」のもうひとつの標的が、米墨国境地帯における越境者である。DEAは、違法薬物の供給および密輸の捜査にあたって、メキシコからの越境者が関与しているとみなし、その越境や入国後の行動を徹底して取締まろうとしている。米墨国境の麻薬捜査は、一九六九年のインターセプト作戦（Operation Intercept）による車輌検問にはじまり、その後も警察やDEAは、国境地帯を国内麻薬問題の「供給源」として、集中的な取締りを行ってきた。二〇〇五年に、国土安全保障省に設置された移民関税執行局は、ギャング集団による犯罪行為・麻薬密輸・暴力などを取締まるコミュニティの盾作戦（Operation Community Shield）に着手した。この作戦は、メキシコや中米諸国など移民出身国の捜査機関とも提携し、移民が移動するトランスナショナルな範囲全域において、非合法移民や中南米系ギャング集団の徹底的な取締りを行った。その現場では、被捜査者の権利よりも、犯罪摘発や安全保障を優先する傾向が顕著となっている。二一世紀の国土安全保障という目標は、トランスナショナルな国境管理体制の確立へと結びついたといえる（Andreas 2009：Gonzales 2014）。

「麻薬との戦争」の結果、薬物犯罪や移民関連犯罪などの連邦法犯罪によって有罪となり、収監されるヒスパニックの数は増加している。一九九一年に八〇〇〇人程度であった連邦法違反者は、二〇〇七年に約三万人まで増加し、連邦法違反者全体の四〇％を占めるようになった（白人は二七％、黒人は二三％）。犯罪の内訳では、移民関連犯罪が四八・四％、薬物犯罪が三六・八％を占めている（Lopez and Light 2009）。そして、このように検挙された移民の多くは、出身地へと強制送還される。二〇〇三年には二一万人であった強制送還件数は増加を続け、二〇一三年に四三万人に達した。そのうち、メキシコや中央アメリカ諸国を含む「北米諸国」への強制送還が全体の九七％を占めている。また、「犯罪」を理由とする強制送還者は約二〇万人まで増加し、強制送還者の四六％を占めている（USDHS 2014：103-113）。

この捜査・逮捕から送還へと至る過程には、人種プロファイリングをはじめとする人種主義的な手法が根づいている（飯尾 2017：56）。米墨国境地域における非合法越境者の取締りの強化は、メキシコ人あるいはメキシコ系市民を潜在的な「不法外国人」とみなし、その基本的権利を否定するという人種主義的なまなざしのもとに成立している。それは、メキシコ系の人々の間に、アメリカの刑事司法機関に対する信頼の確立を困難にしており、アメリカ社会への包摂を阻害している。

ドナルド・トランプ政権下における制限的な移民政策、たとえば中東諸国からの入国禁止措置、非合法移民の権利制限と取締り強化、米墨国境における「壁」の建設は、このような移民政策の安全保障化の延長線上に位置づけるべきである（南川 2017）。とはいえ、アメリカが「移民の国」としての物語を捨てたとみなすのは早計である。むしろ、移民政策の安全保障化は、国境危機の時代に「移民の国」であり続けることを追求した帰結であったと考えられる。そこで必要となったのは、移動者のなかからテロリストや犯罪者などの「悪い移民」を峻別し、排除する安全保障システムであった。そのため、日常生活を脅かす「悪い移民」を排除して安心や安全を確保するためには、権利の軽視や監視の強化、人種プロファイリングも「やむをえない」とする感覚が広がっている。[(2)] トランプが象徴するネイティヴィズムは、このような感覚につけ込み、「悪い移民」を特定の出自や人種的特徴と結びつけ、白人優越主義的な世界観を保持しようとしている（Chavez 2008）。

## 5 「移民の国」物語を形づくるネイティヴィズム

偏狭な愛国主義や白人優越主義を隠すことなく、メキシコ人を「犯罪者」と呼び、国境管理のために「壁」の建設を訴えるドナルド・トランプの発言は、本章でみてきたネイティヴィズム言説のパッチワークと言える。それは、連邦政府による移民政策の機能不全に対する人々のいらだち、人口統計学的な白人の優位の後退、そしてグローバル新自由主義がもたらす市場化に対する現代的な「不安」を反映している。しかし、アメリカにおけるネイティヴィズムの変遷は、移民の排除を求める人種主義的な運動が「移民の国」という理念の誕生と同時に生まれ、その暗部を形づくってきたことを示唆している。ネイティヴィズムは、「移民の国」という自画像を否定するのではなく、その理想に根づきながら、「歓迎されざる」人々を周縁化し、白人優越主義に基づく序列的な社会編成を形成する運動であった。

二〇世紀転換期の大量移民時代に登場したネイティヴィズムが求めた社会体制は、アングロ系を頂点とした序列的社会編成であった。それは、出身地域・宗教・階層において異質な、新しい大量移民を、宗教的・科学的な人種主義言説によって既存の白人層と差別化し、その排除を求めた。一九六五年移民法以後の時代、あからさまな人種主義は後退したものの、法の非遵守、理念の軽視、言語的な相違を強調するシヴィック・ネイティヴィズムが、非合法移民の排除を求めた。そして、二一世紀の安全保障化するネイティヴィズムは、移民を含む少数者の権利や尊厳を国土安全保障のために犠牲とすることを厭わない態度に支えられていた。現代の排外主義は、人種主義をも増幅させている。国境管理への危機感は、トランプのような扇動的政治家に、移動者に対する躊躇のない人種主義的態度を表明する舞台を用意した。「犯罪捜査」「治安維持」を理由にした警察官による人種プロファイリングや暴力、そして白人優越主義に基づいたヘイトクライムに見られる排除や暴力の論理は、移民を標的とする排外主義と共振して、現代アメリカ社会の深層に沈殿しつつある。二〇一六年大統領選挙でのトランプ勝利の直後、彼が攻撃を続けた移民だけでなく、人種マイノリティ、女性、性的マイノリティに対する露骨な差別が再び跋扈する状況が出現したのも、現代アメリカの排外主義と人種主義がいかに深く絡まってきたかを示唆している。

ネイティヴィズムが描く「異教徒」「不法外国人」「犯罪者」「テロリスト」の排除の物語は、同時にその時代のあるべき「アメリカ市民」の包摂を語っている。すなわち、アメリカの排外主義は、アメリカニズムの理想の「外部」に押しやられるものではなく、移民を起源とするアメリカに内在し続けてきた。よって、「移民の国」の理想とネイティヴィズムが相補的な関係を持ちながら人種主義体制を構成してきたことを直視することが、排外主義を超える新たなアメリカを構想するための第一歩なのである。

## 注

（1）同提案は、最終的には、州の権限を越える違憲性を有するものとされ、法案不成立のまま一九九九年に当時の州知事によって取り下げられた。

（2）ギャラップ社の世論調査では、人種プロファイリングへの批判的な見解が主流であるが、空港で人種別の検査が行われることについては、四五％が「正当」と回答している。これは、テロ対策が権利の留保や制限を伴うことを一部許容する傾向を反映している（Carlson 2004）。

## 文献


Alexander, Michelle, 2010, *The New Jim Crow : Mass Incarceration in the Age of Colorblindness,* The New Press.

Andreas, Peter, 2009, *Border Games : Policing the U.S.*-Mexico Divide, Second Edition, Cornell University Press.

Barret, James R. and David Roediger, 1997, "Inbetween Peoples : Race, Nationality and the 'New Immigrant' Working Class", *Journal of American Ethnic History,* 16 (3) : 3-44.

Brimelow, Peter, 1995, *Alien Nation : Common Sense about America's Immigration Disaster,* Harper Perennial.

Carlson, Darren K, 2004, "Racial Profiling Seen as Pervasive, Unjust", (http://www.gallup.com/poll/12406/Racial-Profiling-Seen-Pervasive-Unjust.aspx, November 30, 2015).

Chavez, Leo R., 2008, *The Latino Threat: Constructing Immigrants, Citizens and the Nation,* Stanford University Press.

フランクリン、ベンジャミン（中野勝郎訳）、二〇〇五、「アメリカに移住を希望する人々への案内」遠藤泰生編『史料で読むアメリカ文化史1　植民地時代一五世紀末－一七七〇年代』東京大学出版会、一一六－一二五頁。

古矢旬、二〇〇二、『アメリカニズム――「普遍国家」のナショナリズム』東京大学出版会。

Gleason, Philip, 1992, *Speaking Diversity : Language and Ethnicity in Twentieth-Century America,* The Johns Hopkins University Press.

Gonzales, Alfonso, 2014, *Reform Without Justice: Latino Migrant Politics and the Homeland Security State,* Oxford University Press.

Higham, John, [1955] 1992, *Strangers in the Land : Patterns of American Nativism, 1860-1925,* Rutgers University Press.

HoSang, Daniel Martinez, 2010, *Racial Propositions : Ballot Initiatives and the Making of Postwar California,* University of California Press.

飯尾真貴子、二〇一七、「非正規移民一一五〇万人の包摂と排除――強制送還レジームとＤＡＣＡプログラム」小井土彰宏編『移民受入の国際社会学――選別メカニズムの比較分析』名古屋大学出版会、四八－六九頁。

International Organization for Migration, 2015, "Mediterranean Update : Migration Flows Europe : Arrivals and Fatalities", (http://missingmigrants.iom.int/sites/default/files/Mediterranean_Update_2_December.pdf, December 6, 2015).

Lee, Erika and Judy Yung, 2010, *Angel Island : Immigrant Gateway to America,* Oxford University Press.
Lopez, Mark Hugo and Michael T. Light, 2009, "A Rising Share : Hispanics and Federal Crime", Pew Hispanic Center.
Massey, Douglas S. and Audrey Singer, 1995, "New Estimates of Undocumented Mexican Migration and Probability of Apprehension", *Demography,* 32 : 203-213.
Massey, Douglas S., Jorge Durand and Nolan J. Malone, 2002, *Beyond Smoke and Mirrors : Mexican Immigration in an Era of Economic Integration,* Russell Sage Foundation.
Miller, Todd, 2014, *Border Patrol Nation : Dispatches from the Front Lines of Homeland Security,* City Lights Books.
南川文里、二〇一六、『アメリカ多文化社会論――「多からなる一」の系譜と現在』法律文化社。
南川文里、二〇一七、「トランプ政権初期の移民政策――動揺する『移民国家』」『Migrants Network』6月号、二八-二九頁。
Molina, Natalia, 2013, *How Race Is Made in America : Immigration, Citizenship, and the Historical Power of Racial Scripts,* University of California Press.
森千香子、エレン・ルバイ編、二〇一四、『国境政策のパラドクス』勁草書房。
村田勝幸、二〇〇七、『〈アメリカ人〉の境界とラティーノ・エスニシティ――「非合法移民問題」の社会文化史』東京大学出版会。
Nevins, Joseph, 2002, *Operation Gatekeeper : The Rise of the "Illegal Alien" and the Making of the U.S.-Mexico Boundary,* Routledge.
Ngai, Mae, 2004, *Impossible Subjects : Illegal Aliens and the Making of Modern America,* Princeton University Press.
Omi, Michael and Howard Winant, 2015, *Racial Formation in the United States, Third Edition,* Routledge.
Passel, Jeffrey S., 2005, "Unauthorized Migrants : Numbers and Characteristics", Background Briefing Prepared for Task Force on Immigration and America's Future. June 14, Pew Hispanic Center.
Pew Hispanic Center, 2010, "Hispanic and Arizona's New Immigration Law", (http://www.pewhispanic.org/files/2010/04/68.pdf, November 30, 2015).
Reimers, David M., [1985] 1992, *Still the Golden Door : The Third World Comes to America,* Columbia University Press.

Roediger, David R., 2008, *How Race Survived U.S. History : From Settlement and Slavery to the Obama Phenomenon,* Verso.

Schuck, Peter, 1998, *Citizens, Strangers, and In-betweens : Essays on Immigration and Citizenship,* Westview Press.

Turner, Frederick Jackson, 1920, *The Frontier in American History,* Henry Holt.

U. S. Customs and Border Protection (USCBP), 2017, "US Border Patrol Fiscal Year Budget Statistics (FY1990-FY2017)", (https://www.cbp.gov/document/stats/us-border-patrol-fiscal-year-budget-statistics-fy-1990-fy-2017, January 6, 2018).

U. S. Department of Homeland Security (USDHS), 2014, *2013 Yearbook of Immigration Statistics,* Government Printing Office.

Washington Post Staff, 2015, "Full Text : Donald Trump Announces a Presidential Bid", (https://www.washingtonpost.com/news/post-politics/wp/2015/06/16/full-text-donald-trump-announces-a-presidential-bid, November 30, 2015).

Zolberg, Aristide R., 2006, *A Nation By Design : Immigration Policy in the Fashioning of America,* Russell Sage Foundation.

# 第Ⅱ部　アジア型排外主義の展開か

# 第7章　現代日本の排外主義と「対抗言論」

――「ナショナリズム」から「ヘイトスピーチ」へ

明戸隆浩

## 1　現代日本の排外主義と「対抗言論」

### 排外主義とその対抗言論

二〇一六年五月、ヘイトスピーチに関する日本で初めての法律として、「本邦外出身者に対する不当な差別的言動の解消に向けた取組の推進に関する法律」、いわゆる「ヘイトスピーチ解消法」が成立した。ヨーロッパなどで一般的なヘイトスピーチ法と違って刑事罰を伴わない「理念法」であり、また対象を「本邦外出身者」（外国籍者とその子孫）に限定するなどきわめて射程の狭い法律ではあるが、この一〇年ほど深刻さを増していた日本の排外主義をめぐる状況のなかで、ひとつの大きな出来事であったことは間違いない[1]。

ヘイトスピーチは「人種、民族、国籍、宗教、性別、性的指向など、個人では変更困難な属性に基づいて侮辱、扇動、脅迫などを行うこと」（明戸 2014：25）を指す言葉だが、日本でこの言葉が広まったのは、主に二〇一三年以降のことだ。この前後には、在日コリアンなどのマイノリティを標的にした排外主義的なデモが東京・新大久保や大阪・鶴橋などで頻繁に行われ、「出ていけ」「たたき出せ」だけでなく「死ね」「殺せ」といった「表現」までもが当たり前のように繰り返された。冒頭で触れたヘイトスピーチ解消法の成立にあたって強く念頭に置かれたのはこうしたデモだが、二〇一六年六月に法律が施行されてからは、少なくとも一部の極端な「表現」については、ある程度抑制されるようになっている。

とはいえ、「現代日本の排外主義」ということ全体を考えた場合、ここにあげたようなヘイトスピーチは、あくまでもその「最もひどい一部」にすぎない。またこうした動向は二〇一三年になって突然生まれたものではなく、それに先立ついくつかの段階を経て形成されてきた（明戸 2016a）。たとえば二〇一三年前後のこうした状況を象徴する団体である「在特会」（〇七年設立）は、それに先立つ山野車輪『マンガ嫌韓流』（〇五年出版）のブームと密接な関わりをもって成立している。また『マンガ嫌韓流』を書くにあたって山野が意識したとされているのはさらにそれに先立つ小林よしのり『戦争論』（九八年出版）であり、そして小林は同時期に活発な活動を展開した「新しい教科書をつくる会」（九七年設立）の主要メンバーでもあった。つまり二〇一三年前後のヘイトスピーチの深刻化は、少なくともそれに先立つ一〇年、二〇年単位の言説の蓄積を経て生じたものである。

そしてこうした蓄積を捉えるにあたってひとつのカギとなるのは、その間並行して排外主義に対して行われてきた「対抗言論」との関係である。「対抗言論」というのはここでは排外主義（およびその周辺）がもたらす悪影響を言葉や表現によって食い止めようとする言説を指すが、[2] この二〇年ほどの排外主義の系譜は、実はこうした対抗言論との関係のなかでつくられてきたものでもある。たとえば先に触れた「在特会」らの活動は、後に裁判などで広く知られることになる京都朝鮮学校襲撃事件（二〇〇九年一二月）をはじめ、実際にはかなり早い段階から活発に行われている。しかしこうした在特会らの行動が「ヘイトスピーチ」として社会問題化され、メディアを通して広く報道されるようになったのは、先に触れたように二〇一三年以降のことだ。そしてこうした「ヘイトスピーチ」の社会問題化の背景には、この時期に在特会らと路上で直接対峙する「カウンター」と呼ばれる運動が拡大し、排外主義に対する対抗言論がそれ以前とは異なるアプローチで展開され始めたことがあった（明戸ほか 2015）。

また同様のことは、「つくる会」や『戦争論』などに対する、九〇年代の「対抗言論」についても言える。当時の「つくる会」や『戦争論』の言説は、「排外主義」というよりはむしろ「ナショナリズム」という言葉で捉えられることが多かったが、ここにもまた、当時の対抗言論が大きく関わっている。九〇年代は、戦後五〇年（一九九五年）を契機とした「戦争責任論」、あるいはもう少し広い射程で日本という国民国家の歴史を反省的に捉えなおす「国民国家論」が展開された時期でもあり、また欧米からナショナリズム研究やカルチュラル・スタディーズ、ポストコロニアリズムといった新しい議論が積極的に導入された時期でもあった（明戸 2015）。「つくる会」や『戦争論』に対する対抗言論もまたこうした潮流のなかで生じたものだが、そこで批判すべき対象が「ナショナリズム」として捉えられ、狭義の排外主義だけにとどまらないかなり広範囲な言説がそこに含まれる形になったことは、現代日本の排外主義を捉える上で押さえるべき重要な論点のひとつである。

### 「ナショナリズム」から「ヘイトスピーチ」へ

以上を踏まえて、ここでは九〇年代から現在にかけての日本における排外主義の展開を、主にその対抗言論との関係を通して見ていくことになる。とはいえこの作業は、一見してそう見えるよりも単純なものではない。というのは、たとえば九〇年代の「つくる会」の運動と一〇年代の「在特会」の運動の間には、前項で示した影響関係と同時に、無視できない違いがあるからだ。そして部分的にはそのことの帰結として、主要な対抗言論の立場にもまた、九〇年代と一〇年代では大きな違いがある。つまり九〇年代から現在にかけての日本における排外主義の展開を見る上では、そこで「排外主義」として位置づけられる言説の違いを、常に意識しながら分析を行う必要がある。その上で付け加える必要があるのは、こうした時代ごとの「違い」が実際にはランダムなものではなく、むしろ一定の傾向を持った「変化」として現れるということだ。前項でも触れたように、二〇一〇年代以降「在特会」などの行動を示す際に多く用いられるようになった「ヘイトスピーチ」という言葉は、排外主義全体のなかでもきわめて悪質な部分を強調した言葉である。これに対して九〇年代の「つくる会」や『戦争論』を描写する際に用いられた「ナショナリズム」は、「『ネーション』の正統性を強力に主張する思想、運動、意識形態」（佐藤 1995：115）、「ネーションを尊重する思想・規範の一形態」（大澤 2007：68）といった幅広い射程を持つ概念であり、そこでは排外主義はその一部、ないしその派生形態という位置づけになる。つまりごく大雑把に言えば、日本における「排外主義」は、この二〇年ほどの間に「ナショナリズム」というより広い概念との関連で捉えられるものから、「ヘイトスピーチ」というより狭い概念との関連で捉えられるものへと変化してきたのである。次節以降ではそれぞれの時代ごとに排外主義とその対抗言論の関係を詳細に見ていくことになるが、そこではこうした傾向があらためて確認されることになるだろう。

そしてこのような観点から現代日本の排外主義とその対抗言論の関係を見た場合に重要になるのは、そこで排外主義と対抗言論の間にある種の立場の「交錯」が生じるということだ。ここでさしあたり「交錯」と呼んだのは、ある時点では（広義の）「排外主義」側に区分されるような言説が、別の時点では「対抗言論」側に分類される、というような事態のことである。たとえば先に触れたように、九〇年代においては、現在の排外主義につながるような言説は「ナショナリズム」として表現されることが多かった。こうした見方は必然的に「ナショナリズムではあるが排外主義ではない」といった立場を捉えることを難しくするが、事態がより複雑になるのは、こうした立場をとる人々が明確に「対抗言論」の側に立った場合である。たとえば、二〇一三年以降在特会に対するカウンター活動に積極的に参加する一方で新右翼的な活動にも関わるライターの山口祐二郎は、あるインタビューで次のように語っている。

〔在特会などについて〕あれは愛国者じゃないでしょ。人の痛みも考えられない差別主義者は真の右翼ではない。日本が大好きで誇りに思っているなら、なぜ他の人に配慮できないのか。在日コリアンもニューカマーも日本を好きでいてくれて、そこで商売しているのに、罵倒したりバカにしたりする。韓国人もアメリカ人も、国や故郷を誇る思いは一緒です。そういう尊厳を踏みにじる行為が理解できない。だから目を覚まさせたい。「差別して何が愛国者だ」と。愛国心の暴走を止めたいんです。（「ハフィントンポスト」二〇一四年一月二四日）

「ナショナリズム」も「ヘイトスピーチ」もどちらも排外主義として一括して考えてしまったなら、ここで述べられているような立場を的確に捉えることはできない。こうした主張を位置づけるために必要なのは、「排外主義」とその「対抗言論」が交錯する可能性、つまりある時期に「排外主義」側に位置づけられるような言説が、別の時期には「対抗言論」側に位置づけられる可能性を、あらかじめ組み込んだ上での分析である。

以上を踏まえて次節以降では、排外主義が「ナショナリズム」との関連で議論される段階から「ヘイトスピーチ」との関連で議論される段階へと移行していった過程を、「対抗言論」との関係、とりわけその両者の「交錯」に注意しながら検討していきたい。具体的には、2節で「ナショナリズム」（実際にはさらに広い概念としての「ナショナル・アイデンティティ」）をめぐる議論が中心的な論点となった九〇年代を、3節で「ナショナリズム」をめぐる議論を中心としつつ同時に後に「ヘイトスピーチ」につながるような動きが現れてきた〇〇年代を、4節で在特会らの登場によって「ヘイトスピーチ」が社会的な焦点となった一〇年代を、それぞれ見ていくことになる。

## 2　九〇年代——ナショナル・アイデンティティ／反ナショナル・アイデンティティ

### 「つくる会」とその対抗言論

1節でも触れたように、現代日本の排外主義の起点のひとつは「新しい歴史教科書をつくる会」をはじめとする九〇年代の動きにある。[3] たとえば「つくる会」の設立（九七年一月）に先立って九六年一二月に発表された「創設にあたっての声明」の冒頭には、次のようなくだりがある。

> とりわけ、この度検定を通過した中学七社の教科書の近現代史の記述は、日清・日露戦争をまで単なるアジア侵略戦争として位置づけている。それぱかりか、明治国家そのものを悪とし、日本の近現代史全体を、犯罪の歴史として断罪して筆を進めている。例えば、証拠不十分のまま「従軍慰安婦」強制連行説をいっせいに採用したことも、こうした安易な自己悪逆史観のたどりついた一つの帰結であろう。とめどなき自国史喪失に押し流されている国民の志操の凋落の象徴的一例といわざるをえない。（新しい歴史教科書をつくる会編　1997：320）

ここからも明らかなように、「つくる会」設立の直接的な契機となったのは、一九九六年六月に翌九七年度の中学歴史教科書の検定結果が公表されたことであった。この検定は、慰安婦問題について日本政府が公式に謝罪を行った「河野談話」（一九九三年八月）以降の流れを踏まえ、主要七社の教科書が軒並み「従軍慰安婦」に関する記述を掲載したことで知られる。そして創設にあたって中心的な役割を果たした教育学者の藤岡信勝をはじめ、当時の「つくる会」関係者が最も「危機感」を抱いたのは、まさにこの検定結果だったのである。

しかし同時に指摘しておかなければならないのは、こうした九〇年代後半の「つくる会」の主張は、後に一〇年代に「ヘイトスピーチ」として問題化されることになる「他集団」への攻撃を、少なくとも明示的に含むものではなかったということだ。実際、先に引いた「創設にあたっての声明」や設立時に示された「趣意書」といった公式文書はもちろん、藤岡をはじめ当時の会の主要メンバーが書いたエッセイなどを見ても、在日コリアンや中国・韓国を否定的に扱うような記述はほとんど見当たらない。そしてその代わりに繰り返し強調されるのは、「自分たちの国を愛する」ことの重要性であり、またそうした重要性を理解しない「左翼」への批判である。たとえば先ほどの引用に登場した「自己悪逆史観」、これは一般的には「自虐史観」として知られているものだが、そこに反映されているのは、彼らが言うところの「左翼」が自身のネーションの歴史を「否定的」に扱っていることへの反発である。言い換えれば当時の「つくる会」の主張の中心は、何よりもまず「自分が属するネーションを肯定する」こと、すなわち「ナショナリズム」にあり、後にヘイトスピーチにつながっていくような傾向は、まだ前面に出ていなかったのである。

一方九〇年代は、これら「つくる会」などの主張への対抗言論が、活発に展開された時期でもあった。[4]「つくる会」の主張に対して直接的に対抗言論を展開したのは当時戦争責任や歴史認識をめぐる議論を活発に行っていた高橋哲哉や鵜飼哲らだが、それと並行して西川長夫や小熊英二らによる国民国家論、ベネディクト・アンダーソン『想像の共同体』などに立脚したナショナリズム研究、姜尚中や徐京植によって日本的な文脈での受容がなされたポストコロニアリズム、またやや離れるがこれらに隣接する研究領域を提供したカルチュラル・スタディーズの受容など、対抗言論を支えるさまざまな土壌が集中的に形成されたのもこの時期だった。言い換えれば九〇年代の対抗言論は、「つくる会」の主張への対抗という局所的な問題意識に動機づけられたものというよりは、日本という国民国家、そしてそれを支える「ナショナリズム」全体に対して反省を迫る「反ナショナリズム」の一環としてなされた部分が大きかったのである。

とはいえここで重要なことは、「つくる会」とその対抗言論という関係においては、「ナショナリズム対反ナショナリズム」という形で、ある意味「嚙み合う」構図が形成されていたということである。「つくる会」が「自分が属するネーションを否定する」自虐史観を批判し、代わりに自分が属するネーションの肯定を奨励する以上、それに対抗する議論は、そうした「ナショナリズム」に対して反省を迫るものでなければならない。ある論者は第二次世界大戦に関わる戦争責任や歴史認識の問題を強調し、ある論者は明治以降の日本という国民国家の形成そのものを俎上に載せ、ある論者はより一般的に近代社会におけるナショナリズムの位置づけそのものを問い直し、ある論者は植民地支配を受けた側からの告発としてのポストコロニアリズムに依拠したわけだが、これらはいずれも、日本というネーションを安易に肯定しようとする「つくる会」の主張の土台を、あらためて問い直すものとなった。

### 「敗戦後論」への対抗言論？

しかしその上で指摘しておかなければならないことは、九〇年代に対抗言論が必要だとされた言説には、「つくる会」的なナショナリズムにとどまらず、かなり広い範囲の主張が含まれていたということだ。実際そこで「つくる会」と並んで批判の対象となった言説には、たとえば評論家の加藤典洋が一九九五年一月に発表した「敗戦後論」（およびそれに続くいくつかの論考）も含まれる。この加藤の論には先に触れた「つくる会」批判でも中心的な役割を担った哲学者の高橋哲哉をはじめ多くの知識人が反応したが、こうした議論もまた、「ナショナリズム」をめぐる対立として展開された。そして最終的にはまさにその高橋によって、加藤の議論と「つくる会」の主張は、「ネオナショナリズム」という部分で共通するものとして位置づけられることになる（高橋 1997：264-268）[5]。

加藤の「敗戦後論」は戦争責任に関して日本の死者をアジアの死者よりも「先に」弔うという見方を示したこと

で知られており、その点で加藤の立場を「ナショナリズム」とみなすことは不可能ではない（実際高橋の加藤批判は、まさにこの点から始まっている）。しかしこの点を別にすると、加藤の議論と「つくる会」の主張が重なるように感じられる部分は、実際にはほぼ見られない。もちろんこうした言説上の「重なり」と「違い」は相対的なものではあるが、少なくともここでのテーマである「排外主義」という観点から見た場合、「つくる会」と加藤の違いは、その共通性以上に重要な問題である（そして実際、次節で見るように「つくる会」の言説がかなり明確な論理的連関によって〇〇年代以降の排外主義へとつながっていったのに対し、加藤の議論と後の排外主義との間に同様の関連を見出すことはきわめて難しい）。

それでは、「つくる会」の議論と加藤の議論の違いは、具体的にはどこにあるのだろうか。先に引いた「日本の死者をアジアの死者よりも『先に』弔う」という加藤の議論は、高橋らの批判においては、「つくる会」同様自分が属するネーション（ここでは日本）の「優先」を主張したものだと理解されることが多い。しかしこの部分を含め、加藤が「敗戦後論」から始まる一連の論考によって繰り返し主張していることは、「つくる会」的な自集団肯定の論理というよりは、「前提としてのネーション」の確認とでも表現すべきモチーフである。つまりそこにあるのは、ネーションに関わる問題を考える場合に、自らが属するネーションから出発することが重要だという発想だ。たとえば加藤は、「敗戦後論」を他の論考と合わせて単行本として出版した際（一九九七年八月）に新たに付け加えた部分で、次のように書いている。

> 国民をナショナルなものにするのも、その逆により開かれたものにするのも、わたし達である。そのわたし達という単位がいま、わたし達の手にない。わたし達はやがては、このわたし達という単位それ自体が不要になるまで、これを風通しのよいものにしていくことを要請されているが、しかし、そのゴールにいたる道の始

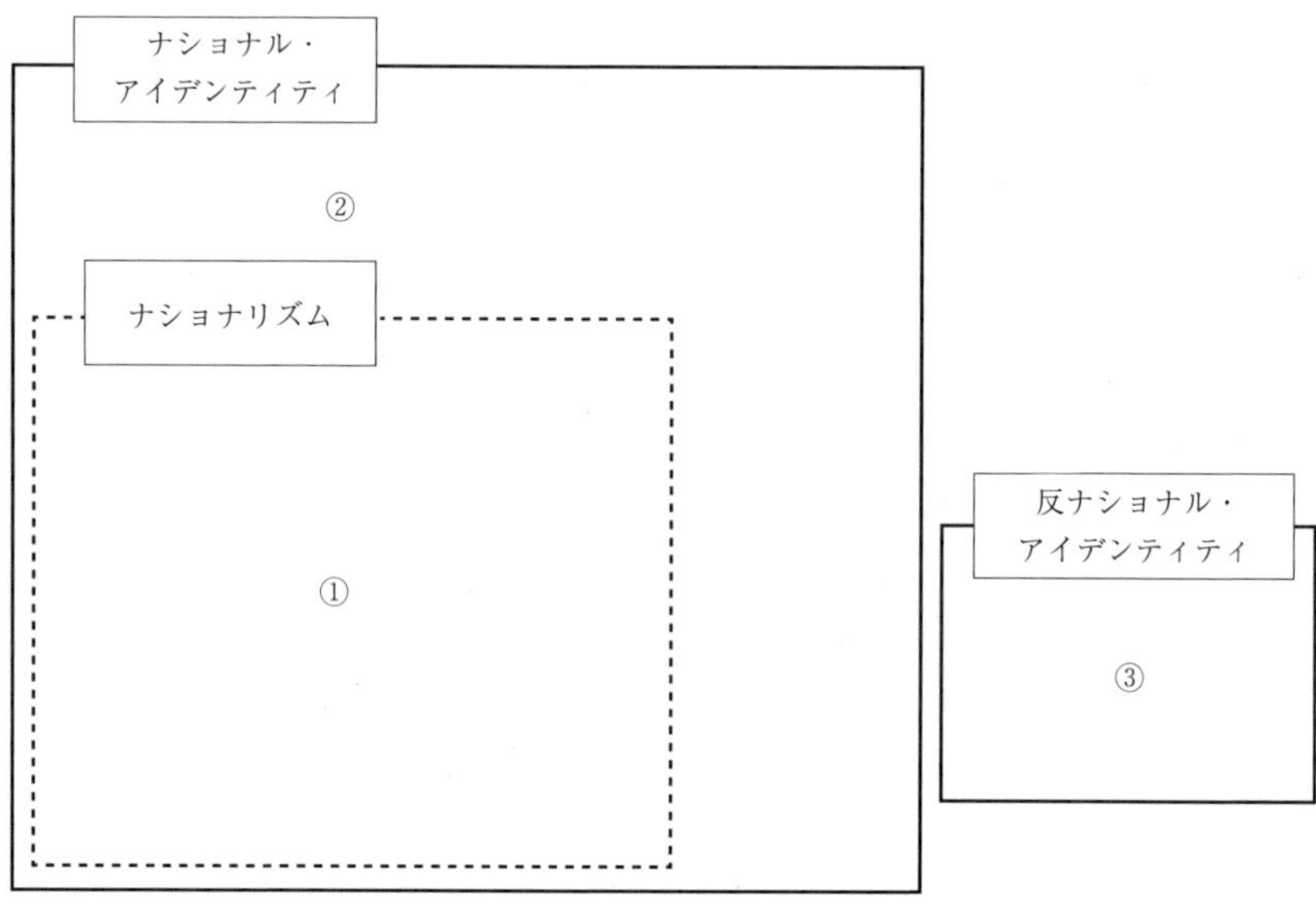


**図7－1**　90年代の構図

出所：筆者作成。

点は、けっして、「われわれ」から発想しない、国民という枠組みに立たない、ということではないのである。（加藤 1997：52-53）

ここで加藤が述べていることは、ネーションを肯定するにせよ否定するにせよ、その前提にはネーションという枠組みが必要だ、ということだと思われる。この主張を「ナショナリズム」と呼ぶことは可能ではあるだろうが、しかしそうした意味での「ナショナリズム」と、自らが所属するネーションを肯定する「つくる会」的な「ナショナリズム」は、分析的にはやはり異なるものだと考えるべきだろう。こうしたことを踏まえてここでは、つくる会が主張するような立場を引き続き「ナショナリズム」と呼称する一方で、「ネーションという枠組みを前提にすること」を表明する加藤のような立場を「ナショナル・アイデンティティ」と呼び、両者を区別したい(6)。高橋らの批判以降「ナショナリズム」と一括されてその共通性が強調されやすい両者だが、とりわけ現在のヘイトスピーチとの関連で日本の排外主義を考える上では、「つくる会」と加藤のこうした「違い」を確認することは、非常に重要な意味を持つと思われる。

以上を踏まえて、「つくる会」の立場と加藤の立場の違い、およびそれに対する「対抗言論」の関係を示したのが、図7-1である（形がやや歪なのは、次節以降の同様の図と重ねて比較しやすくするためである）。ここで基本となるのは「ナショナル・アイデンティティ」対「反ナショナル・アイデンティティ」という構図であり、そこでは「つくる会」的なナショナリズム（①）も加藤の立場（②）もともに、高橋らの反ナショナル・アイデンティティの立場（③）から批判されることになる（すでに述べたように当時の言論状況においては①と②が明確に区別されていなかったことを踏まえ、①の外縁はここでは点線で示している）。言い換えればここでは、「対抗言論」側がかなりラディカルな立場をとる一方で、そこで批判の対象となる立場にはかなり広範囲のものが含まれ、そのなかには後にヘイトスピーチにつながったものもあれば、そうでないものもあった。このことを踏まえて次節では、こうした構図が〇〇年代に入ってどのように変化していったかを見ていくことにしたい。

## 3　〇〇年代――ナショナリズム／反ナショナリズム

### 前史としての「ぷちナショナリズム」

1節でも触れたように、〇〇年代以降の日本の排外主義を象徴するのは、二〇〇五年の『マンガ嫌韓流』の登場である。とはいえこれもまた突然登場したものではなく、いわばその「前史」として重要なのが、二〇〇二年の日韓サッカーワールドカップ前後の動きだ。(7) そして対抗言論との関連で言えば、この時期は前節で見た九〇年代の一連の議論が、まだ十分に影響力を保っていた時代でもあった。こうした文脈のなかで、ある種対抗言論側から

「先制攻撃」を行ったとも言えるのが、ワールドカップ直後（二〇〇二年九月）に出された精神科医香山リカの『ぷちナショナリズム症候群』である。

この本は、香山が当時担当していた大学の授業で「あなたにとって日本はどんな国ですか?」という簡単なアンケートを行い、そこで日本に対して肯定的な立場をとる若者が約半数を占めたというくだりから始まる（香山 2002：5）[8]。香山はこうした若者を「無邪気なぷちナショナリスト」と呼び（香山のアンケートは「自らが属するネーションへの肯定」について尋ねているもので、それはまさに前節で触れた意味での「ナショナリズム」である）、こうした傾向の具体的な現れとして、内親王誕生の際の祝賀ムード、ワールドカップでの決勝トーナメント進出時の盛り上がり、若手神職によるスタジアムでの日の丸配布、若いアーティストによる国歌斉唱、「声に出して読みたい日本語」ブーム、といったものを取り上げていく。

こうした現象に対する香山のスタンスは、ある意味先に見た九〇年代の対抗言論を継承したものだと言える。すでに述べたように、九〇年代の対抗言論は「戦後五〇年」前後に現れた戦争責任や歴史認識をめぐる議論をひとつの背景としていたが、たとえば以下の香山の議論においてもまた、そうした問題意識が明確に現れている。

問題は、いまのところサッカーの日本チームを応援するためだけに「日の丸」を振る新世代と、「これは戦争だ。日本の誇りを賭けてがんばれ」と「日の丸」を振る旧世代とを線引きする手段はいまのところない、ということだ。そして両者はときとして自然にあるいは人為的に、攪拌されて均質になってしまうことがある。チームのために振っていた「日の丸」がいつのまにか国そのもののために振られている、という事態も起こりかねない。（香山 2002：28-29）

こうした香山の議論は、九〇年代の対抗言論の特徴を引き継ぎ、批判の射程をかなり広くとるものである。実際、サッカーで自国チームの応援をすることやアンケートで自国について肯定的に言及すること全体を問題にし、それに対する対抗言論を組織することは、政治的にはかなり困難な作業となるだろう。しかしあわせて指摘しておかなければならないことは、こうした香山の議論でさえ、そこで焦点となったのは九〇年代のような「ナショナル・アイデンティティ」、すなわち「ネーションを前提にする」といった抽象的なレベルではなく、あくまでも「自集団の肯定」としての「ナショナリズム」だったということだ（自国チームの応援もアンケートでの自国の肯定も、緩い形ではあるが「自集団の肯定」であることは間違いない）。またその上であえて付け加えれば、ここで示された香山の危惧が、香山の想定とはやや違った形ではあるにせよ、後の在特会らの台頭として具現化することになったこともひとつの事実である（実際在特会らの街頭での活動において、「日の丸」は重要なシンボルとなっている）。つまり香山の議論は、「反ナショナル・アイデンティティ」よりも批判の対象を狭くとるという意味での「反ナショナリズム」であり、またその後のヘイトスピーチにつながる何らかの「予兆」を捉えるものでもあった[9]。

### 『マンガ嫌韓流』とその対抗言論

いずれにしても二〇〇二年当時、こうした香山の議論はかなりの支持を得るものであり、それは九〇年代から続く対抗言論の流れが依然として一定の影響力を保っていたことの現れでもあった。しかしこうした状況は、山野車輪『マンガ嫌韓流』の登場によって大きく変わっていくことになる。なかでも象徴的なのは、その一巻（二〇〇五年七月）の最初の章で日韓ワールドカップが描かれていることだ。そこでは韓国チームのラフプレイやそれに対する韓国人審判の甘い判定などが取り上げられ、マスコミはそれらを報じないがネット掲示板ではそうしたことが批判されている、という描写がなされる。つまり香山がぷちナショナリズムという問題を引き出したのと同じ日韓ワールドカップが、逆にここでは「嫌韓流」の入門としての役割を果たしているわけだ[10]。

しかしここでの議論にとってより重要なのは、日韓ワールドカップを扱った同じ章で、主人公（日本人）の祖父（戦前朝鮮総督府に勤めていたという設定）が、主人公はじめ若い世代に植民地時代の「真実」が伝わらないことを嘆く場面が描かれていることである。このように「祖父」という設定を持ち込むことは、すでに小林よしのりの『戦争論』において大々的に採用されたモチーフだが、しかし『嫌韓流』が〇〇年代の排外主義のメルクマールとなるのは、むしろその先、主人公の友人（在日韓国人四世という設定）が、主人公の祖父を激しく罵る場面だ。植民地支配を正当化するともとれる主人公の祖父の「嘆き」に対して、その友人は「オマエのじいさんとうとうボケちまったか⁉」「朝鮮総督府のような悪の組織に勤めていたから根っから人間が腐りきっている」（山野 2005：27-28）などと罵倒する。主人公はこれに対して特に強くは反論しないのだが、しかしこうした形で「祖父を貶められる」場面が冒頭に挿入されることで、その多くが自らを主人公と重ねるであろう読者は、「日本を貶める韓国人」というイメージを「刷り込まれる」ことになる。

そしてここでこうした場面が重要なのは、まさにそれが「ナショナリズムを土台とした排外主義の成立」にとってきわめて大きな意味を持つからである。これまでも述べてきたように、「ナショナリズム」はそれ自体としては「自らが属するネーションの肯定」にすぎない。しかしこうしたナショナリズムは、特に2節で扱った「つくる会」のそれのように「自分が属するネーションの否定」に対抗するためのものである場合、容易に「排外」的な傾向に転じうる。すなわち、そこでもし「自分が属するネーション（＝日本）」を否定するのが同じ「日本人」であるならば、それはたとえば「自虐史観」と呼ばれるにとどまる。しかしもし日本を否定するのが「日本人以外」（たとえば在日コリアン）であるならば、それに対する「反撃」はそのまま「他集団の否定」となる。『マンガ嫌韓流』の最初の章で行われているのはまさにこのための準備作業であり、2章以降で主人公がひたすら在日コリアンやそれを支

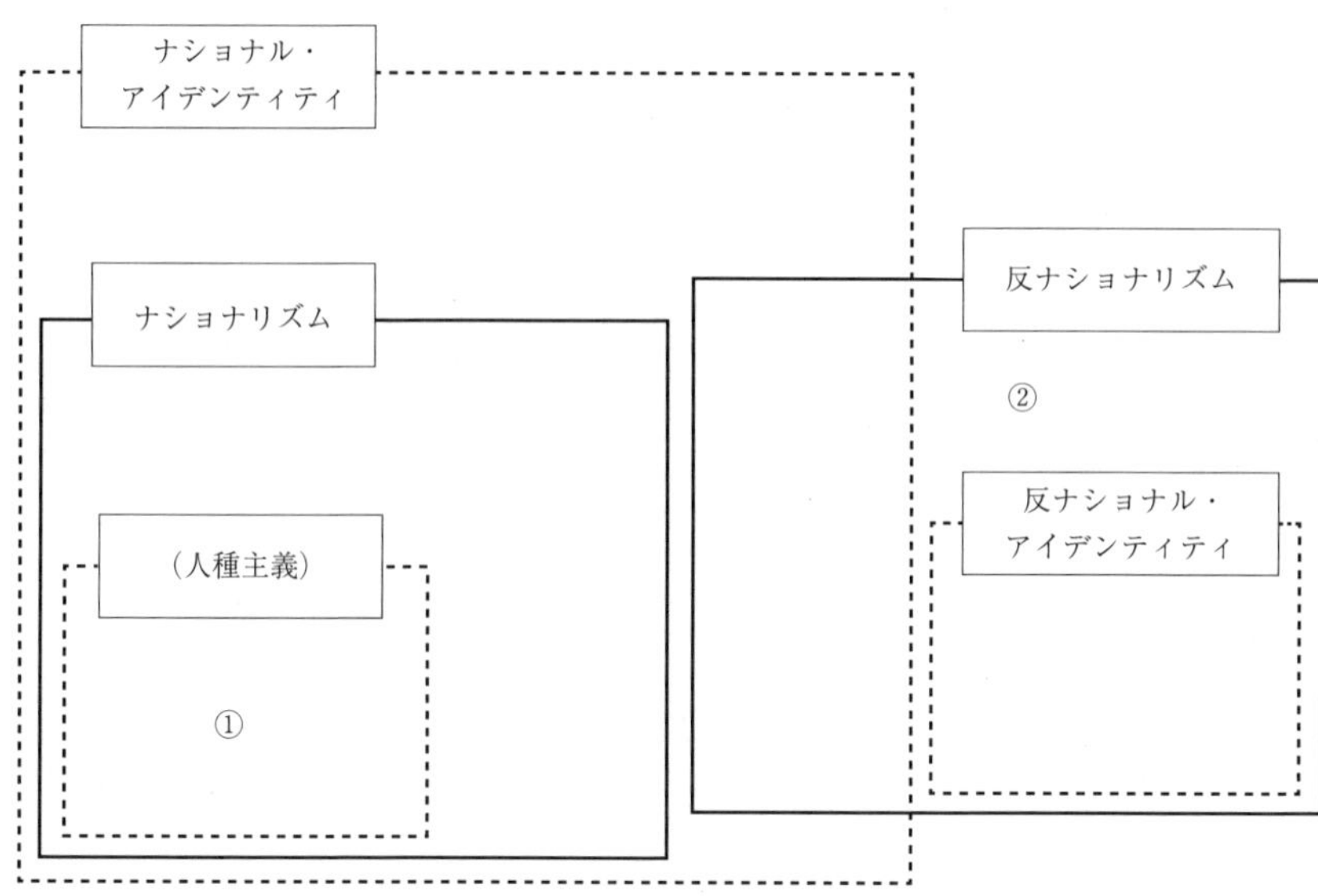


**図7－2**　00年代の構図

出所：筆者作成。

援する「左翼」を「論破」していくことがある種の読者にとって「正しい」と感じられるのは、冒頭でまず先に見たような「他者からの否定」があり（「先に攻撃してきたのは向こうだ」）、それ以降の物語がそれに対する「正当防衛」として展開されるからにほかならない。

さてこうした排外主義側の動きに対して、対抗言論の側はどうだったか。「つくる会」や『戦争論』同様、この時期の『マンガ嫌韓流』に対しても多くの対抗言論が行われている。その代表のひとつである『日韓新たな始まりのための20章』（二〇〇七年一月）では、その一章「〈嫌韓流〉の解剖ツール」で、歴史学者の板垣竜太が嫌韓流のレトリックを解きほぐす作業を行っている。ここでの板垣の分析は『マンガ嫌韓流』に対する批判を超えてより広い射程を持つものだが、しかし板垣自身「〈嫌韓流〉の言説に如実に表れている特徴は、ひとことでいえば、人種主義をベースにした国民主義である」（板垣 2007：4）と述べているように、排外主義側の新しい傾向を「人種主義」という言葉で捉えつつも、基本的には嫌韓流の言説を引き続き「ナショナリズム」の一類型と捉えるものだった。そのためそこで展開される対抗言論もまた、「本質主義」「植民地主義」「バックラッシュ」「（左翼などに対する）マイナー意識」など一〇年代以降の在特会らの活動に対する対抗言論につながる要素を部分的に含みつつ、しかし基本的には九〇年代のものを継続していた。こうした点でこの時代の対抗言論は、（二〇一八年時点での「後付け」であることを承知で言えば）排外主義側の動きの「急展開」を、必ずしも十分に捉えきれていない部分があったように思われる。

いずれにしても、こうした板垣の議論、あるいは前項で検討した香山の「ぷちナショナリズム」論において対抗言論の対象となったのは、前節で見た「自集団の肯定」を何らかの形で含むものとしての「ナショナリズム」であり、これに伴って対抗言論の中心も九〇年代の「反ナショナル・アイデンティティ」から、より対象をしぼった「反ナショナリズム」へと移行した（図7-2）。そこでは、嫌韓流に代表されるこの時期の「人種主義的ナショナリズム」が①として、それを批判する板垣や香山の立場が②として位置づけられる。そしてその結果、九〇年代の加藤-高橋論争で論点となったような「ナショナル・アイデンティティ」をめぐる議論は目立った形では行われず、また逆に一〇年代に「ヘイトスピーチ」につながる部分（「人種主義」）についても、「ナショナリズム」のなかで未分化なままであった（点線で表示）。しかしこうした構図は、一〇年代に入ると、さらに大きな変化を遂げていくことになる。

## 4　一〇年代――ヘイトスピーチ／反ヘイトスピーチ

### 「在日特権」というプロパガンダ

「在特会」が結成されたのは二〇〇七年一月のことであり、前節で触れた『マンガ嫌韓流』の出版（二〇〇五年七月）と在特会の設立の間には、実は一年半ほどしかズレがない。また同じ版元から出た関連本『嫌韓流実践ハンドブック』（二〇〇六年二月）の著者は初代在特会会長である桜井誠であり、桜井にとってはこの本が出版界での「デビュー作」であった。本節のタイトルを「一〇年代」としたのは、あくまでも「ヘイトスピーチ対反ヘイトスピーチ」という構図が固まったのが一〇年代に入ってからということで、少なくとも排外主義側については、前節で扱った「嫌韓流」と本節で扱う「在特会」の間の時間的および内容的距離は、一般にそう思われているよりもずっと小さい。

そしてそのことは、「在特会」の正式名称である「在日特権を許さない市民の会」というネーミングにも明確に表れている。ここでいう「在日特権」というのは、「在日コリアンが日本で不当な利益を得ている」という虚構を流布させようとする悪質なプロパガンダのことで、そのほとんどは「在日は申請するだけで月に〇万円もらえる」とか「在日は公共料金を免除されている」といったあからさまなデマである。しかし厄介なのはむしろ「あからさまなデマに基づかない」もので、それらはそれ自体としては事実に基づくものであっても、そうした事実を正しく理解するための文脈を無視し、代わりに「在日特権」という枠組みにはめ込むことで、あたかも「特権」なるものがあるかのように見せかける。

たとえば前述の桜井著『嫌韓流実践ハンドブック』(11)では、「在日特権」なるものの例として最初に「特別永住資格」を取り上げ、それについて「戦時中に、朝鮮半島から自意他意を問わず日本に渡った朝鮮人は、一九五二年のサンフランシスコ平和条約により日本国籍を失った。しかしその後も日本に定住した朝鮮人とその子孫は、日本で永住権を取得でき、『特別永住者』として生活している」（桜井 2006：103）と説明している（これは大まかな事実関係としては特に間違いではない）。しかし気をつけなければいけないのは、ここにはそもそも当時の朝鮮半島の人々が「日本国籍」を持つことになったのは一九一〇年の韓国併合によってだった（日本に渡ったから日本国籍になったわけではない）という重要な前提が書かれていないということだ。また一九五二年に朝鮮半島出身者を日本国籍から外すということが法務省の通達によって一方的に行われたということについても、ここでは明示されていない（韓2014）。このためこうした前提を知らない多くの読者には、一見事実について述べているだけの右の文章が、「勝手に日本に入ってきた朝鮮人が国籍を失った後もなぜか特別待遇を受けている」というゆがんだストーリーとして伝わることになる。

さて、こうした「在日特権」プロパガンダに対して最も明確な形で対抗言論を提示したのは、二〇一三年二月以降在特会らの活動に「カウンター」として対峙する動きを先導した野間易通である。野間はこうしたカウンター活動が展開されてまだ一年もたたない二〇一三年一一月に『「在日特権」の虚構』という本を書き、出版におけるこの時期の対抗言論においてもその先陣を切った。野間はここで触れた「特別永住資格」をはじめ、「年金問題」「通名」「生活保護受給率」「住民税減免」といった具体的な論点についてそれぞれ詳細な反論を行った上で、「在日特権」プロパガンダのカラクリを次のようにまとめている。

〔一九五二年時点での状態を朝鮮人０：日本人１００だとすると〕在特会の誤謬は、この０：１００という状態を対等なスタートと見なすところにある。これが歴史的経緯を無視し、現在の感覚で過去を断罪することにつながっている。０：１００が８０：１００に変化した場合、最初の状態を１００：１００と見なしていれば、それは１００：１００から１８０：１００への変化に映る。これが「在日特権」論のからくりであり、最初に水増しされた１００が「歴史的経緯の無視」なのだ。「在日特権」論への反論はこの「歴史的経緯を無視」「現在の感覚で過去を断罪」につきる。（野間 2013：178-180）

ここで「0」「80」「100」「180」などと数字で示されていることは、保障される権利の相対的な大きさを比喩的に示したものだが、それが五二年時点の「0」から「80」に変化したというのは、一九九一年の特別永住資格創設によって在日コリアンの権利状態が相対的に改善されたことを意味する。とはいえ、これは「0」よりは改善された状態である一方で、国籍を持つ日本人の「100」には依然として及んでいない。しかし五二年の国籍からの除外後の状態を「0」ではなく「100」と考えてしまうと、特別永住資格はたちまち「日本人よりも在日コリアンのほうが優遇されている」ことの証左となる（もちろん実際には、そんなことはない）。

こうした野間の対抗言論は、「ナショナリズム」や「ナショナル・アイデンティティ」といった大きな枠組みのもとで相手を批判するのではなく、排外主義側の論理を内在的に把握しその上でそのゆがみを指摘するという点で、〇〇年代までの対抗言論とは一線を画すものとなっている。とはいえこのことをより明確に捉えるためには、やはりそれに先立って展開されたカウンター活動について、あらためて見ておく必要があるだろう。

## 反ヘイトスピーチとしての「カウンター」

先に見た「在日特権」というプロパガンダは、ネットや出版物にとどまらずそれまで日本ではほとんど見られなかったタイプの運動、すなわち排外主義に基づくデモや街宣という「現実」を生み出すことになった(12)。こうした動きは、『嫌韓流実践ハンドブック』を書いた桜井自身がそれから一年もたたない二〇〇七年一月に「在特会」を設立し、活動の中心を路上での運動にシフトすることによって確立していく。そして関東では二〇〇九年四月に埼玉県蕨市でフィリピン人一家に対して行ったデモ、関西では同年一二月の京都朝鮮第一初級学校襲撃事件（その後朝鮮学校側が起こした民事訴訟により在特会に対して約一二〇〇万円の賠償金支払いが確定）により、「在特会」の活動はネットの一部などで注目を集めるようになる。さらに1節冒頭でも触れたように、関東では二〇一二年八月以降東京・新大久保など、関西では二〇一三年二月以降大阪・鶴橋などで在特会らによるデモや街宣が繰り返されるなかで、こうした言動は遅ればせながら「ヘイトスピーチ」という社会問題として認識されるようになっていった[13]。

とはいえこれも1節で言及したことだが、二〇一三年以降在特会らの活動が社会問題として認識されるようになったのはたまたまではなく、その背景には二〇一三年二月以降活発になった「カウンター」と呼ばれる活動がある。こうした活動には先に触れた野間易通によって組織された「レイシストをしばき隊」（二〇一三年一〇月以降は「C.R.A.C.」と改称）のほか、「仲良くしようぜ」のプラカードを掲げる運動、関西の「友だち守る団」、やや遅れて活動を開始した「男組」、のりこえねっと、差別反対都庁前アピールなどさまざまなものが含まれるが、これらの団体は路上で在特会らに抗議するだけでなく、デモが行われる街で周知活動を行ったり、関連する官庁に抗議をしたり、差別デモ規制を求める署名を集めたり、パレードを企画して世論喚起を行ったりした[14]。そしてその効果は国会にまでもおよび、こうしたカウンター活動が注目を集めるようになってから三年と少し後の二〇一六年五月、やはり1節冒頭で触れた「ヘイトスピーチ解消法」の成立という成果が生み出されるに至っている。

そうしたことを踏まえてここであらためて見ておきたいのは、こうした一〇年代のカウンター活動とそれ以前の対抗言論を比較した際に、「ナショナリズム」に対して現れる立場の違いである。このことはたとえば、すでに触れた野間易通の次のような主張に明瞭に反映されている。

> カウンター運動についていえば、正義感だけじゃなく、愛国心とかナショナリズムを意識的に動員したことも大きい。ナショナリズムもまた、レイシズムに改宗されないように頑張る必要がある。しばき隊の初期のメンバーには、新右翼の流れにある人たちがかなり参加していました。彼らにとって右翼は大アジア主義であるべきなので、民族差別なんて許されないわけです。（『Migrants Network』二〇一六年六月号：八頁）

1節では山口祐二郎の「愛国ゆえのカウンター」論を引用したが、ここで野間が述べていることは、まさにその山口の立場と対応するものとなっている。つまりナショナリストを排外主義者の「予備軍」と見るのではなく、逆に「ナショナリズム」と「ヘイトスピーチ」を明確に区分して前者とともにヘイトスピーチに対するカウンターを組織するというのが、一〇年代のカウンターの特徴のひとつであった。

またこれらの特徴と一見似ているようで厳密には異なるものとして、「ナショナル・アイデンティティ」に基づく反ヘイトスピーチ、ということについても見ておく必要がある。たとえば関西でカウンター活動に参加するある人は、自らのスタンスについて次のように語っている。

日本人が、この日本社会の在り方を、まあ変えるといったらおかしいですけど、日本人としてかかわる、主体としてやる。だから、もっと言えば、在日を表に立てるようなことはしない、もしくはしたくない。日本人としてやるのだというスタンスがありました。（明戸ほか 2015：20）

同様の発言はインフォーマルなものも含めさまざまなカウンター参加者から耳にしているが、これは先に触れた山口のように明確に「愛国」を前面に出すわけではないものの、しかし少なくとも「日本人であること＝ナショナル・アイデンティティ」については明確に意識するという立場だ。こうした立場もまた、「ナショナリズム」だけでなく「ナショナル・アイデンティティ」に対しても批判的な以前の対抗言論においては出てこなかった方向性だと言えるだろう。

以上の議論を踏まえて一〇年代の状況についてまとめたのが、図7－3である。ここでの基本的な構図は「ヘイトスピーチ」対「反ヘイトスピーチ」というものであり、①は言うまでもなく在特会らの立場である。ただしここでは、九〇年代に焦点となった「ナショナル・アイデンティティ」や、〇〇年代に焦点となった「ナショナリズム」の枠は、相対的に後景に退いている（点線で表示）。これに対して対抗言論側はより複雑であり、たとえば山口のような立場、つまり「ナショナリズム」を支持し自らが属するネーションを肯定する観点から排外主義に対抗する立場は、ここでは②に相当する。また上で引いた関西の参加者の例は、「ナショナリズム」を積極的に支持するわけではないが「ナショナル・アイデンティティ」についてはこれを前提とする点で、②とはまた異なる③の立場だということになる。もちろんたとえば④のような立場、すなわち「ヘイトスピーチ」だけでなくその前提となる「ナショナリズム」や「ナショナル・アイデンティティ」も含めて問題化する対抗言論も引き続き行われてはいるが、それも含めて対抗言論が特にナショナリズムとの関係において「多様化」したことが、一〇年代の状況の最大の特徴だと言えるだろう。

## 5　対抗言論の系譜を引き継ぐということ

以上見てきたように、九〇年代に「ナショナル・アイデンティティ対反ナショナル・アイデンティティ」という形で成立した排外主義とその対抗言論の関係は、〇〇年代における「ナショナリズム対反ナショナリズム」の構図を経て、一〇年代に「ヘイトスピーチ対反ヘイトスピーチ」という状況へと移行した。そしてこうした移行によってナショナリズムやナショナル・アイデンティティを支持しつつ反ヘイトスピーチの立場に立つということが可能になり、一〇年代における排外主義をめぐる議論は、それ以前の「ナショナル・アイデンティティ対反ナショナル・アイデンティティ」あるいは「ナショナリズム対反ナショナリズム」という単純な枠組みでは把握できないものになっている。

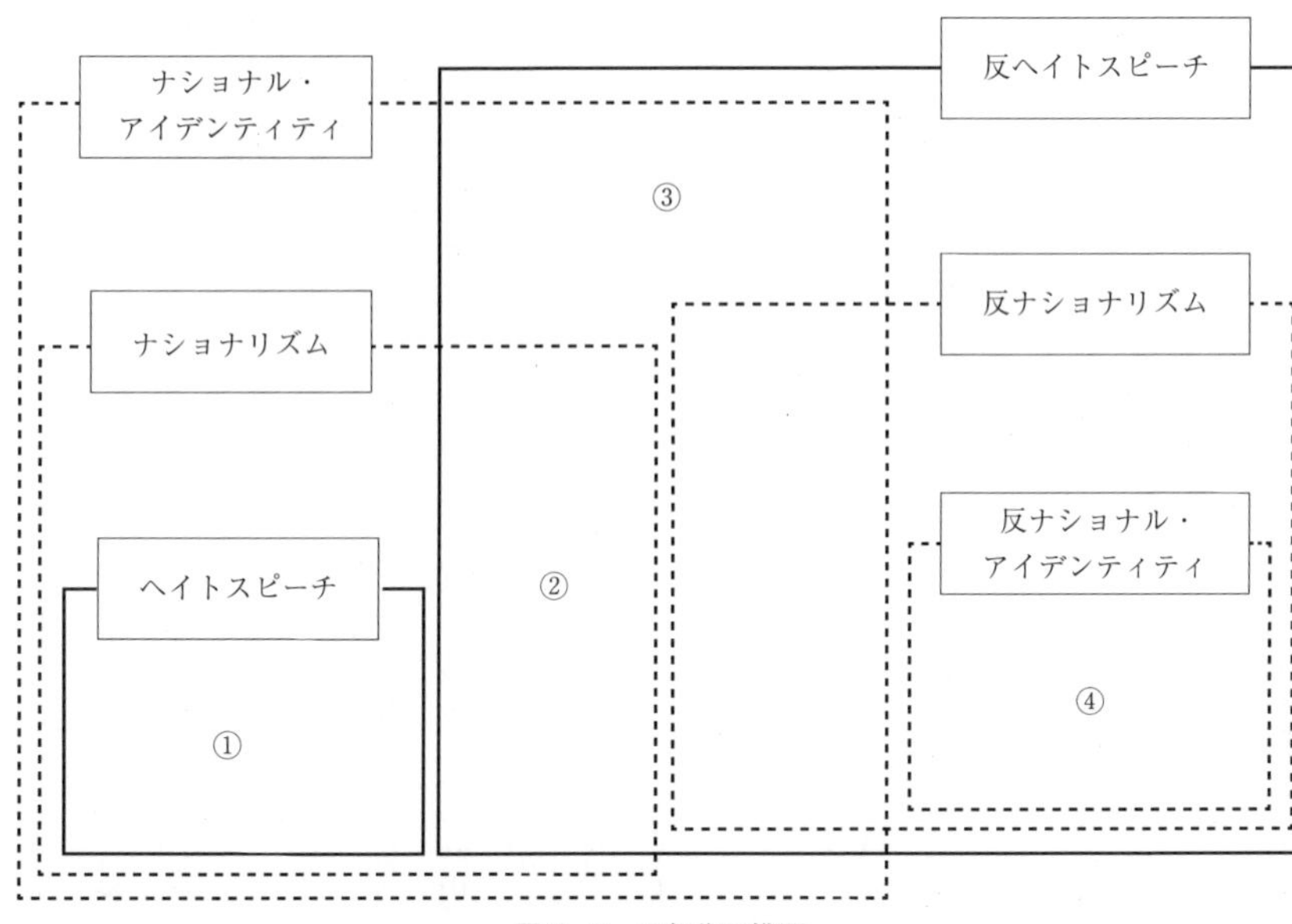


**図7－3**　10年代の構図

出所：筆者作成。

ただし以上の構図は、細部をかなり切り詰めた全体的な流れを示すものにすぎない。本章を閉じるにあたって、ここまでの議論に乗せることができなかった（がしかし重要な）論点について二点ほど補足しておきたい。ひとつめは、図7－3で示した②や③（ナショナリズムやナショナル・アイデンティティを支持しつつ反ヘイトスピーチを掲げる立場）と同じく単純な二項対立に収まらないものとして、「ナショナル・アイデンティティを前提にした上で反ナショナリズムの立場に立つ」という立場（図7－3の②と④の間の部分に相当）についてだ。実はここに該当するのは、2節では「つくる会」と「敗戦後論」を「ネオナショナリズム」として同列に批判し、結果的に「ナショナル・アイデンティティ対反ナショナル・アイデンティティ」という構図を強化する方向に貢献した、哲学者の高橋哲哉である。日本の戦争責任について論じる際、高橋は「日本人として（戦争）責任を負う」という立場を明確にしているのだが（日本の戦争責任資料センター編 1998：48）、これは

「ナショナル・アイデンティティを前提にした上で反ナショナリズムの立場に立つ」ことのひとつの明確な具体化である。言い換えれば、九〇年代のナショナリズムをめぐる議論が「ナショナル・アイデンティティ対反ナショナル・アイデンティティ」という単純な構図に収斂してしまったことについては、ほかならぬ高橋の立場自体が、重要な例外事例を提供している。(15)

そしてもうひとつ、九〇年代の対抗言論が「反ナショナル・アイデンティティ」を中心としており、それが結果として後の「嫌韓流」や「在特会」につながる部分をつかみにくくしたということについても、やはり高橋の議論が重要な例外を提示している。高橋が戦争責任や歴史認識の問題に踏み込んだのはもともとホロコーストを扱った映画『ショアー』に触れたことによってだというが、こうした経緯もあって高橋は「つくる会」批判にあたってもドイツのホロコースト否定に関わる対抗言論の蓄積を積極的に導入している。その際の高橋の認識は、たとえば「つくる会」への対抗言論の代表的な著作である『ナショナル・ヒストリーを超えて』（一九九八年五月）に寄稿した論文の、次の個所に現れている。

> この一連の〔「つくる会」の〕動きに、単に戦後日本で抑圧されてきたと彼らが主張する「健全なナショナリズム」の復権の企てだけを見るなら認識不足であろう。むしろここでは、「健全なナショナリズム」の名において、いかに「不健全」な否定論が、ホロコースト否定論と同じく時に露骨で時に穏微なレイシズム（民族、人種差別）とともに、また特徴的なセクシズム（女性差別）とともに登場しているかを見なければならないのである。（高橋 1998：217）

こう指摘した上で高橋は、当時の「つくる会」の主張とホロコースト否定論の同型性を指摘し、そこに共通して見られる「論法」のカラクリを精緻に解き明かしていく。こうした議論は〇〇年代の板垣による「嫌韓流」批判、さらには一〇年代の野間による「在日特権プロパガンダ」批判にも通じるものであり、現代日本の排外主義に対する対抗言論を考える上で、今なお重要な示唆を与えるものだ。

日本における排外主義は二〇一八年現在も継続しており、したがってそれに対する対抗言論もまた、さらなる展開を必要としている。ここで見てきたような過去に蓄積された対抗言論の系譜は、現在の文脈に即してその意義が明確化される限りにおいて、歴史を越えて今後も重要な資源であり続けるだろう。

## 注

(1) 二〇一六年五月に成立したヘイトスピーチ解消法の詳細については明戸(2016c)、それに先立つ野党案(人種差別撤廃施策推進法案)関連の経緯については、明戸(2016b)でまとめている。

(2) 「対抗言論」あるいは「対抗表現」という言葉は、憲法をはじめとする法学の分野において「法規制」に頼らずに差別やヘイトスピーチの悪影響を取り除く考え方として、おもに法規制に慎重な立場の論者によって用いられてきた(渋谷2010など)。ここで用いる「対抗言論」は内容的にはこうした用法を踏まえたものだが、それを法規制と対比させてそこから距離をとるという「価値判断」は、ここでは採用していない。

(3) ここで扱う「つくる会」創設の経緯や当時の社会的背景、および「つくる会」関連の主要な言説については、明戸(2016a)2節でより詳しくまとめている。

(4) ここで概観している九〇年代の反ナショナリズムおよび反ナショナル・アイデンティティの展開については、明戸(2015)2節で詳述している。

(5) 加藤と高橋の論争のより詳細な経緯については、明戸(2015)3節を参照。

(6) なおこの「ナショナル・アイデンティティ」は必ずしも一般的に定義が確立している言葉ではないものの、ネーションについての意識に関わるもの一般を包括する言葉として用いられることが多い(田辺 2010：41)。

（7）こうした経緯については安田（2012）および伊藤（2015）を参照。

（8）内閣府が毎年行っている「社会意識に関する世論調査」によると、二〇〇二年一二月時点で「他の人と比べて『国を愛する』という気持ちは強い方だと思うか」という質問に「非常に強い」「どちらかと言えば強い」と答えた人は、合わせて四七・五％であった（とはいえ二〇代に限ると「強い」は二五・九％であり、香山が示した結果は若者のものとしてはかなり高いが）。なお通時的には、「国を愛する気持ちが強い」と答えた人の割合は一九九一年一二月調査で五五・四％に達して以降減少傾向にあったが、二〇〇〇年一二月調査の四六・四％という数字を底として再び増加に転じ、二〇一三年二月調査の五八・〇％に至るまで一〇年以上にわたって増加傾向を示している（その後はやや横ばい）。

（9）なお香山は後述する二〇一三年以降の反ヘイトスピーチ運動にも積極的に参加しており、その過程で一〇年代の排外主義を〇〇年代の「ぷちナショナリズム」と対比させる『がちナショナリズム――「愛国者」たちの不安の正体』（二〇一五年一二月）を上梓している。

（10）なお「嫌韓流」という言葉は、その後出された『マンガ嫌韓流』の二～四巻、同じ版元（晋遊舎）から出された『公式ガイドブック』や『嫌韓流実践ハンドブック』（著者は後に在特会の会長となる桜井誠）、さらには別冊宝島から出版された『嫌韓流の真実！』シリーズまで含めた言説全体を指して用いられるようになっている。

（11）もともとネット上の一部のみで見られた「在日特権」なる言説が出版物に掲載されたのはおそらくこの『ハンドブック』が最初だが、実際にこの言葉を普及させたのは、『マンガ嫌韓流』二巻（二〇〇六年二月）の第三話「在日特権の真相――『差別』を武器に君臨する新特権階級」だろう（その後三巻および四巻でも同様のテーマが取り上げられた）。また別冊宝島の「嫌韓流の真実！」シリーズの第三弾として出された『嫌韓流の真実！　ザ・在日特権』（二〇〇六年五月）も、この言葉の拡散に加担する形になった。

（12）在特会というと「死ね」「殺せ」といった常軌を逸した言動ばかりが注目されがちだが、これらが「在日特権」プロパガンダなどより「穏健」な言説を土台として現れたという点には、あらためて注意が必要である。

（13）在特会を中心とする近年の日本の排外主義の動向については、安田（2012）および樋口（2014）参照。

（14）二〇一三年以降の反ヘイトスピーチ運動の動向については、明戸ほか（2015）の1章で詳しく記述しているほか、有田（2014）、神原（2014）、李（2015）など参照。

（15）こうした論点については、明戸（2015）4節も参照のこと。

## 文献

明戸隆浩、二〇一四、「アメリカにおけるヘイトスピーチ規制論の歴史的文脈――90年代の規制論争における公民権運動の『継承』」『アジア太平洋レビュー』11号：二五-三七頁。

明戸隆浩、二〇一五、「ナショナリズム批判と立場性の問題――『マジョリティとして』と『日本人として』の狭間で」山崎望編『奇妙なナショナリズムの時代』岩波書店。

明戸隆浩、二〇一六a、「ナショナリズムと排外主義のあいだ――90年代以降の日本における『保守』言説の転換」『社会学年誌』57：四五-六二頁。

明戸隆浩、二〇一六b、「2015年人種差別撤廃施策推進法案審議の背景と過程――日本における『人種差別に対する法的対処の不在』とその変化」『移民政策研究』8：一八二-一九二頁。

明戸隆浩、二〇一六c、「ヘイトスピーチ対策法『与党案』について考える――『適法居住』要件はなぜおかしいのか」『シノドス』。

明戸隆浩・曺慶鎬・清原悠・富永京子、二〇一五、『「現代日本における反レイシズム運動」共同研究　中間報告書』(http://researchmap.jp/jobgrj5e1-1820559/?action=common_download_main&upload_id=93169)。

新しい歴史教科書をつくる会編、一九九七、『新しい日本の歴史が始まる――「自虐史観」を超えて』幻冬舎。

有田芳生、二〇一四、『ヘイトスピーチとたたかう！――日本版排外主義批判』岩波書店。

韓東賢、二〇一四、「外国人――包摂型社会を経ない排除型社会で起きていること」『平成史』（増補新版）、河出ブックス。

樋口直人、二〇一四、『日本型排外主義――在特会・外国人参政権・東アジア地政学』名古屋大学出版会。

板垣竜太、二〇〇七、「〈嫌韓流〉の解剖ツール」田中宏・板垣竜太編『日韓新たな始まりのための20章』岩波書店。

伊藤昌亮、二〇一五、「ネット右翼とは何か」山崎望編『奇妙なナショナリズムの時代――排外主義に抗して』岩波書店。

神原元、二〇一四、『ヘイト・スピーチに抗する人びと』新日本出版社。

加藤典洋、一九九七、『敗戦後論』講談社。

香山リカ、二〇〇二、『ぷちナショナリズムの時代』中公新書ラクレ。

香山リカ、二〇一五、『がちナショナリズム――「愛国者」たちの不安の正体』ちくま新書。

日本の戦争責任資料センター編、一九九八、『ナショナリズムと「慰安婦」問題』青木書店。

野間易通、二〇一三、『「在日特権」の虚構』河出書房新社。

大澤真幸、二〇〇七、『ナショナリズムの由来』講談社。

李信恵、二〇一五、『#鶴橋安寧　アンチ・ヘイト・クロニクル』影書房。

桜井誠、二〇〇六、『嫌韓流実践ハンドブック　反日妄言撃退マニュアル』晋遊舎。

佐藤成基、一九九五、「ネーション・ナショナリズム・エスニシティ――歴史社会学的考察」『思想』854：一〇三‐一二七頁。

渋谷秀樹、二〇一〇、『憲法』有斐閣。

高橋哲哉、一九九七、「ネオナショナリズム批判のために」『現代思想』25（10）：二六二‐二七五頁。

高橋哲哉、一九九八、「否定論の時代」高橋哲哉・小森陽一編『ナショナル・ヒストリーを超えて』東京大学出版会。

田辺俊介、二〇一〇、『ナショナル・アイデンティティの国際比較』慶應義塾大学出版会。

山野車輪、二〇〇五、『マンガ嫌韓流』晋遊舎。

安田浩一、二〇一二、『ネットと愛国』講談社。

# 第8章　韓国の排外主義とその抵抗の試み

髙鮮徽

## 1　韓国の排外主義

韓国の排外主義は、外国人に対するものだけでなく、民族のルーツを同じくする人々（韓国籍・外国籍含む）にもむけられることがその特徴である。そのため、韓国の排外主義は、必ずしも外国人を否定的に扱う意識および行為に限定されない。韓国における民族のルーツが同じ人々に対する排外主義は、外国人への排外主義より複雑で、可視的でないだけに深刻な問題といえる。その背景には、植民地支配から冷戦構造下での分断、朝鮮戦争、長期にわたった軍事独裁政権の影響が絡んでいる。そのため、韓国の排外主義には、韓国の近現代史が縮約されているといえる。また、韓国の排外主義を理解するためには、韓国人の国内外への移動も概観する必要がある（図8-1）。なお、韓国において排外主義に対する議論は、それほど活発ではない。韓国社会においてさまざまな差別や社会・政治問題が噴出しており、外国人に対する排外主義が突出した問題とされず、しかも先述のように排外主義そのもの

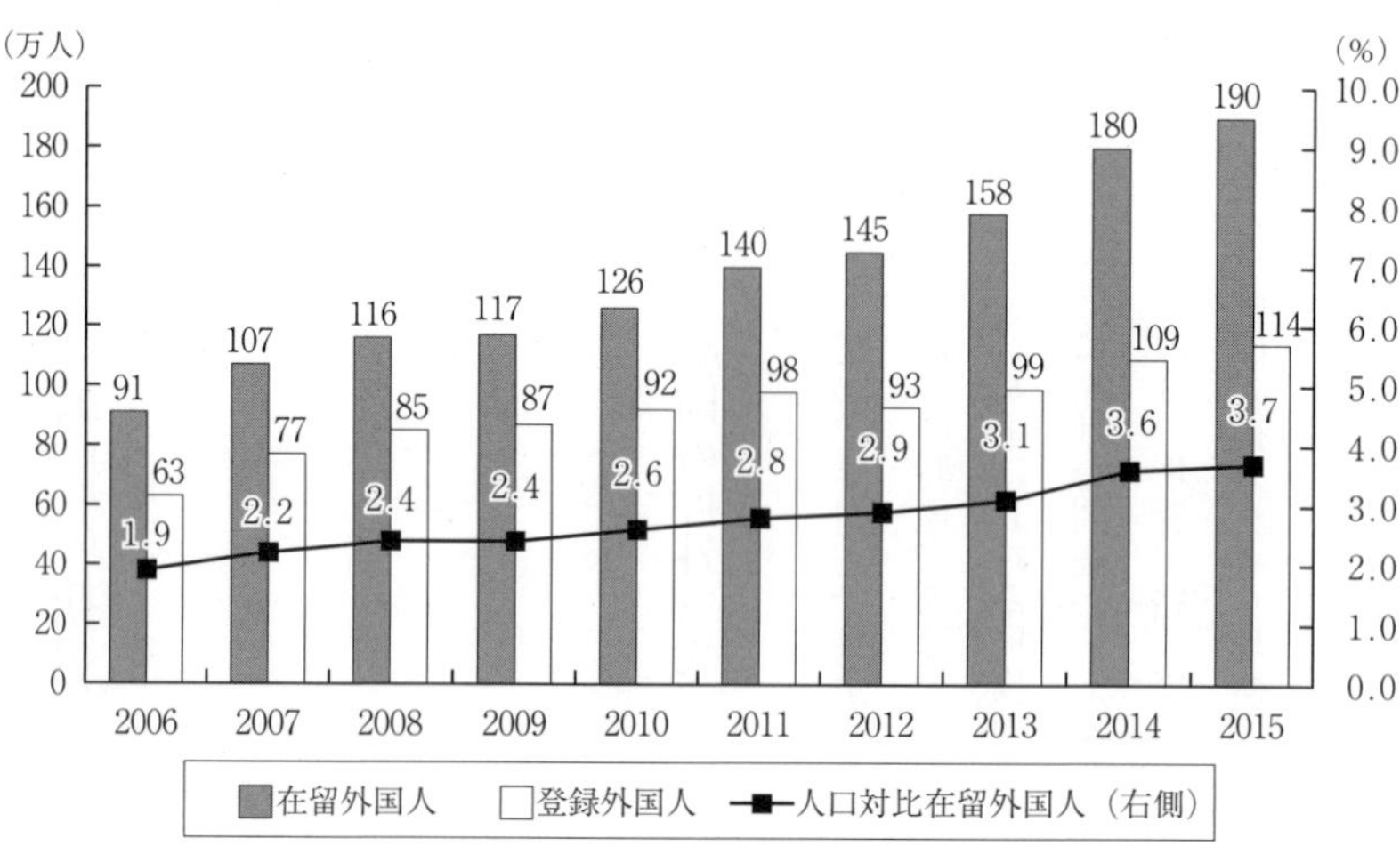


**図8-1　韓国在留外国人及び登録外国人の推移**

出所：法務部・出入国外国人政策本部「出入国外国人政策統計月報」および KOSIS，住民登録人口，韓国法務部・出入国政策本部「在留外国人及び移民の統計」2016年より（http://www.seoulmigrant.net/_data/board_list_file/20/2016/20160531144117.4420.0.0.pdf）。

が可視化されにくいためである。たとえば、かつて韓国では中国本土出身の中華民国国籍の中国人に対して、国家形成以来排外主義的な厳しい差別政策を行ってきたが、そのこと自体ほとんど知られていない(1)。あるいは現在、日本のネトウヨにあたるような人々もいて、韓国のマスコミや社会では激しい反発を受けている(2)。

韓国への外国人労働者の流入が始まったのは比較的新しく、八〇年代後半からである。韓国へ外国人労働者としてまず流入した人々は、同じ民族のルーツを持つ、中国在住の朝鮮族（以下朝鮮族）であった。朝鮮族流入の初期は、親族訪問という名目であったが、実質的には外国人労働者として働いていた。その後、朝鮮族は韓国の外国人労働者政策の展開において主要な対象となる。

韓国の外国人労働者政策は、大きく二つに分けることができる。ひとつは、朝鮮族や脱北者のような民族のルーツを同じくする人々の受け入れについての政策、もうひとつは、近年大きく増加しているそれ以外の外国人の受け入れについての政策である。受け入れる外国人は、この二種類の労働者と韓国人の配偶者として移住した人に大別される。

韓国への外国人の流入が始まった八〇年代後半に、北朝鮮からの脱北者も流入し始めた。脱北者は、数は少ないものの韓国にとって非常に重要な意味を持つ人々である。脱北者にはすぐに韓国国籍が与えられるため、国籍上は外国人ではないが、実質的には外国人といえる。韓国と北朝鮮が分断国家だという現実は、脱北者の韓国への移住の過程で浮き彫りになることを後に取り上げる。

本章では、韓国人の外国への出稼ぎと外国人の流入を踏まえた上で、在日コリアン・朝鮮族・脱北者・外国人女性への排外主義やその抵抗をみていきたい。在日コリアンや朝鮮族、脱北者は、民族のルーツが同じであるにもかかわらず排外主義の対象になっているという共通点がある。

## 2　韓国人の外国への出稼ぎと外国人労働者の流入

### 韓国人の外国への出稼ぎ

近年、外国人の流入が急激に増え外国人労働者受け入れ国になっている韓国だが、かつては外国への出稼ぎ労働者送り出し国であった。現在中国に暮らす朝鮮族の祖先の朝鮮半島から北への大量移住は、日本の植民地支配の結果である。その移り住んだ地域は、一九三一年から日本の占領下にあった満州国の領土内だった。日本からの独立運動のために親族で集団移住した人々も含まれる。満州に近い沿海州のウラジオストックは日本の植民地支配からの独立運動の拠点のひとつであったため、移住した朝鮮人は厳しく弾圧されている。満州やサハリンに移住した朝鮮人も弾圧の対象であり、ウラジオストックでは一九二〇年に朝鮮人が集住していた新韓村が日本軍の焼き討ちに遭っている。当初は移住を受け入れていたロシア側でも、独立運動で日本を刺激することや日本軍のスパイが入ることを恐れて一九三七年に移住してきたすべての朝鮮人を中央アジア、現在のカザフスタンやウズベキスタンへ強制移住させた[3]。この人たちは中央アジアでは高麗人と呼ばれるが、後にその子孫が外国人労働者として韓国へ来ることになる。

日本への移動も多いが、戦時下では強制的な連行もあった。日本の敗戦後に満州や日本にいた多くの朝鮮人が朝鮮半島に帰還したが、その後の済州島四・三事件（四八～五四年）や朝鮮戦争（五〇～五三年）のときに再び日本にむかった人々もいる。実質的には戦争難民といえよう（高 1996：50）。朝鮮戦争が休戦になり韓国が困窮を極めるなか、日本に住む家族や親族を頼って非合法的に来日する人も珍しくなかった（高 1998：175）。これは経済的な難民といえる。済州島のように戦前から日本と縁が深かった地域の人々は、戦後も引き続き日本と済州島に跨った生活を送っていた。韓国と日本で水脈のようにつながっているこうした人々の出稼ぎ移動は、日本の経済発展を背景にした在日コミュニティの景気の浮沈に左右されていた。たとえば、八〇年代後半の日本のバブル景気と円高の際に、済州島から横浜の寿町周辺へ大量の出稼ぎ移動があった。韓国では海外旅行自由化は一九八九年に始まったが、済州島人はそれ以前から日本の景気変動による移動を繰り返していた。しかし、済州島人の日本へのこうした移動に関しては、韓国の正史に記録されるものではない（高 2000）。

その一方、日本から北朝鮮への送還事業として一九五九～八四年までに九万人を超える在日朝鮮人が北朝鮮に帰国した。しかし、そのほとんどは朝鮮半島の南部出身者であり、北朝鮮という見知らぬ地への移住であった。なかには一九九〇年代以降に脱北者として韓国や日本にたどり着いたケースもみられる[4]。

このような人々は、移動の間に支配国が変わっていたために国籍と結び付けて〇〇人ということは難しい。たとえば、日本の植民地時代に朝鮮人は日本国籍であったし、満州にいた朝鮮人は満州国籍だったかもしれない。そして、そもそも彼（女）らの意志と関わりなく、国籍は与えられもすれば剥奪されもした。日本統治下では、朝鮮人にとっての祖国である朝鮮は無くなっていた。また、解放されたはずの祖国も彼（女）らの意志と関わりなく分断されて戦争をし、その結果、分断は固定されたのである。こうした人々を総称して朝鮮人の移動としてしまうことにはためらいがある。そこには、送還事業での北朝鮮への移動にみられるように、朝鮮半島の南部出身者が日本での生活を経て北朝鮮という異なる体制、厳しい気候や慣れない土地へと適応することが強いられた。むしろ、朝鮮人だったがために、日本の戦争に巻き込まれただけでなく、中国の内戦やロシアとの戦争、朝鮮戦争に巻き込まれ、翻弄されたといえる。このような歴史を背景に、現在の韓国の排外主義にみられる民族のルーツを同じくする人への排外主義がつくられていく。

大韓民国成立以後の韓国人の外国への出稼ぎについて簡略に取り上げよう。海外で働く韓国人が現地で排外主義による厳しい差別に直面することもあるが、韓国人が積極的に現地に関心をむけていなかったことにも一因があろう。[5]

一九六三～七七年まで西ドイツへ看護婦一万人、炭坑夫八〇〇〇人が派遣されたことが公式的な移民の始まりである。[6]当時の韓国は高い失業率であり海外への出稼ぎは難しいなかで、数少ないチャンスとして炭坑夫一〇〇人の募集に二五〇〇人の応募が殺到するほどであった。しかもその六割は高卒や大卒の高学歴者であった。西ドイツの労働環境は非常に劣悪で、炭坑での事故によるケガや死亡も少なくなく、またきつい差別にもさらされたようである。[7]

ベトナム戦争では一九六四年九月～七三年三月にかけて延べ三二万人の軍人が派兵された。[8]ベトナムへは、軍隊だけでなく民間企業も進出し、後に中東における建設ラッシュに乗る基盤をつくったといわれる。当時のベトナムは、貧しい韓国にとって外貨を稼ぐ出稼ぎ先であり、国を挙げてさまざまな人々を動員した。米軍と比べて戦闘手当が約五分の一であった韓国軍兵士は、いわば賃金の安い外国人労働者であった。ベトナム戦争で韓国軍に米軍から支給された戦闘手当の送金額は当時韓国の外貨保有の四割を占めたという。しかし、いくら外貨を稼ぐためとはいえ、戦場に赴き、戦闘に加担したのである。ベトナム戦争当時には韓国軍がベトナムで何をしているかが韓国国内に知られることはあまりなかった。だがベトナム戦争の後遺症は、後に韓国人や韓国社会へさまざまな形で現れる。逆にいうと、そのような後遺症が現れるまでは、広く認識されることがなかったのだともいえる。[9] ベトナム戦争終結後に兵士は韓国へ帰還したが、現地で働いていた軍属などは現地解散とされた。それらの人々のうち何割かはオーストラリアに集団移住し、オーストラリアへの韓国人移民の始まりとなった。なお、近年の韓国企業のベトナム進出には目を見張るものがあり、ベトナム経済にとって重要な位置を占めている（松尾 2016）。

七〇年代になると七三年のサウジアラビアの高速道路工事を皮切りに、中東での建設ラッシュに乗じた建設企業の進出が加速し、ピークとなる八〇年には工事受注金額が八二億ドルに達し、当時の韓国の外貨収入の八五％が中東からとなった。中東で働く韓国人労働者の数も七五年の六〇〇〇人から七八年には一〇万人、最多では二〇万人近くに達したこともある（佐野 1994）。七四～八二年までの累計で六七万人の労働者が中東に渡り、建設労働者が最多で、船員や機械工がそれに次いだ。そして船員の一部が、円高やバブル景気に沸いていた日本へと移動する。[10] 中東での建設ラッシュは当時の韓国経済に大きく貢献し、特に韓国の建設企業が大きく成長する基盤をつくった。韓国人の中東への出稼ぎは、韓国企業に雇われて派遣され、現地でも韓国人同士で共同生活する軍隊方式であった。イスラム社会ということもあるが、韓国企業が労働効率を重視して編み出したやり方であった。労働者は、より多くの収入を得るために長時間労働を厭わなかったものの、非常に厳しい気候、劣悪な労働環境そして過労が重なった。[11] それにもかかわらず、国内の雇用条件が劣悪なことから、中東への出稼ぎは労働者にとってまとまった収入が得られる数少ないチャンスであった。そのため、中東への出稼ぎ希望者は、常に募集を溢れる状態であった。一方、韓国国内の出稼ぎ労働者を送り出した家は中東からの送金で急に収入が増えたが、夫や父親不在の家庭ではさまざまな問題が生じ、社会問題として浮上していた。

今となって不思議に思うことは、中東への進出が韓国であれだけもてはやされ、社会現象にまでなったにもかかわらず、イスラム世界の様子についてはほとんど伝わらなかった点である。これは、一〇年にも及ぶベトナム参戦の実態が国内にほとんど知られていなかったことと共通する。当時の韓国は軍事独裁政権下にあり、国内外の情報が厳しくコントロールされていたとはいえ、相手国の社会や人々への関心の弱さに韓国の排外主義の一端をみることができるのではないか。

九二年の中国との国交正常化以降、韓国企業の中国進出には目覚ましいものがある。そこには大きく二つの流れがある。ひとつは、中国の改革開放政策によって開かれた経済技術開発区への製造業を中心とした進出である。二つめには、遼寧省、吉林省、黒竜江省という東北三省への進出である。東北三省は歴史的に朝鮮半島と縁が深く、朝鮮族コミュニティもあり、特に吉林省には延辺朝鮮族自治州の中心都市の延吉市がある。また遼寧省と吉林省は北朝鮮と国境を接している地域でもある。これが進出の理由といえる。韓国企業の中国への進出は九〇年代から始まっているが、近年では韓国における海外投資において抜きんでている。

また、韓国では海外留学が積極的に行われており、かつ低年齢化している。子どもの留学に伴い家族も一緒に外国へ行くこともよくみられる。韓国人の留学先は、アメリカと中国に集中している。二〇一五年の大学以上の留学生の数は、韓国の教育部によると二一万四七〇〇人であったが、早期留学といわれる低年齢者の家族移住まで含むと三〇万人を超えるものとみられる[12]。

海外旅行をみると二〇一四年に海外へ出国した人数は一六〇〇万人で韓国の総人口の三割にあたり、非常に活発といえる。行き先はその大半がアジア域内である[13]。留学生の受け入れや訪問観光客数より、海外へ出ている韓国人のほうが圧倒的に多い。先進国への移民やワーキングホリデーなどで海外に出るケースも少なくない。近年における韓国への外国人の急激な流入は、一方的なものではなくそれをはるかに上回る韓国人の活発な海外への移動とあわせて捉える必要がある。韓国は単一民族神話が根強いが、海外への移動や外国人との接触交流の増加により排外主義が薄れることを期待したい。

### 外国人労働者の流入

二〇一六年末現在の外国人人口は約二〇四万九五〇〇人で総人口の四％を占めている。[14] その内訳をみると、朝鮮族を含む中国国籍者が全体の半分以上を占めており、次がアメリカ人一四万四五〇〇人、ベトナム人一三万五九〇〇人、タイ人八万六三〇〇人、そしてフィリピン人、日本人の順となっておりアジア系の外国人が大半を占めている。ただし朝鮮族をはじめ、民族の出自を共通とする人々が約七五万六〇〇〇人（二〇一六年末現在）おり、登録外国人の三割を占める。その次に、一般雇用許可制に基づき相手国とＭＯＵ（業務提携）を締結して受け入れた外国人が三割をこえる。こちらの外国人労働者の流入は、今後引き続き伸びるものとみられる。

外国人の居住地域は六割以上が首都圏に集中している。外国人の集住地域人口は、京畿道安山市壇園区が四万六六〇〇人で一番多く、永登浦区四万人、京畿道華城市三万三〇〇〇人、九老区と京畿道始興市が三万人と続く。[15] 永登浦区・九老区・京畿道始興市は隣接した地域で、以前は永登浦区に九老区が含まれており、その一帯にある九老工団という製造業の工場で働く労働者が多く住んでいた地域である。居住環境は劣悪なものの外国人労働者が入りやすい地域といえる。京畿道安山市・華城市・始興市も隣接しているが、特に安山市は外国人居住率が高いことで知られている。[16]

外国人労働者が従事する職種は二〇一五年統計庁の外国人雇用調査によると製造業が四六％を占め、サービス業三八％、建設業九％の順である。性別でみると、男性は製造業が六割をこえ、女性はサービス業が六割をこえている。外国人労働者が働く業種や職種は、韓国人にとっては仕事が厳しい割に賃金が低いため避けられる。中小の製造業やサービス業では労働力不足が深刻で、その隙間を外国人労働者が埋めているため、韓国人とは競合していない。今後も、韓国の若い世代が長時間、低い賃金で働いても、人並みの生活すらできないような厳しい仕事に就くことは考えにくい。そのため、現在外国人労働者が担っている仕事に従事する人材は、必要不可欠である。

現在の外国人労働者受け入れ政策は、定住を前提としていない。韓国の外国人労働者は、期限付きで労働市場の一部を占めるにすぎなく、市民社会の構成員ではない。したがって、外国人労働者は、職業の選択の自由や社会・文化・政治への参加から排除されている。とはいえ、労働力が不足する企業側と外国人労働者の両方にとって、安定的に働ける環境は望ましいため、定住化にむかうことが望ましい。韓国では職業差別があり、肉体労働やサービス業に従事している人は差別される。外国人労働者が特定の職業に集中し、特定の地域に居住しているということ自体、職業差別に基づく排外主義だといえる。

## 3　在日同胞

戦前から日本に住んでいる人やその子孫を韓国では在日同胞または在日僑胞と呼ぶ。朝鮮半島と日本の間での人々の移動は、韓国併合以前からあった。たとえば先述した済州島には明治初期から日本人の漁業進出があった。その後、日本人が済州島人の独占的な漁場である近海まで武力進出したことで済州島人との摩擦が起こった。済州島人の抵抗にもかかわらず、明治一七~二五年の朝鮮政府と日本政府の関係により、日本人が済州島付近の海を実力支配することとなる。これによって済州島の経済は、実質的に日本人の支配下におかれる。これは一九一〇年の韓国併合以前に起こったことである（高 1998：48）。その結果済州島人は、早くから日本人と交流せざるをえない環境にあった。日本人漁民は済州島人を雇い、大連や青島まで漁に出るような関係になる。こうして明治三六年の海女たちの三宅島への出稼ぎから始まり、明治四〇年前後に一〇〇名あまりの漁師が日本の漁船の乗組員となって出稼ぎを目的として来日する（升田 1986：108）。その後、九州の炭坑労働者の募集や阪神工業地帯の職工募集に応じた済州島人も日本にむかう。そして、大正一一年には、大阪と済州島間に定期航路が開設され、済州島人の日本（大阪）への移動は容易になった。昭和九年には済州島人口の二五％が日本へと渡っていたともいわれる（升田 1986：111）。日本と済州島間を往き来して生活圏が形成され、日本に短期間出稼ぎし、故郷済州島にお金を持ち帰るようになっていた。東京と大阪には済州島人のコミュニティが形成され、済州島と日本に跨って生活し、第二次世界大戦が激しくなると、子どもを済州島に疎開させた。世代によっては、戦時下の日本で国民教育を受けてすっかり「日本人」になりきり、朝鮮人の親や家族を恥ずかしく思った人々もいる。戦争で天皇陛下のために命を捧げるという皇国少年に育て上げられた人々である。これが植民地的環境というものかもしれない。

その後、日本の敗戦により解放され朝鮮人としての民族意識に目覚めていくことになる。だが、「日本人」になりきっていたからこそ、その反動も大きかった。恥ずかしく思っていた朝鮮人というアイデンティティに、他ならぬ自分の姿として向き合わねばならなかった。こうして、朝鮮人として生きていくことを真剣に考え、行動していくことになる。

日本で生きる在日にとって最も重要なことは、民族意識の復活だと考えた。植民地支配下で奪われた民族性と民族差別を出発点として朝鮮人の民族意識をみつめることがその始まりであった。法的に在日朝鮮人という身分が与えられるのは、五二年四月に発効したサンフランシスコ条約により日本国籍を失ってからである。日本国籍の付与と同じく日本国籍の喪失も彼（女）らの意志とはかかわりがなかった。その時期、日本の敗戦によって朝鮮半島をめぐる状況は緊迫し、予断を許さなかった。一九四八年の済州島の四・三事件から、同年一〇月の麗水・順川事件、一九五〇年朝鮮戦争開戦と大小の戦争が続くなか、朝鮮半島の人々は避難民として再び日本にむかった。その後、一九五九年からの北朝鮮への送還事業で北朝鮮にむかう人々もあり、在日同胞の分断はより複雑に入り組んでいくことになる。在日同胞は、一方では民族学校での教育などを通して民族意識を育んだり、他方では日本に同化したりしながらそれぞれに生きていく道を探していった。

朝鮮半島は、日本の敗戦後に南北に分断され、北はソ連、南はアメリカによる信託統治が始まった。冷戦構造と相まって朝鮮半島の南と北も資本主義と社会主義陣営に分断され、分離独立にむかった。一九五〇年に韓国と北朝鮮は朝鮮戦争を始める。朝鮮戦争には、冷戦下の代理戦争および同族間の戦争という二つの側面がある。いずれにせよ、戦場が朝鮮半島のほぼ全域にわたり、軍人よりもはるかに多くの民間人が殺され、韓国と北朝鮮双方が壊滅的な打撃を受けた。一九四八年に済州島で、南だけで単独選挙を実施することを拒否して米軍政に対して島民が蜂起した。これが四・三事件の始まりである。北から来た反共主義者（西北青年団）と軍によって多くの済州島人が虐殺された。さらに済州島人の蜂起を鎮圧するための出動命令を受けた陸軍の部隊一部が拒否し、麗水や順川を占領したが、韓国軍により鎮圧される[17]。朝鮮戦争以前に起きた、分断に反対する人と、分断を支持する人や政府側との内戦ともいうべき事態であった。その後、韓国と北朝鮮の対立が先鋭化したまま休戦・分断が固定化し、今日に至っている。朝鮮半島の分断は、在日同胞のように近隣諸国に住む朝鮮系の人々の分断にもつながっている。同じ地域に住みながら韓国支持か北朝鮮支持かのどちらかを選ぶようになる。北朝鮮に家族が住んでいる場合は北朝鮮を支持せざるをえず、たとえ韓国が生まれ故郷だとしても支持できないというケースも少なくない。北朝鮮が、韓国よりも在日同胞の教育などに関心を持ち支援を続けていたことにより、心情的に北朝鮮を支持するという在日同胞が多くいることも事実である。ひとつの民族が分断されて対立を続け、和解の目途がみえないことに、韓国の排外主義の根があると考えられる。

一九六五年の日韓国交正常化以降、在日同胞は合法的に韓国へ往き来できるようになった。韓国の排外主義への指摘は二世以降の在日同胞によってなされることが多い。日本で民族差別にさらされていた在日は、韓国国内の差別、排外主義に対して敏感であった[18]。国籍の問題により、日本での活動が制限されたスポーツ選手は、活躍の場を韓国に求めることも少なくなかった（大島 2012）。ところが本国でも言葉ができないなどの理由で差別に遭い、いたく傷つき嫌悪感を抱くこともあったという。

近年になってようやく韓国社会は在日同胞に対して理解を深めている。たとえば、二〇一〇年六月ワールドカップに北朝鮮代表として出場した鄭大世選手がブラジル戦のときに北朝鮮の国歌を聞きながら涙を流し、それをみた韓国の人々も一緒に涙を流して四四年ぶりに出戦した北朝鮮を応援したことが大きな話題になった。在日三世の彼は、韓国籍でありながら総連系の民族学校に通い、北朝鮮の代表選手となった特異な例といえる。在日の複雑な立場を体現する彼に、人々は感動したのだろう。ワールドカップ以降、彼は韓国で人民ルーニーと呼ばれて人気者になり、韓国のクラブでもプレーをした。

もう一人、柔道の秋山成勲（韓国ではチュ・ソンフン）の場合、一九九八年からプサン市庁に所属してオリンピック出場をめざしたが、選考試合で判定負けし、差別による不公正な裁定ではないかと感じたという。その後、日本に帰化した彼は日本代表となるが、韓国で試合の際は韓国人からブーイングを浴びたこともある。柔道引退後は格闘技に転向して活躍している。近年では韓国のテレビで父親による子育て番組に出演し、子どもや妻も人気者になり、韓国で活躍の場を広げている。その番組第一回目では、大阪市生野区の実家に子どもを連れていく場面を放送した。彼はおそらく、日本人か韓国人かということではなく、在日済州島人というアイデンティティを韓国の視聴者にみせたいのだろうと私は思った[19]。彼の事例からは韓国国内でも韓国籍だから受け入れ、日本籍だから排除しているというわけではないことが垣間みられる。

とはいえ具体的な事例において当事者の差別の感じ方は大きく異なる。近年、在日コリアンの女性が韓国人男性と結婚して韓国へ移住しているケースをみると、女性の国籍は韓国だが、日本における特別永住権を失いたくないため、韓国での外国人登録ができないことがある。韓国では外国籍は外国人登録証を取得し、いわゆる在日コリアンは、身分証となる住民登録番号を取得しなければならない。この住民登録番号がなければ、国民として受けられる子どもの保育料支援の対象になれない。その一方、多文化家族支援法という法律によって、国際結婚カップルには、所得に関係なく保育料の全額支援がある。現在の在外同胞法では、日本の特別永住と韓国の住民登録から二者択一せねばならない。日本の特別永住権を失いたくないと考える在日コリアンは、韓国でも制度的に保護されないマイノリティになってしまう。[20] 在日コリアンでも朝鮮籍の場合は、恣意的に韓国への入国が認められたり、認められなかったりする。[21] つまり在日コリアンが韓国で住むには、住民登録をしたり、朝鮮籍を諦めたりさせるような制度的圧力をかけているのである。

韓国社会では、在日コリアンに対する理解不足のため在日コリアンは差別に遭ってきた。では、在日コリアンは韓国社会についてどれほど知っているのだろうか。たとえば、西洋美術に造詣の深い徐京植が「前近代（ここではいちおう「朝鮮王朝時代の終わりまで」としておく）の朝鮮美術について、私はほとんどなにも知らない。その第一の理由は、日本で生まれ育ち、教育も日本の学校で受けたため、朝鮮の美術について学ぶ機会がまったくなかったからだ」としている（徐 2015：149（ ）は原文ママ）。これは美術に限ったことだろうか。在日コリアンは、日本のマスコミや周囲の話を通して接する情報などから韓国社会について熟知しているつもりでいるが、あくまで日本の情報であり、韓国国内で流通する情報とは大きな隔たりがある。つまり、韓国社会が在日コリアンについて知らないばかりでなく、在日コリアンも韓国を知らないのではないだろうか。韓国の排外主義は、同じ民族といいながら、他の地で生きてきた同族について知らないことに根差しているのではないだろうか。

## 4 朝鮮族

朝鮮系移民のなかでも最大の集団である中国の朝鮮族、そして中央アジアの高麗人や第二次世界大戦後サハリンに残された朝鮮系の人々は、冷戦の間は資本主義陣営に属する韓国との交流はほぼ断絶していた。それが、一九八六年のアジア大会、一九八八年のソウルオリンピックにより、韓国の発展ぶりは世界に知られるようになり、九〇年代に入って冷戦構造が崩壊したことで断絶していた関係が修復されることになる。それは、グローバル化が加速し、人々の移動も活発になる時期と重なる。

中国と韓国の国交樹立は一九九二年であるが、それに先立ち一九九〇年には韓国の仁川と中国の威海を結ぶフェリーが就航する。また中国国内の朝鮮族の韓国への移民は、一九八〇年代後半から始まった。当初韓国では、朝鮮族は同胞であり、外国人とは認識されていなかった。朝鮮族が外国人として認識されるようになったのは、親族訪問を口実とした中国の朝鮮族が韓国へ持ち込んで売っていた漢方薬に偽物の混入が発覚したことなどで韓国社会と摩擦が起きたときからである。当時の韓国では外国に働きに出る人ばかりで、外国人労働者の受け入れ体制はまったく整っていなかった（高 1995）。韓国の外国人労働者の受け入れは、次第に外国人とみなされるようになってきた朝鮮族が入ってくるという実態が先に進み、そのため朝鮮族の超過滞在者を数多く抱えることになった。こうした超過滞在者は、雇用における差別、不安定な身分による賃金不払いや人権侵害、あるいは当局による行き過ぎた取り締まりといった目に遭った。

中国における朝鮮族の総人口は約二〇〇万人で、その九七％以上が東北三省（黒竜江省、吉林省、遼寧省）に居住している（韓 2001a：137）。朝鮮半島からの移住は一九世紀後半になってからである（韓 2001a：137）。大量移住が始まるのは、日本が朝鮮半島および中国東北部を占領・支配する過程においてである。「土地調査事業」(一九一〇〜一八年)にはじまる一連の植民地政策は、農民たちの土地を奪って貧困に陥れたことで、彼らの「満州」への移住を促進したのである。移住した朝鮮族の数は、一九一〇年に約一〇万人、三一年に約六四万人、四四年に約一六五万人となっている」(韓 2001a：138)。日本の敗戦によって、一九四五年に日本軍が中国本土から撤退すると、約五〇万人の朝鮮人が中国から朝鮮半島に引き上げる一方、一〇〇万人あまりの朝鮮人がその後も引き続き中国に残留し現在の朝鮮族の母体を形成したのである(韓 2001a：138)。

朝鮮族は貧しいなかでも早くから民族教育に力を入れ、中国のなかで圧倒的に高い教育水準を誇るようになる。朝鮮系の民族大学である国立の延辺大学は一九四九年という中華人民共和国建国の年に設立されている。朝鮮族の高い教育水準は、北朝鮮からの物心両面の支援によるものであった。朝鮮族と北朝鮮の関係は、一九九二年の中国と韓国が国交樹立しても変わらず堅く結ばれている。中国の朝鮮族のコミュニティは北朝鮮との国境沿いに形成され、以前は国境と無関係に自由に行き来していたという。北朝鮮と中国の国境警備は、中韓の国交が成立した一九九二年以降になって厳しくなったとされる。その後、北朝鮮からの脱北者のために警備が強化され、近年は国境に鉄柵を設けるなどでさらに強化している。すなわち韓国と中国の国交正常化に朝鮮族コミュニティと北朝鮮間の分断が現れているのである。

一九九〇年代になって中国の改革開放以降、中国の朝鮮族は国内外に活発な移動を行っている。国内移動では、北京、青島、上海、広州など中国内の都市へのキムチ行商や東北三省および首都北京市での朝鮮料理屋の経営、あるいは韓国企業への雇用に分かれる(韓 2001b：227-228)。

一方、国外移動では韓国が最も多く、二〇一五年末時点で韓国在住の中国の朝鮮族の人口は、六〇万六七〇〇人で、二〇一五年までに韓国国籍を取得した七万六九〇〇人を合わせると七〇万人近い[22]。それ以外の移動先として、日本や北米、ロシアなどがあげられる。朝鮮族は常に韓国における最大の外国人集団であったが、特に二〇〇七年に訪問就業制によって出入国が自由になると爆発的に増えたという。以前は、中国に帰ることを前提とした出稼ぎが多かったが、近年は定住志向の若い世代が増えているという。そのため中国の朝鮮族コミュニティは解体の危機にさらされている。朝鮮族は早くから韓国でコミュニティを形成し、九老区のカリボンドン中心から永登浦区大林洞の朝鮮族タウンの風景は、さながら延辺という雰囲気である。

ここで、二〇〇四〜〇六年に行った中国の朝鮮族へのインタビューや延辺でのフィールドワークの際に観察した事例を紹介したい。二〇〇四年八月にインタビューした五〇代の女性には、北朝鮮出身の夫との間に娘が二人いる。次女は韓国人が中国に設立した延辺科学技術大学に通っており、長女は日本に留学していたが韓国に呼び寄せたという。彼女は漢方医で、韓国でも漢方薬製剤の仕事をしていた。二〇〇〇年に韓国に移住すると二年三ヶ月で六〇〇万円ほど稼いだという。漢方医という専門知識を生かして高収入を得たが、違法の超過滞在になってしまった。しかし韓国での収入を考えると中国では働く意欲がわかないという[23]。漢方薬剤屋の経営者とは信頼関係があり、娘の学費や生活費として三〇〇万円ほど借金をしている。

また、延辺から瀋陽と大連を経由し、青島から上海に行くときに中国の朝鮮族や中国に進出している企業に勤める韓国人と出会った。上海では、韓国人の紹介で、朝鮮族の経営する民宿に泊まった。民宿のオーナーは八人兄弟で、延吉・オーストラリア・韓国へと移住した以外の残りの五人がそれぞれ民宿を経営していた。

その後に会った上海の日系企業で働く黒竜江省で大学を卒業した三〇代初めの女性も、同じ民族同士での結婚に拘りがあるようで、交際中の韓国人と結婚したいと考えていた。ちなみに、彼女の同級生のほとんどが上海で働いている。日系企業の本社にも誘われたが、日本で働くのは窮屈だと断った。彼女は、中国語、日本語、英語ができるが、漢族学校に通ったため朝鮮語が一番できないという。

以上のように、朝鮮族にもさまざまな人がいて、必ずしも韓国で暮らしたいとは考えていない。たとえば、黒竜江省出身の女性にはいくつかの選択肢があった。ただしそれには、大都市の企業で働けるだけの学歴や中国語の能力などさまざまな要件がある。延辺出身の学歴が高くない人々から見ると、移住先としては韓国が一番近く、そこにある朝鮮族コミュニティは大きな支えになる。

韓国社会における排外主義と個人的な信頼関係は、必ずしも一致しない。韓国では朝鮮族は低学歴で非熟練労働者が多いとみられがちであるが、実際の朝鮮族には多様な人々がいる。韓国における朝鮮族に対する偏見や差別的な視線および態度は排外主義を示すものであるといえる。

## 5　脱北者

脱北者が増え始めたのは、一九九四年に金日成が亡くなり、一九九〇年代後半に北朝鮮で食糧不足により餓死者が多く出て以降である。それ以降脱北者が増え、九九年に一〇〇人、二〇〇二年に一〇〇〇人、二〇〇六年に二〇〇〇人、二〇〇七年に一万人をこえ、二〇一〇年に二万人をこえる。二〇〇五年以降も増えていたが、二〇一二年にそれ以前の半分程度に落ち着き、二〇一四年には入国者が約一四〇〇人にとどまった。(24)二〇〇二年以降から女性の脱北者が多くなり、二〇〇六年以降は男性の三倍超で推移している。これは、北朝鮮の家父長制において弱い立場の女性が家族のために犠牲を強いられている側面のあらわれとみられる。近年になって脱北者が減少しているのは、中国と北朝鮮の国境警備が厳しくなったことと、北朝鮮の経済が良くなりつつあることが原因との見方がある。

脱北者は、難民であるが、韓国に到着するとすぐに国民に編入される。しかし、脱北者のめざす目的地がはじめから韓国とは限らない。脱北者は、中国やロシアなどで働き、北朝鮮の家族へ送金をする。しかし中国では非合法滞在となるため、出稼ぎが長期化すると北朝鮮に帰ることが難しく、そのため韓国行きをめざすケースが増える。韓国に移住すると故郷北朝鮮に帰ることや置いてきた家族と会うことができなくなって家族の離散（分断）が生じる。脱北者は朝鮮族より圧倒的に少ないため、韓国で暮らしていても実際に接することは少ないが、テレビなどを通して広く知られた存在である。脱北者は、韓国に着くとすぐに韓国の国籍が与えられ、韓国社会に定着するための支援を受ける。それでも脱北者の韓国での定着にはさまざまな困難が待ち受けている。韓国と北朝鮮との体制や経済発展段階の違いということもあるが、急激な変化に対応せざるをえないことが最も難しい。若い世代は韓国社会へ適応するための時間が与えられるが、それでも定着には難しい面がある。

二〇〇五年に筆者が行った脱北者へのインタビューから、二つの事例を紹介したい。まず、二〇〇五年八月末にソウルの教会で会った三〇代女性である。(25) 彼女は父が政治犯だったため貧しい生活を送っていた。彼女は一人で中国に行って漢族の男性と結婚し、夫の農村で五年間暮らした。一つ年下の夫との間に息子が生まれる。しかし、非合法難民だったため、隠れて暮らしていた。村の人の申告で公安に捕まりそうになるが辛くも逃走する。それからは都市で隠れて働いていたが、捕まる心配がなければ、そのまま中国に居たかったという。隠れて暮らすうちに脱北者を助ける韓国人と出会い、モンゴルを経由して韓国へ移住する。中国に残してきた息子には、父親や親戚もいるし、そこで暮らしたほうが幸せだと思っているという。

もう一人は二〇代後半の女性で、韓国に移住して二年になっていない頃に会った。彼女は、子どもの頃に北朝鮮から一人で中国に脱北し、朝鮮族の夫婦に偶々出会い養女になり、幸運にも戸籍に入ることができた。朝鮮族の養父母は彼女以外にも脱北者の子どもを預かり育てていたが、他の子は戸籍がなかった。後に、養父母の実子が韓国で結婚したため養父母が韓国に移住し、彼女も韓国に移住した。中国で勉強を終えて就職していたが、脱北者という自分の立場を周囲の友人に正直に言えないことが苦しかったという。

二つのケースにみられる共通点は、北朝鮮の底辺に属していたことと出生家族との縁が薄いことである。はじめの女性は、母や家族が飢えている状況が苦しく助けたいといったが、家族との思い出はあまりない。二つめのケースでは、子どもながら自分で家族に見切りをつけて家を出て中国に渡っている。その時点で家族との縁も切っていて、北朝鮮の家族の話は一切出ない。彼女にとって家族とは、中国で出会った養父母の家族であった。ただその関係も状況の変化により揺らいでいる。そもそもの家族の基盤が弱く、自活の道を模索したケースといえる。本当に体をはって生き延びてきたのであろう。彼女はさらに中国から韓国へと行きさえすれば苦労が終わると考えたが、韓国では新たな試練が始まり当惑したという。このようなケースは、近年増えている女性脱北者にも当てはまる。脱北者は、韓国人にとって最も近しい人々でありながら、非常に異なる人々である。韓国は、国家成立時から北朝鮮と対立し、戦争をし、反共主義を国是にしてきた。韓国のナショナリズムが、北朝鮮を敵視することで支えられているのは現在も変わらない。その一方、北朝鮮の人民は同じ民族であり無条件に受け入れるべき対象と考える矛盾に板ばさみとなる。敵視すべき対象は政権を握っている人々だというが、北朝鮮の政権と人民をどのように分けられるのか。つまり、同じ人々を敵対しつつ受け入れるという離れ業が韓国の同じ民族間の排外主義にみられる。韓国人と脱北者の関係は、韓国の同族間の排外主義という非常に複雑かつ悲劇的側面ではないだろうか。

## 6　多文化家族

外国人の流入が急なだけに韓国社会の「多文化社会」への舵取りも急である。外国人受け入れ体制が未整備のまま外国人の流入が増加した韓国では、排外主義による外国人への差別や人権侵害をはじめさまざまな問題が起こった（廣瀬 2015）。それに対して外国人や市民団体などから政府に厳しい批判がむけられている。韓国の民主化の進展に伴い、政府主導の「多文化政策」や「社会統合政策」が進められており、法的には二〇〇七年に「在韓外国人処遇基本法」、二〇〇八年に「多文化家族支援法」が施行される。「多文化家族支援法」は二〇一一年に改正され、多文化家族への支援がいっそう強まった。韓国では、政府と地方自治体および市民団体が提携しながら外国人の生活との人権擁護のさまざまな施策を実施するようになった（朴・坪田 2011）。「多文化家族支援法」の主な対象は、韓国人との国際結婚による移住者家族である。韓国で多文化家族にむけられる排外主義には、外国人への差別や子どものいじめといったことがあげられる。韓国の「多文化政策」は韓国社会への同化を求めるものであり、移民集団の文化の多様性を認めるものではない。移民集団の文化の多様性が保持できる制度が整っていない状況における「多文化政策」は、文化の多様性を認めた多文化主義・多元主義とはいえない。

韓国では国際結婚による移住者の増え方も急だったが、二〇〇五年をピークに減少傾向にある近年でも韓国における結婚の一割を超える。二〇一四年に国際結婚の数は約一五万一〇〇〇組であり、韓国人男性と外国人女性の結婚が八五％、韓国人女性と外国人男性の結婚が一五％である。韓国人男性と結婚した外国人女性の出身国は、中国（朝鮮族が多数）四〇％、ベトナム二六％、日本八％の順である（韓国法務部出入国・外国人政策本部 2014：48-51）。韓国人男性の国際結婚の特徴として、年齢が一〇歳以上若い途上国の女性との結婚という事例が多くみられる。韓国でも晩婚化が進むなか、過疎化が進んでいる農村在住の男性など年長の男性が結婚仲介業者などを通じて途上国の女性と結婚するケースが多いためである。ほとんど交際もしていない、お互いを知らないまま結婚に至ったカップルは、離婚に至るケースも多かった。結婚相手の女性の文化を無視して、一方的に韓国的しきたりを強要するなど外国人女性にとって堪えがたいものであった。特に、農村で両親とも同居する場合、同化圧力はより強くなる。外国人妻には、韓国語が不自由で意思疎通もままならない人も多い。結婚したとはいえ、一方的に相手の文化にすべてを合わせることは容易ではない。韓国社会が排他的で、外国人を受け入れ、共に生きるという経験の乏しさからくるものが大きい。これは、「多文化社会」をめざす韓国社会が緊急に解決に取り組むべき課題である。そこで以下では韓国のテレビ番組にみられる相互理解の方法をみていきたい。

韓国では外国人が主人公のテレビ番組がほぼ毎日放映され、それらを通して外国人の韓国での生活の一端を知ることができる。ただしテレビ番組は外国人への理解を深めることもあれば偏見を助長することもある。二〇一六年一月時点で放送回数一一六回を数える韓国教育テレビの「多文化姑婦列伝」は、国際結婚をめぐる嫁姑のバトルが繰り広げられるドキュメンタリーである。この番組は外国人の嫁と韓国人の姑が二人で嫁の実家へ里帰りすることを通して葛藤を解消し、相互理解をめざすというプロットからなる。この番組から事例を取り上げたい。宗教が異なるケースである。姑は仏教、インドネシア人の嫁はイスラムの敬虔な信者である。イスラム教になじみがない姑は、嫁が孫にもヒジャブをはじめとするイスラムの文化を教えることに不安を覚える。嫁としては、イスラム教が否定されることを理解することができない。この二人が旅行によって宗教は違っても信仰する心は同じであることを見出し、お互いを尊重し、理解を深めながら共存する道を探りはじめる。そこで、共通する目標として、家族が幸せに暮らすということにつきあたる。宗教でなくても嫁と姑が対立することは多くある。しかし、そのとき相手を排除することは、円満な関係に導かない。共通点をみつけ共有することから、関係を円満な方向に進めようと努力をしている例である[(26)]。

こうしたテレビ番組は、外国の文化への知識や理解を広げたり、文化が異なるにしても共通点があるということを示す。番組では韓国人の差別的な言動も映し出されるが、それは排外的な韓国人の赤裸々な姿である。そのような自文化中心主義的な考えや態度は、相手と摩擦を起こし、更なる問題を孕むということが番組では示唆される。こうしたテレビ番組は、排外主義を克服していく過程を示している事例といえる。

## 7　韓国の排外主義への抵抗の試み

韓国の排外主義は、大きく二つに分けることができる。民族のルーツを同じくする脱北者や中国の朝鮮族、在日コリアンなどにむけられるものと、外国人にむけられるものである。同じ民族でありながら、実際には分断され、敵対しあっている。特に、韓国と北朝鮮は、敵視することをそれぞれのナショナリズムの核としている。それは、韓国と北朝鮮の国家形成とともに生成された構造的な視線である。韓国人は、同じ民族のルーツを持つ人々を政治的に敵対しながらもその振る舞いに罪悪感を覚える。素直に受け入れようにも、長年受けてきた反共教育からなかなか抜けられない。韓国人の同じ民族にむけられる排外主義は、矛盾する理念と現実を振り子のように往き来しているといえよう。その揺れ幅は、脱北者に対する愛憎にみてとれる。また中国の朝鮮族や在日コリアンも移住を受け入れるべき対象だと思っているが、実際には知識や理解の不足のため接し方がわからない。よく知らないことに罪悪感を抱きながらも、それが排外主義として表出される。

外国人に対する排外主義には、見知らぬ人々への根拠なき優越感と劣等感が入り混じっている。移民のほとんどが韓国人男性と結婚することで移住した外国人女性であり、彼女たちには韓国社会への同化が前提とされている。そうした外国人女性に差別的な視線がむけられている。男性外国人労働者の場合、韓国の底辺労働を支えているとしか認識されず、同じ社会を構成している市民とは認識されない。これら朝鮮族、脱北者、外国人に共通する点は、教育レベルや職業などにおいて底辺に置かれているということ、ならびに韓国の差別構造における排外主義の対象とされるということがある。

韓国の排外主義の文化的な面は、韓国の伝統的な暮らし方に由来するところがある。韓国では、同じ苗字の人々が集まって村をつくり暮らしていた。村は親族が中心で、生産・消費・冠婚葬祭や相互扶助などさまざまなことが絡みあう共同体であり、男性中心で家父長制かつ男尊女卑の社会であった。結婚とは、女性が嫁に行くことであり、婚家の文化に嫁が染まることであって、結婚する二人を中心としたものではないという考え方は依然として残っている。そのような考え方は、産業化および都市化によって変化する。近年はネットワーク社会になっており、さまざまな縁を中心に人間関係が形成されているのだが、現在の都市化した生活ではこのようなネットワークがかつての村のような機能を果たしている。

また、韓国の現代史は激しい変化を伴うものであった。朝鮮半島の分断や分裂によって韓国人が持つ排外主義は助長されてきた。たとえば、韓国社会の代表的な分裂の例としてあげられる地域感情は地域の不均衡発展および不平等な配分などでもたらされた。現在でも、政権の都合によって国民を分裂させる工作を行い、一部の同調したマスコミが、政権に批判的な人々には北朝鮮支持（従北）というレッテルをはり排除しようとする。韓国の排外主義にとって最も問題になる存在が、政権を握った政治的指導者という立場の人であることは、昨今の韓国の情勢をみると明らかである。韓国政府は、表面的に民族主義を掲げナショナリズムを煽りながら、民族の統合はおろか、韓国と北朝鮮の離散家族の再会の問題にすら積極的に取り組まない。

韓国への外国人の流入は新しい現象であり、政府が積極的に進める「多文化主義」は始まったばかりといえ、さまざまな問題が沸騰している。外国人の流入は韓国社会が外国人や外国で生きてきた同胞の受け入れについて考えるきっかけになっている。たとえ「多文化主義」が政府主導であろうと、テレビが外国人への理解を求める教育的な番組を毎日放送しようと、外国人やマイノリティへの排外主義は常に起こりうる。たとえば、最近ソウル大学の学生がレズビアンであることを明らかにして自治会の会長に当選したことへの反動として、キリスト教系の大学を中心に性的少数者への嫌悪感を示す排外主義的なサークルが増えているという。[27] 排外主義への抵抗には、日常レベルで脱北者を支える教会の人間関係や結婚移住のケースにみられるように身近な人々の理解やサポートが重要である。そして、多様な人々がそれぞれの個性を発揮しながら生きられる法的な整備も必要である。市民がマスコミの排外主義的な記事や政治家の排外主義を煽る発言を注意深く監視し、素早く対応することも、健全な市民社会のあり方として肝心である。人種差別や排外主義というウィルスの拡散に対していかに早く対応できるかが、その社会の健全さを示すカギとなるのではないだろうか。

## 注

（1）たとえば、王（2008）に詳しく論じられているが、韓国華僑について論じられるようになったのも、韓国の民主化や国際化に伴い、九〇年代からである。

（2）韓国のネトウヨといえるイルベ（ネットを使う若者世代の男性）とオボイ連合（老人世代）は、ともに男性優位の保守的思想を基調にしている。そのため、進歩的な思想を目の敵にしている。韓国の反共主義に基づく北朝鮮への批難や出身地による差別、女性嫌悪、進歩的な思想のシンボルである故ノムヒョン大統領の誹謗などが目立った活動である。保守的視線は外国人にもむけられるが、韓国人内部への攻撃が圧倒的に多く激しいため、外国人への排外主義が目立たないほどである。たとえば、イルベはセウォル号の被害者家族が事故の真相究明を求めてハンガーストライキをする前で、大量のピザの出前をとり暴飲暴食をする行動をして大いに顰蹙を買った（http://www.ohmynews.com/NWS_Web/View/at_pg.aspx?CNTN_CD=A0002030840, Aug 30, 2016）。

オボイ連合は、保守・親米を掲げて、保守政権を支持するデモが主な活動であり、時に反日デモもするが、慰安婦問題では日本政府を代弁するデモをしたことでよく知られる。しかし、日本の「在日特権を許さない市民の会」のように一貫した活動をしている団体ではなく、韓国政府筋や大手企業から資金を得て官製デモを行った廉で疑惑が持たれている。貧困層の老人が日当や食事を目当てにこのデモに雇われているという指摘もある。（http://news.khan.co.kr/kh_news/khan_art_view.html?artid=201604202228015, Aug 30, 2016）。

（3）ウラジオストックの独立記念館の案内に基づく（https://search.i815.or.kr/Degae/DegaeView.jsp?nid=2104, Jan 3, 2016）。

（4）二〇〇五年六月ソウルでの脱北者へのインタビューおよび二〇〇八年六月一八日に開かれた脱北者を描いた韓国映画の試写会における脱北者ならびに脱北者支援団体への参与観察による。

（5）たとえば、一九九二年のロス暴動に関連して、日頃から韓国人移民が黒人やヒスパニック系を差別していたことが暴動に便乗した襲撃のターゲットになった一因といわれ、その後自省したコリアン・コミュニティが他人種との交流やアメリカ政治への関心を高める契機となった（http://shindonga.donga.com/3/all/13/111149/1）。

（6）駐韓ドイツ大使館ソウルホームページ派独鉱夫・看護師（http://www.seoul.diplo.de/Vertretung/seoul/ko/04-Politik/Jubil_C3_A4umsjahr2013/Gastarbeiter-s.html, Jan 3, 2016）。

（7）駐韓ドイツ文化院ホームページ（https://www.goethe.de/ins/kr/ko/kul/mag/ges/mig/20591051.html, Jan 3, 2016）、ドイツ村のお話しホームページ（http://www.germanvillage.co.kr/neu/story/story02.html, Jan 3, 2016）。

（8）二〇一五年十二月八日付けの　韓国のＪＴＢＣニュース番組紹介より（http://news.jtbc.joins.com/article/article.aspx?news_id=NB11116157&pDate=20151208, Jan 4, 2016）。

（9）たとえば、枯葉剤による身体的症状から精神的なダメージまでさまざまなケースがある。近年になって大きく問題視されているのは、韓国軍が戦時中にベトナムで行った民間人虐殺や性暴力への謝罪および賠償である。国家レベルでは謝罪がなされ、民間レベルでは被害者の支援活動が行われているが、持続的な関心を集めている（http://www.hani.co.kr/arti/society/society_general/688414.html, Jan 3, 2016）。

（10）一九八九年夏に寿町で行ったインタビューによると、米ドルよりも有利な日本円の賃金、そして湾岸戦争に巻き込まれるかも知れないという危険から日本で船をおりたと述べていた。

（11）二〇一五年四月二日付け韓国の京郷新聞（http://news.khan.co.kr/kh_news/khan_art_view.html?artid=20150402109315&code=990100, Jan 7, 2016）。

（12）韓国教育部の統計（http://www.moe.go.kr/web/100088/ko/board/view.do?bbsId=350&pageSize=10¤tPage=0&encodeYn=N&boardSeq=60924&mode=view, Jan 3, 2016）。

(13) 韓国文化体育観光部の統計（http://www.index.go.kr/potal/main/EachDtlPageDetail.do?idx_cd=1655, Jan 3, 2016）。

(14) 二〇一六年末現在登録外国人統計、韓国法務部・出入国・外国人政策本部（http://www.immigration.go.kr/, 6/21, 2017）。

(15) 京畿道安山市壇園区は、二〇一四年四月のフェリー・セウォル号転覆事故で知られる。この事故では修学旅行に行く高校生が多く死亡した。その高校が壇園高等学校で、相対的に貧しい地域だったため、韓国人にとって非常に胸が痛む事故になった。事故当時に積極的な救出が行われていなかった点とその後の真相究明が進んでいない点で、政府への不信感を高めた。この事故は、遺族だけでなく韓国人に共通の問題として共有され、韓国全体が大きく傷つき、悲しんだ。

(16) 二〇一三年ソウルに行った際、地下鉄に乗ると、その車両には多くの外国人が乗っていた。私はそれに驚き、その沿線に住んでいる知人に聞いたところ、安山という外国人が多く住んでいる地域を通っている路線なのでそういうこともあると教えられた。

(17) この事件は、一九六一年に軍事クーデターを起こして軍事独裁政権を樹立する朴正煕の裏切りにより壊滅されたとされる。なお、朴正煕は、満州国軍官学校出身で、満州軍の将校でもあった。満州では、朝鮮の独立軍を狩る立場から、戦後は共産主義者となり南労働党員として政府に歯向かうが、逮捕され、転向する。彼の複雑な遍歴は、後々まで韓国の政治に深く影響力を残すことになる。

(18) たとえば、田崎（2015：16）によると、プロレスラー長州力は小学校三年のとき、従軍経験者の担任から目の敵にされた。在日生徒二人に対して、「朝鮮人！　朝鮮の子どもは殴られても痛くないんだよなぁ」と言いながら平手打ちしたという。彼は、朝鮮人という言葉を聞くと魔法にかかったかのように自分が小さくなり、体から力が抜けたという。アマチュアレスリング日本代表になった彼は、韓国での試合やミュンヘンオリンピックで韓国人選手に対して複雑な思いを抱きつつも、スポーツで在日同士の結束がより強まることを経験する。

(19) 彼は韓国でタレント活動をしていたが、二〇一三年九月から始まった「スーパーマンが帰ってきた」という父親による子育て番組に一緒に出演した娘の人気が高まるようになる。その番組を通して、済州島を訪れたり、彼の両親を含む日本に暮らす在日済州島人の生活を紹介している。その番組は二〇一八年七月現在、毎週日曜日放映。

(20) イルダロの記事「在日、住民登録法を聞く――〝国民〟としても〝結婚移民者〟としても認めてくれない」（http://

www.ildaro.com/sub_read.html?uid=6078§ion=sc4§ion2=%C0%CC%C1%D6, Jan 7, 2016）。

（21）イルダロの記事「国籍の強要は人権侵害、最後まで対抗する」（http://www.ildaro.com/sub_read.html?uid=5548§ion=sc4, Jan 7, 2016）。

（22）二〇一六年一月七日付聯合ニュース記事による（http://www.yonhapnews.co.kr/bulletin/2015/01/30/02000000AKR20150130110700372.HTML, Jan 7, 2016）。

（23）単純に比較すると二〇〇六年延辺の一年の収入が韓国の低い賃金の一月分であった。

（24）韓国統一部、脱北者統計（http://www.index.go.kr/potal/main/EachDtlPageDetail.do?idx_cd=1694, Jan 18, 2016）。

（25）脱北者のインタビュー記録とメールから。

（26）二〇一四年一〇月四日放送「一家に二つの宗教ムスリム嫁と仏教徒姑」（http://www.ebs.co.kr/tv/show?prodId=110028&lectId=10258788, Dec 26, 2015）。

（27）大学における性的少数者への理解を深めるサークルとそれらに対する嫌悪を示すサークル（http://www.ohmynews.com/NWS_Web/View/at_pg.aspx?CNTN_CD=A0002081909, Feb 17, 2016）（http://www.hani.co.kr/arti/PRINT/721227.html, Feb 16, 2015）。

## 文献

Chung GaYoung, 2009, "*Life Experiences and Its Interpretation of Mongolia Migrant Youth in Korea*," 사회연구, 2009, 2/2（＝二〇一一、遠見里子訳「不可視化される〝不法〟移民労働者第二世代――トランスナショナルなつながりとエンパワメント」岩崎稔・陳光興・吉見俊哉編『カルチュラル・スタディーズで読み解くアジア』せりか書房。）

韓景旭、二〇〇一a、「中国朝鮮族社会におけるキリスト教の受容と展開――韓国人による影響を中心として」吉原和男ほか編『アジア移民のエスニシティと宗教』風響社。

韓景旭、二〇〇一b、『韓国・朝鮮系中国人＝朝鮮族』中国書店。

樋口直人、二〇一四、『日本型排外主義』名古屋大学出版会。

廣瀬龍、二〇一五、「韓国における外国人移民の増加と多文化化」（http://www.cks.c.u-tokyo.ac.jp/images/event/150824/

150824_hirose.pdf, 2015.12.27)。

玄武岩・パイチャゼ・スヴェトラナ・後藤悠樹、二〇一六、『サハリン残留――日韓ロ百年にわたる家族の物語』高文研。

柏崎正憲、二〇一一、「現代日本の排外ナショナリズムと植民地主義の否認――批判のために」岩崎稔・陳光興・吉見俊哉編『カルチュラル・スタディーズで読み解くアジア』せりか書房。

韓国法務部出入国・外国人政策本部、二〇一四、「出入国・外国人政策統計年報」。

金富子、二〇一一、『継続する植民地主義とジェンダー――「国民」概念・女性の身体・記憶と責任』世織書房。

高鮮徽、一九九五、「『新韓国人』の定住化――エネルギッシュな群像」駒井洋監修『講座外国人定住問題2　定住化する外国人』明石書店、二二七-二五四頁。

高鮮徽、一九九六、『在日済州島出身者の生活過程――関東地方を中心に』新幹社。

高鮮徽、一九九八、『20世紀の滞日済州島人――その生活過程と意識』明石書店。

高鮮徽、二〇〇〇、「寄せ場の外国人労働者――寿町の韓国人労働者を事例に」『中央大学文学部紀要』社会学科10：一四九-一六八頁。

升田一二、一九八六、『地域社会の発展とまちづくり』シード・プラニング。

松尾修二、二〇一六「増える韓国企業のベトナム進出――ＡＳＥＡＮでの最多進出先」福井県立大学（http://www.fpu.ac.jp/rire/publication/uploads/a_economics/20_%E9%80%A3%E8%BC%89%E8%AC%9B%E5%BA%A7_%E6%9D%BE%E5%B0%BE.pdf, 2016.1.4)。

Memmi, Albert, 1982, *LE RACISME*, Gallimard.（＝一九九六、菊池昌実・白井成雄訳『人種差別』法政大学出版局。）

Morris-Suzuki, Tessa, 2007, *Exodus to North Korea : Shadows from Japan's Cold War*, Rowman & Littlefield.（＝二〇〇七、田代康子訳『北朝鮮へのエクソダス――「帰国事業」の影をたどる』朝日新聞社。）

大島裕史、二〇一二、『魂の相克――在日スポーツ英雄列伝』講談社。

朴賢淑・坪田光平、二〇一一、「国際結婚家庭における家族支援の意義と課題――韓国の訪問教育を事例にして」『東北大学大学院教育学研究科研究年報』60（1）：四七七-四九五頁。

佐野孝治、一九九四、「韓国の中東進出と重化学工業化――オイルショック～世界的不況下の韓国経済」『三田学会雑誌』87

（3）：九九‐一二八頁。
徐京植、二〇一五、『越境画廊――私の朝鮮美術巡礼』論創社、一四九頁。

鈴木裕子、二〇〇二、『天皇制・「慰安婦」・フェミニズム』インパクト出版会。

高崎宗司、二〇〇二、『「妄言」の原形――日本人の朝鮮観』木犀社。

田崎健太、二〇一五、『真説・長州力　1951-2015』集英社インターナショナル。

鵜飼哲・酒井直樹・テッサ・モーリス＝スズキ・李孝徳編、二〇一二、『レイシズム・スタディーズ序説』以文社。

王恩美、二〇〇八、『東アジア現代史のなかの韓国華僑――冷戦体制と「祖国」意識』三元社。

山崎望編、二〇一五、『奇妙なナショナリズムの時代――排外主義に抗して』岩波書店。

安田浩一、二〇一二、『ネットと愛国――在特会の「闇」を追いかけて』講談社。

# 第9章　現代日本社会における排外主義の現状

――計量分析による整理と規定要因の検討

田辺俊介

## 1　排外主義の伸張と研究の隆盛と混乱

日本社会における排外主義は、決して近年になって突然始まったものではなく、比較的長い歴史を持つ。一九二三年の関東大震災のときに発生した朝鮮人虐殺事件、一九五五年から二〇〇〇年まで続いた制度的差別というべき外国人指紋押捺制度など、排外主義と呼ぶべき現象は綿々と存在し続けていたのだ。とはいえ二〇一〇年代以降、排外主義が新聞や雑誌に取り上げられる機会は急増している。たとえば朝日新聞のデータベース（聞蔵Ⅱ）で「排外主義&日本」と検索すると、一九八五年から二〇一七年末までの約三〇年間で三八六件の記事がヒットするうち二〇一〇年以降の記事が二四五件と三分の二近くを占めている。

たしかに日本社会では二〇年ほど前から、それまでの「ガイジン」との言葉に象徴される非日本人一般に対する排外性とは様相が異なる、国家間対立の影響を受けたと思われる特定の外国・外国人への排外主義が顕在化している。一九九〇年代に盛んになった、南京大虐殺や従軍慰安婦問題の否定を「愛国心」と考える歴史修正主義（「新しい歴史教科書を作る会」など）出現の背景には、中国や韓国から提示される「侵略国日本」というイメージへの対抗心が存在していた。そのような議論が、その後の一九九〇年代末から二〇〇〇年代に出現したネット右翼による反韓・反中の主張にある種の知的基盤を提供した。さらに二〇一〇年代前後には、そのネット右翼を母体として、主に在日コリアンに対する差別的で攻撃的な罵詈雑言を路上でまき散らす、自称「行動する保守」団体（たとえば「在日特権を許さない市民の会」、略称は「在特会」）が出現した。その結果、特に二〇一〇年代以降、排外主義やヘイトスピーチという言葉が新聞やニュースサイトに取り上げられ、人々の耳目を集めるようになったのである。

昨今、そのような排外主義の活性化という現象は日本に限ったものではなく、世界的に発生している。そのため、世界中で数々の研究がなされ、また学問分野も社会学に限らず社会心理学や政治学などさまざまな領域で行われている。その方法論も従来主流であった理論や事例研究だけではなく、計量的手法や数理モデルに基づくものも活発になっている。そのように研究は非常に盛んであるが、一方増大した分だけその知見は百家争鳴の状態で混乱気味であり、排外主義の内容や現状、あるいは担い手や要因についてさまざまな見解が錯綜していることが指摘されている（たとえば金 2015：永吉 2017）。

たとえば日本では、外国籍を理由とした入居差別や、外国人を治安悪化の原因とみなす主張、あるいは近年顕著になった在日コリアンに対するヘイトスピーチなど非常に幅広い現象が、いずれも「排外主義」として議論の俎上に載せられている。またその担い手についても、社会的な不安や不満を抱えた弱者としての若年層という説（高原 2006：安田 2012）から、昨今は中高年のミドルクラス（古谷 2015）やネオリベラリズムを受容した一定のエリート層こそ担い手である（香山 2015）とも論じられている。しかしそれらの議論の多くでは、排外主義の内容の種別がなされておらず、また事例的かつ特徴的な集団や対象のみに焦点を当てている。その結果、日本における排外主義の全体的な現状や担い手についても、解明にはほど遠く、論争的な段階であるといえよう。

そこで本章では、日本に限らず海外の諸研究も含めて排外主義の内容とその要因に関する先行研究を簡便に整理した上で、それら諸研究を概念図式によって整理する。続いて二〇一三年に日本全国を対象として実施した量的社会調査データの計量分析を通じ、現代日本社会における排外主義の現況やその規定要因の解明をめざす。

## 2　排外主義の内容と要因

### 排外主義の内容

質の高い国際比較調査[1]が継続的に実施されるようになったこともあり、ここ二〇年ほどの間に排外主義に関する計量的研究が盛んに行われるようになってきた。そこで本節では、比較可能性が高い計量的な手法による先行研究における「排外主義」の命名や内容を大まかに分類していくことで、本章で対象とする排外主義の内容を焦点化していこう。

第一の流れとして、移民や定住外国人との統合や共生に対する障害としてホスト社会側の「反感」を検証する研究があげられよう。排外主義はホスト社会からみた「他者」への反感として定義づけられ、その多くは第二次世界大戦後に多くの移民を受け入れた西欧諸国の文脈で行われている。具体的な用語としては“Anti-immigration attitudes”（Nagayoshi and Hjerm 2015）、“Anti-immigrant prejudice”（Kunovich 2004 etc.；Perhrson et al. 2009）、あるいは“Exclusion of immigrants”（Coenders and Scheepers 2003）などが用いられている。またそれらの概念は、移民や外国人増加に伴う影響（たとえば治安や国内文化への影響）の評価や、流入移民数の増加への賛否などによって測定されていることが多い。

ただし同じ移民・外国人増加の影響評価が、移民や外国人集団を「脅威」（Threat）として認知しているか否かの指標にも用いられている。具体的には "Perceived threat"（Raijman et al. 2008 など）のような言葉が用いられ、外集団・内集団関係を検討する社会心理学的モデルに由来する研究が多い（たとえばメタ分析として Riek et al. 2006）。さらにその脅威認知自体が、他の排外的な意識（移民や外国人への権利付与や外国人増加への賛否）を規定する要因として分析されることも少なくない（たとえば Fasel et al. 2013：永吉 2015：濱田 2016など）。そのように反感・排除に至る前段階となる「脅威」とみなす認識自体も、排外主義の一部あるいは類似概念として研究されている。

さらに同様の項目群が、主にナショナルなレベルでの比較研究では、ナショナリズムやナショナル・アイデンティティの一部、またはその関連概念として分析されている。具体的な用語としては "Xenophobia"（Hjerm 1998, 2003）、"Ethnic Exclusionism"（Scheepers et al. 2002）、「排外主義」（田辺編 2011）などが用いられ、ナショナル・プライドや自国中心主義のようなナショナリズム／ナショナル・アイデンティティの他概念との関連性、あるいは国（ネーション）ごとの違いを検討する国際比較が主流である。

以上のように従来の先行研究では、同様の項目に異なる概念名が付与された上で分析・検討されてきている。その結果、それら諸概念の異同はあまり議論されず、個別概念の内実も曖昧なままである。そこで本章では、詳細は後述するが、反移民意識研究の流れを受けた①反外国主義、脅威認知という側面を示す②市民・政治的脅威認知と③民族・文化的脅威認知という合計三つの側面の排外主義を取り上げ、その相互関連や規定要因を検討する。

**排外主義の形成要因について**

排外主義がどのように形成されるのか、その要因についても非常に数多くの研究がなされており、ここでその全体を概括することは困難である。そこで本章では特に、個人属性、個人の心理やパーソナリティ、社会的な価値観・意識、社会的認知という四つの側面に着目し、先行研究の知見を紹介しよう。

個人属性との関連としては、まず現実的葛藤理論（まとめとしてたとえば Jackson 1993）に基づき、社会・経済的地位の低い人々の方が、移民や外国人集団との間でさまざまな社会的資源の現実的な葛藤状況に陥りやすく、結果として強い排外主義を抱くと想定されている。たとえば安価な労働力として移民や外国人労働者が流入すれば、失業者は職を得にくくなり、脆弱な雇用環境にいる労働者の待遇もさらに脅かされるだろう。また比較的学歴が低い人々の方が、そのような移民労働者と仕事で競合しやすいと考えられている。ただ教育については社会的資源の競合以外にも、反差別教育の直接効果や認知能力の向上による多様性への寛容さの涵養効果も論じられている（たとえば Coenders and Scheepers 2003：永吉 2015）。また年齢も、認知能力との関連として加齢による保守化の影響が指摘されているが、他にも特定世代が経験した歴史的事件や教育内容の影響のような世代効果が想定されている。

また個人の心理的な側面が排外主義に影響するという議論も多く、たとえば古典的な議論として、権威主義的なパーソナリティが反ユダヤ主義などの人種差別的意識と結びつく危険性が論じられている（Adorno et al. 1950＝1980）。また多くの議論において、個人の抱く不安や不満が排外主義の原因のひとつと論じられている。たとえばホッファーはその著書『大衆運動』（Hoffer 1951＝2006）のなかで、何らかの欲求不満（frustrated）を抱えた人々が社会運動の支持者となると論じているが、排外主義的な社会運動もそのひとつと考えられるわけである。近似のメカニズムをハージ（Hage 2003＝2008）は、「パラノイア・ナショナリズム」という言葉で説明している。ネオリベラリズム的政策によって福祉国家が弱体化することで、「国民」としての安定的な地位が脅かされるという不安を感じる人々が、その不安を「真性の国民」ではないとみなす移民に投影して排斥を行うことをいう。

そのような個人の抱く不安や不満を排外主義の原因と考える議論は、日本では比較的浸透している。日韓の若年層の排外主義的なナショナリズムを、社会の流動化による社会的な不安・不満のはけ口であるとみなす高原基彰の議論や、在特会の激しい排外主義の源泉には「生きづらさ」が存在すると論じた安田浩一の主張などが具体例であろう（高原 2006：安田 2012）。また量的な実証研究においても、生活への不満が（比較的弱い関連ではあるが）排外主義を高める傾向は確認されている（田辺編 2011）。

社会的な価値観や意識が排外主義の源泉だと論じる研究も少なくない。たとえば、同化主義が排外主義を強める一方、一般的信頼には抑制効果があるという日本のデータを用いた実証研究が存在する（金 2015）。あるいは自己超越（self-transcendence）や保守性（conservation）などの価値観が、対移民意識に影響するという研究もある（Davidov et al. 2008）。また政治的保守主義（右派政党支持など）が排外主義と結びつくことは、複数の実証研究でも検証されている（Semyonov et al. 2006 など）。地政学的争い（領土問題など）や歴史認識が対立国の国民への排外主義の源泉になるという樋口直人の議論も、その背景に保守的イデオロギーの存在を指摘しており、広くはこの流れに含められるであろう（樋口 2014）。また先述した排外主義をナショナリズムの一部や関連概念として考える諸研究も、排外主義の社会意識的側面を重視して検討していることから、この研究の系統に含められると考えられる。

さらに、価値観などの背後に存在する社会的認知の影響も考察されている。社会的アイデンティティ理論（Tajfel and Turner 1979 など）においては、内集団と外集団というカテゴリー化自体が外集団への敵意のような排外主義の源泉になると論じられている。その理論に基づけば、ナショナル・アイデンティティという社会的アイデンティティによって「外集団」とみなされることが、移民や外国人が排斥される原因と考えられ、実際ＩＳＳＰデータなどでもその効果が検証されている（Pehrson et al. 2009 など）。その知見を日本の現状に当てはめれば、「単一民族国家」の神話のごとく、日本人を民族的同質性の高い内集団であるべきと考える人ほど、外集団としての外国人一般への排外主義が強い可能性が考えられる。

また外集団との接触経験が偏見や排外主義を抑制するという「接触仮説」（Allport 1954＝1968）なども、社会的アイデンティティと関連した議論である。外集団としてカテゴライズしていた人々との交流によって外集団という垣根が弱まり、結果的に排外主義も弱まる。そのような接触による排外主義の抑制効果については数多くの研究がなされ、その効果が実証されている（そのまとめとして、たとえば Pettigrew and Tropp 2006 によるメタ分析など）。

以上のようなさまざまな要因は、排外主義の内容に応じて影響や関連性が異なることが予想される。そこで本章では簡便な分析とはなるが、それぞれの要因を同時に投入した統計解析を行うことで、その関連構造を実証的に把握していく。

## 3　日本における排外主義の実態把握

### ナショナリズムの概念図式による排外主義の定義とその操作化

前節でも述べたように、一口に「排外主義」といってもその内容は決して一枚岩とはいえない。そこで本節では、拙稿（田辺 2016a）でも論じたナショナリズムの概念図式（図9－1）をもとに、排外主義をその意味内容に沿っていくつかの下位概念に整理する。

図9－1ではまずナショナリズムを、ネーション内外の境界を設定する「純化主義」、その境界内部に対する何らかの働きかけを示す「愛国主義」、ネーションの境界外部との関連から生じる「排外主義」の三つに分けた。図中で純化主義は四角く囲む二種類の線分で示され、特定のナショナリズムに基づくネーションの内と外の境界線を表現している。(2) また愛国主義は、境界内部に対する何らかの働きかけを意味することから、純化主義を示す四角形内部に布置した三つの矢印で表示している。その上で本章の主題である排外主義は、ネーション外部との関係性から生じるものであるため、純化主義を示す二種類の四角形の外部に配置した五つの矢印で表現した。そのうち本

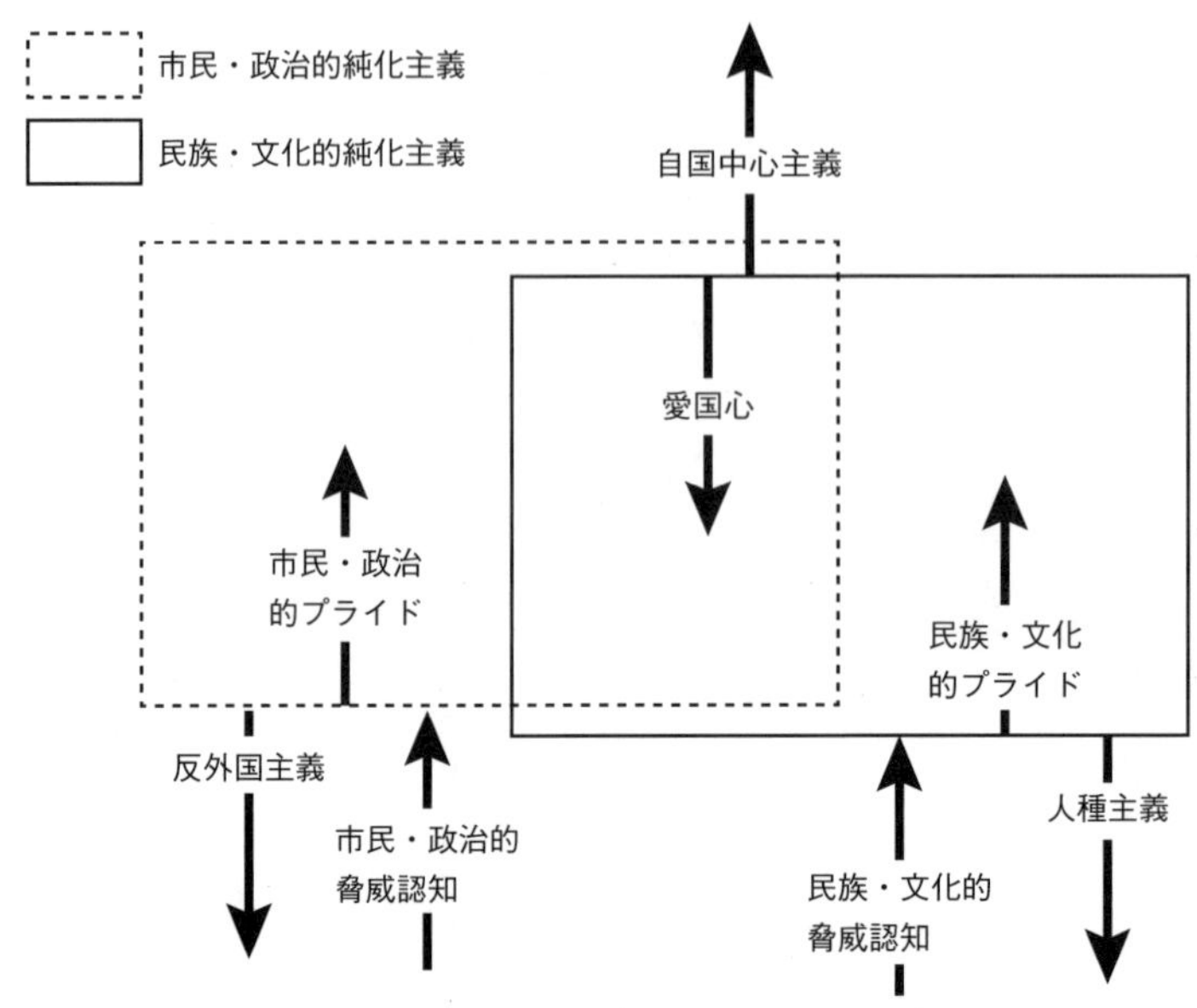


**図9-1**　ナショナリズムの概念図式

出所：田辺（2016a）

章では，後述する調査データで分析可能な三つの概念，すなわち反外国主義，市民・政治的脅威認知，民族・文化的脅威認知を取り上げて検討する(3)。

まず左からひとつめの「反外国主義」とは，市民・政治的純化主義(4)に基づき外部とされる外国や外国人に対するネガティヴな態度である。日本での典型例としては嫌韓・嫌中のような特定の外国・外国人を排斥する主張であろう。あるいは外国籍を理由にした各種差別や排斥，たとえば外国籍を原因とする入居拒否などもこの概念に含まれる。その反外国主義について本章では，日本版総合社会調査（JGSS）などで採用されている項目を一部改変して次のように操作化（実際の調査票で質問できる形にすること）した。「あなたが生活している地域に，以下のような人々が増えることに賛成ですか，反対ですか」と尋ねた上で，「アメリカ人が増えること」，「中国人が増えること」，「韓国人が増えること」，「ドイツ人が増えること」，「フィリピン人が増えること」，「日系ブラジル人が増えること」という6項目で測定した。回答の選択肢は「賛成、やや賛成、やや反対、反対」の四つである。このように国籍別に回答を求めることによって、外国一般への反外国主義と、特定の国に対する反外国主義の二つを峻別可能とした。

次に、ネーションの市民・政治的側面が何らかの脅威を受けているという認知は、「市民・政治的脅威認知」と名付けうるだろう。典型的には外国からの侵略の懸念などが含まれるが、昨今の日本の実例としては外国人参政権によって「日本が外国勢力に乗っ取られる」などという主張であろう。その市民・政治的脅威認知については、間接的となるが外国人への参政権や地方公務員になる権利への賛否から測定した。樋口も論じるように、日本では「外国人参政権の安全保障化」という特異な現象が起こっており、「外国人参政権によって日本が乗っ取られる」という妄言が広まっていることを考慮しての操作化である（樋口 2014）。具体的には「あなたは以下の権利について、日本政府は日本に定住している、または、定住する意思のある外国人に対して認めるべきだと思いますか」との設問のなかの「地方参政権（選挙権）」と「地方公務員になる権利」の二項目に対する「認めない」という回答が、外国人を市民・政治的脅威として認知していると判断した。(5)

一方で、民族・人種的少数派による脅威が存在するという主張や感覚は、「民族・文化的脅威認知」といえよう。移民による治安や雇用状況の悪化への懸念、あるいは外国文化の流入による国内文化の衰退への危惧などが典型例である。この概念について本章では、「あなたは日本に住む外国人が増えるとどのような影響があると思いますか」という設問に対する回答の個別項目「日本社会の治安・秩序が乱れる」、「異文化の影響で日本文化が損なわれる」、「日本人の働き口が奪われる」という三つの側面から測定した。

### 日本における排外主義の要因とその操作化

本章の分析では、先ほど簡単に紹介した個人属性、個人の心理やパーソナリティ、社会的な価値観・意識、社会的認知を排外主義の規定要因と考え、その影響を検討する。

まず個人属性については、性別や年齢などの基礎属性の他に、教育や階層的地位の影響が考えられる。具体的には、高齢者や比較的低地位の人々ほど排外主義が強いと予想される。それら個人属性の操作化であるが、まず教育についてはカテゴリーで尋ねたものを年数に変換して用いている。他の階層的地位の指標[6]としては、世帯年収などは無回答も多く、回答の精度も比較的低いと想定されるため、全体的な代理指標として主観的な社会階層を用いた。具体的には「仮に現在の日本の社会全体を、以下のように5つの層に分けるとすれば、あなたご自身は、この中のどれに入ると思いますか」との設問に対する「1．上、2．中の上、3．中の下、4．下の上、5．下の下」という五段階による回答である。

個人の心理としては、まずさまざまな不安／不満が強い人の方が、排外主義一般が強いと予想される。それらの不安や不満の操作化として、ひとつめは個人レベルの不安や不満の（反対）指標として生活満足感を用いた。具体的設問としては「あなたは生活全体に満足ですか、それとも不満ですか。」と尋ねた上で、「1．満足している、2．どちらかといえば満足している、3．どちらかといえば不満である、4．不満である」の四つの選択肢から選んでもらう形式である。また社会的な不安については、濱田国佑にならい「今後、日本の経済状態は悪くなっていく」と「日本社会の未来には希望がある」（逆転）の二項目を指標として用いる（濱田 2016）。

また少なからぬ研究において排外主義の要因のひとつと考えられている「権威主義」の影響も検討する。その指標としては多くの先行調査で用いられている三項目（「権威ある人々にはつねに敬意を払わなければならない」、「伝統や習慣にしたがったやり方に疑問をもつ人は結局は問題をひきおこすことになる」、「この複雑な世の中で何をなすべきかを知る一番よい方法は、指導者や専門家に頼ることである」）を使用した。

さらに接触仮説の検討としては、外国人とのさまざまな場面における交流経験の有無を指標とした。ただし、そもそも排外主義的ではないために能動的に経験する接触や交流ではなく、外国人との交流を目的としないような社会的場面で生じる「受動的接触」(7)の有無と排外主義の関連の検討を行う。具体的には、職場・学校・(国際交流以外の)サークルで外国人との接触経験が一回でもあるかないか、という形で受動的接触の有無を操作化した。

次にナショナリズムの諸概念の影響として、図9-1に示した五つの概念の影響をそれぞれ検討していく。そもそも外国人や移民が排外主義の対象となるのは、ナショナル・アイデンティティという社会的アイデンティティに基づきマジョリティ集団によって「外集団」と扱われるからである。ただし、外集団とみなされる基準の内容によって排外主義との関連は変わってくる、と思われる。変更不可能な帰属的属性を条件とする民族・文化的純化主義が強い場合、「われわれ」と「かれら」の境界が固定的である分、「かれら」に対する排外主義も強まると予想される。一方で、変更・加入可能な基準に基づく市民・政治的純化主義の場合は、外集団の境界線自体が変化しうることから、外集団への敵意にはつながりにくいのではないか、と考えられる。

それら民族・文化的純化主義と市民・政治的純化主義については、「ある人を本当に日本人であると見なすためには、以下にあげるようなことが『重要だ』という意見と『重要ではない』という意見があります。それぞれについてあなたはどの程度重要だと思いますか」という設問群のなかの、以下のそれぞれの項目を用いて指標化した。民族・文化的純化主義については「日本で生まれたこと」、「先祖が日本人であること」の二項目、一方の市民・政治的純化主義としては「自分自身を日本人だと思っていること」、「日本の政治制度や法律を尊重していること」という二つの項目を用いた。

また「愛国心」の排外主義への影響を考えていくと、日本の右派論壇において典型的な「国旗・国歌(日の丸・君が代)の強要」や「戦後教育の否定」などで示される類いの愛国心は、外国への敵意、特に昨今の反中・反韓意識に強く関連し、一部の排外主義を強めると予想される。そのような「愛国心」の指標は、「国旗・国歌を教育の場で教えるのは当然である」、「子どもたちにもっと愛国心や国民の責務について教えるよう、戦後の教育を見直さなければならない」、「日本人であることに誇りを感じる」という三つの項目への回答である。

また市民・政治的プライドと排外主義の関係については、欧米の先行研究では排外主義を抑制する傾向（Rajman et al. 2008 など）が示されていた。もっとも日本では逆の相関も指摘（辻 2008；田辺 2011）されており、本章では排外主義の種分けをした上で、その関係を再検討していく。他方の民族・文化的プライドについては、日韓ワールドカップ後にネット上で韓国への反感が高まった事例（古谷 2015）などを考えると、一部の排外主義を強めるとも考えられる。そのように理屈としては、民族・文化的プライドは特に文化的側面の脅威認知を強める可能性が考えられるだろう。ただし辻大介の調査では、文化的側面へのプライドは移民排斥感情因子と移民肯定評価因子の両方に正の相関があるという複雑な結果が報告されており、本章の分析によってその関係を再検討する（辻 2008）。

以上の二種類のナショナル・プライドは、まず「あなたは、以下にあげることを、どの程度誇りに思いますか」と尋ねた上で、市民・政治的プライドは「日本における民主主義の現状」、「日本の社会保障制度」、「日本社会における公正さと平等」の三項目、民族・文化的プライドとしては「日本の伝統文化」、「日本のポップカルチャー」、「スポーツの分野で日本人が成し遂げたこと」の三つの項目への回答を用いて測定した。

## 4　日本における排外主義の現状

### 基礎的な現状と基本的な関連

本章の分析には、著者が研究代表をつとめる科学研究費の助成によって二〇一三年一一月から一二月にかけて

表9-1　反外国主義の指標の回答分布

(%)

| | アメリカ人 | 中国人 | 韓国人 | ドイツ人 | 日系ブラジル人 | フィリピン人 |
|---|---|---|---|---|---|---|
| 賛成 | 24.0 | 5.6 | 6.7 | 18.9 | 13.4 | 10.1 |
| どちらかといえば賛成 | 51.2 | 15.6 | 23.3 | 49.9 | 44.6 | 37.0 |
| どちらかといえば反対 | 17.1 | 36.2 | 36.6 | 20.6 | 29.2 | 36.6 |
| 反対 | 4.6 | 39.6 | 30.1 | 6.5 | 9.1 | 12.5 |
| 無回答 | 3.1 | 3.0 | 3.3 | 4.0 | 3.7 | 3.7 |

注：「反対」と「どちらかといえば反対」が反外国主義を示す。
出所：筆者作成。

行った量的社会調査のデータを用いた。サンプリング方法は層化多段抽出を用いており、まず日本全国の自治体を外国人居住比率[8]で層化した上で、五一市区町を人口比にあわせて無作為に選んだ。その上で各市区町村の選挙管理人名簿より二〇〇名ずつを無作為に抽出した。以上の確率抽出サンプリングにより選び出した日本全国居住の二〇～八〇歳の日本国籍保持者、合計一万二〇〇名に対して郵送で調査票を送り、四一三四票の回答（調査票不着など調査不能を除いた上での回収率は四二．二％）を得たものである。

それではその調査における排外主義関連項目に対する回答分布を確認していこう。まず反外国主義の指標とした居住地域における外国人増加への賛否（表9-1）としては、アメリカ人やドイツ人、それに日系ブラジル人の受け入れについては賛成する人の方が比較的多かった。一方、中国人や韓国人の増加への反対意見は七～八割と非常に多く、二〇〇九年に行った同様の設計の調査結果（田辺編 2011）に比べ、増加に反対する割合が一〇ポイント程度増加している。

続いて市民・政治的脅威認知の指標とした外国人の地方参政権や地方公務員になる権利についてはどちらも、認める人が四割弱、認めない人が四割弱、中間的意見の人が三割弱となっていた。そのため日本の現状は、賛否だけでなく中間という見解も含めて意見が三分割されている状況だといえよう。その一方、民族・文化的脅威認知の指標とした項目については、「治安・秩序が乱れる」という治安懸念を抱く人が最も多く、六割近い。しかし、欧米の文脈では重要な移民・外国人問題とみ

表９－２　２種類の脅威認知の指標の回答分布　（％）

| | 市民・政治的脅威認知 | | 民族・文化的脅威認知 | | |
|---|---|---|---|---|---|
| | 地方参政権 | 地方公務員 | 日本文化が損なわれる | 治安・秩序が乱れる | 働き口が奪われる |
| そう思う | 13.4 | 11.8 | 5.5 | 18.3 | 8.4 |
| ややそう思う | 21.9 | 19.5 | 17.6 | 40.0 | 23.5 |
| どちらともいえない | 26.0 | 27.5 | 28.0 | 23.4 | 32.6 |
| あまりそう思わない | 16.0 | 17.3 | 32.9 | 11.9 | 24.8 |
| そう思わない | 20.5 | 21.7 | 14.2 | 4.6 | 8.9 |
| 無回答 | 2.2 | 2.2 | 1.9 | 1.8 | 1.7 |

注：市民・政治的脅威認知では「思わない」側が，民族・文化的脅威認知では「思う」側の回答が脅威認知を示す。
出所：筆者作成。

なされやすい「職の競合」という点については、働き口が奪われると考える人は三割程度で、そう思わない人と同程度の割合であった(9)（表９－２）。

以上の項目群について理論的には三つの概念に分けているが、実際に人々の意識においても、そのように区分されているのであろうか。その点をデータから確認するために、それらの項目に対する因子分析を行った結果、基本的に想定した三つは別々の概念として抽出された。その上でモデルの適合度を考慮し、反外国主義については一次元ではなく、さらに「外国人一般」と「対中国・韓国」の二つに分割した(10)。

続いて各設問への回答を概念ごとにスコア化(11)した上で、年齢層、性別、受動的接触経験の有無、学歴、生活満足度ごとに、その平均値の比較を行ったのが、続く表９－３である。

まず男女差はほとんどない。年齢層による差としては、基本的に年齢があがるにつれて排外主義の平均スコアもあがっていく傾向がある。特に物心がついたときはすでにポスト冷戦期であった一九八四年以降に出生した二〇代と、日本の敗戦（一九四五年）以前に生まれた人々である七〇歳以上の間の差は非常に大きい(12)。また学歴については、相対的に低い人ほど排外主義の平均スコアが高い傾向である。外国人との受動的接触経験についても、想定通り経験がある人々の方が排外主義スコアの平均値が低い。さらに生活満足度との関連としては、弱いながらも生活に不満がある人々

表9－3　排外主義の下位概念指標の属性別平均値比較

| | 反外国人一般 | 反中国・韓国 | 市民・政治的脅威認知 | 民族・文化的脅威認知 |
|---|---|---|---|---|
| 男性 | －.04 | .08 | .04 | .01 |
| 女性 | .04 | －.07 | －.04 | －.01 |
| 20-29歳 | －.40 | －.35 | －.23 | －.15 |
| 30-39歳 | －.08 | －.12 | －.08 | －.03 |
| 40-49歳 | －.06 | －.11 | .00 | .04 |
| 50-59歳 | －.02 | －.04 | －.05 | －.04 |
| 60-69歳 | .08 | .14 | .04 | .06 |
| 70歳以上 | .22 | .22 | .17 | .02 |
| 中学 | .31 | .22 | .05 | .16 |
| 高校 | .06 | .06 | .03 | .02 |
| 短大・高専 | －.12 | －.09 | －.07 | －.03 |
| 大学・大学院 | －.16 | －.14 | －.04 | －.09 |
| 外国人との | | | | |
| 受動的接触経験なし | .13 | .11 | .06 | .03 |
| 受動的接触経験あり | －.13 | －.10 | －.06 | －.03 |
| 生活全般に | | | | |
| 満足している | －.19 | －.15 | －.09 | －.16 |
| どちらかといえば満足 | －.03 | －.03 | －.01 | －.02 |
| どちらかといえば不満 | .13 | .09 | .05 | .07 |
| 不満である | .03 | .10 | .03 | .12 |
| 主観的社会階層 | | | | |
| 上 | －.32 | .10 | .16 | .00 |
| 中の上 | －.09 | －.06 | －.09 | －.08 |
| 中の下 | .01 | .00 | .01 | .02 |
| 下の上 | .08 | .08 | .08 | .03 |
| 下の下 | .05 | .06 | .02 | .07 |

出所：筆者作成。

**表9－4**　排外主義の下位概念同士とナショナリズムの下位概念の相関

| | 反中韓 | 民族・文化的脅威認知 | 市民・政治的脅威認知 | 民族・文化的純化主義 | 市民・政治的純化主義 | 民族・文化的プライド | 市民・政治的プライド | 愛国心 |
|---|---|---|---|---|---|---|---|---|
| 反外国人一般 | .73 | .49 | .42 | .30 | .05 | －.21 | －.06 | .02 |
| 反中韓 | | .54 | .49 | .36 | .20 | －.06 | .05 | .26 |
| 民族・文化的脅威認知 | | | .40 | .35 | .30 | .03 | .06 | .29 |
| 市民・政治的脅威認知 | | | | .36 | .24 | －.05 | .08 | .26 |

注：モデル適合度：RMSEA=.046，CFI=.988
出所：筆者作成。

の排外主義が強い傾向が示された。一方で主観的な社会階層については、それほど明確な関連性はみられない。

続いてそれら排外主義の諸概念同士や他のナショナリズムの概念との間の相関関係を確認しておこう。そのためにそれら関連する項目を同時に組み込んだモデルによって、それらの相関係数を算出した結果が表9－4である[13]。

排外主義の下位概念同士は、同じ上位概念を共有することを示すように、相互に比較的強い相関がある。一方、他のナショナリズムの概念との関連でいえば、「単一民族国家」の神話の内面化の度合いを示すともいえる民族・文化的純化主義は、すべての排外主義の下位概念とも一定以上の相関がある。また戦後教育の否定などで測定されている（日本型の）愛国心についても、反外国人一般との関連は弱いが、それ以外の排外主義の指標とは比較的関連している。それに対して両面のナショナル・プライドについては、排外主義の下位概念とは比較的相関は弱く、一部は負の相関（プライドが強い人ほど排外主義が低い）を示している。

表9－3の平均値比較はあくまで特定の属性の人々の平均値を示しただけである。そのためそれぞれの相互の影響は統制されておらず、価値観を経由する効果なども考慮していない。また表9－4におけるナショナリズムとの相関もあくまで一次の相関であり、他の変数の影響を取り除いた上での関係を示すものではない。そこで次項において、それぞれの要因を相互に統制した上で排外主義の下位概念の規定要因を検討する。

**表9-5**　個人属性や不満・不安と権威主義の影響（標準化係数）

| | 反外国人一般 | 反中・反韓 | 市民・政治的脅威認知 | 民族・文化的脅威認知 |
|---|---|---|---|---|
| 性別（女性） | .04* | −.08** | −.03 | −.03 |
| 年齢 | .10** | .13** | .07** | .02 |
| 教育年数 | −.05* | −.07** | .02 | −.04 |
| 主観的社会階層 | .03 | −.01 | .03** | −.06* |
| 受動的接触経験 | −.05** | −.05* | −.03 | .00 |
| 生活不満 | .06** | .08** | .05** | .06** |
| 社会的不安 | .15** | .08** | .00 | .13** |
| 権威主義 | .15** | .22** | .20** | .26** |

注：**は1％水準，*は5％水準で係数が有意であることを示す。モデル適合度：RMSEA=.048，CFI=.991
出所：筆者作成。

### 排外主義の規定要因

相互の影響を統制した上で，個別要因の排外主義への影響力を明らかにするために，排外主義の各下位概念間の相関を認めた上で，前項で平均値を比較した性別や接触経験などに加え，社会的不安と権威主義などを同時に組み込んだ分析を行う。具体的には，排外主義の指標となる項目とともに，規定要因として想定される諸変数を同時に投入した構造方程式モデルを用いた。そのモデルにより規定要因を検討した結果[14]が表9-5である。

まず性別や主観的社会階層の効果が，（たしかに係数は小さいとはいえ）下位概念によって正負の方向が一部異なっている。たとえば性別では，女性は男性よりも外国人一般への排外性がいくぶん高いが，一方で反中・反韓意識は低い。そのような結果は，排外主義として一元的に捉えず，その内容ごとに対策や検討を行う必要性を示唆するものである。また他の属性の効果としては，排外主義の下位概念の多くにおいて基本的に，高齢者や教育年数が短い人，受動的接触経験がない人の方が強い傾向が示された。さらに不満や不安のある人，権威主義的態度の強い人の方が，排外主義的になりやすいと考えられる結果であった。

続いて各排外主義に対する説明変数としてナショナリズムの下位概念を加えたモデルによって，その影響力を検討した結果が表9-6（なお，性別などの個人属性については，表が冗長になるため係数の表記を省略した）であ

表9-6　ナショナリズムの下位概念の影響（標準化係数）

| | 反外国人一般 | 反中・反韓 | 市民・政治的脅威認知 | 民族・文化的脅威認知 |
|---|---|---|---|---|
| 民族・文化的純化主義 | .33** | .17** | .15** | .13** |
| 市民・政治的純化主義 | .02 | .08 | .16** | .22** |
| 愛国心 | .06 | .29** | .31** | .31** |
| 民族・文化的プライド | －.21** | －.15** | －.24** | －.15** |
| 市民・政治的プライド | －.06 | －.05 | －.05 | －.13** |
| 社会的不安 | .11** | .12** | .03 | .17** |
| 権威主義 | .00 | .05* | .00 | .08** |

注：**は1％水準，*は5％水準で係数が有意であることを示す。モデル適合度：RMSEA=.051，CFI=.971
出所：筆者作成。

る。

まず民族・文化的純化主義はすべての排外主義に対し、比較的大きい影響を与えている。つまり日本人の定義を血統などの帰属的な条件に求める人ほど、排外主義的になる傾向が示された。なかでも特に「反外国人一般」への係数が大きい（.33）点は、民族・文化面での近接性が高い中国人・韓国人を除く外国人一般が、民族・文化的基準を重視する人々から「ガイジン」として排除されていることを想起させる結果である。また市民・政治的純化主義も両脅威認知に一定程度の影響を与えている。つまり、どちらの種類でも純化主義が強い、言い換えれば日本人の境界を強く意識する人ほど、外集団をその共同体への脅威とみなしやすいという結果である。この点は、社会的アイデンティティ理論（Tajfel and Turner 1979 など）が論じるように、内集団と外集団というカテゴリー化自体、さらにはそのようなカテゴリーに強く固執することが、脅威認知を強める効果を持つと考えられる結果であろう。

また日本型の愛国心も、基本的に排外主義を強める傾向があり、特に反中国・韓国意識と強く関連している。尖閣／釣魚諸島沖衝突事件（二〇一〇年）や李明博大統領の竹島／独島上陸（二〇一二年）以降、その二ヶ国と日本国の間で紛争が生じているという認識が日本社会に広まった。そのような中国や韓国との領土その他のナショナルなレベルの争いに関する認知によって、「国対国」というレベルの人々の集団志向性（Haidt 2012＝2014）が刺激された。その結果、国を「愛すべし」と強く思う人々が、「敵」とみなす国やその国の人々への排外性を高めたと考えられる。この点については傍証となるが、二〇〇九年と二〇一三年の比較分析を行った拙稿（田辺 2016b）でも、対中国・韓国排外主義に対する愛国心の影響力が、尖閣・竹島の紛争以前の二〇〇九年データに比べて二〇一三年では強まっていることが示されている。また同じく日本型愛国心の二つの脅威認知への効果から、国への愛を表明する人々の方が、「外」に関わるさまざまな出来事を「日本（＝内）」への脅威として強く認識しやすいことも読み取れる。

一方で民族・文化的プライドは、全体的に排外主義を抑制する方向の効果を持っていた。事例でみれば、浦和レッズサポーターによる「Japanese Only」横断幕事件に象徴されるように、スポーツの熱狂的なファンが強い排外主義を発露させる例は少なくない。しかし本章の分析結果が示すように、日本では自分の国の伝統やポップカルチャー、スポーツに誇りを感じている人の方が、（愛国心など他の意識の影響を除いた上では）どちらかといえば排外主義的ではないのである。(15) また市民・政治的プライドも、弱いながらもどちらかといえば排外主義を抑える傾向があるようだ。ただしこの点も、戦後教育を否定するような形の日本的な「愛国心」を取り除いた上での効果である。そのため、「国を愛するべき」というような押しつけを伴わない誇りの感情であれば、ネーション外の存在の排除にはつながらないことを示す結果であろう。

なお社会的不安や権威主義の影響力は、属性だけを統制した表9-5のモデルよりも一律に弱まっている。この点は、日本では社会的不安や権威主義は、ナショナリズムを経由して排外主義を強める傾向があると考えられる結果である。

## 5　日本における排外主義の今後

### 計量分析からみた現代日本の排外主義

データ分析の結果、まず二〇一三年末時点の日本の排外主義としては、外国人一般に対する意識と、対中国・韓国の排外主義に一定の差異が存在することが示された。また二種類の脅威認知も、それぞれに別個の関連構造を持っており、ひとつひとつを峻別して議論する必要性がうかがえる結果であった。

またそれらの規定要因について、年齢や階層的地位のような個人属性の影響は、比較的係数が小さく、あまり強いとはいえなかった。また個人的不満や社会的な不安についても、その影響力は一定程度にとどまっていた。そのため量的実証分析の結果としては、外国人との社会的資源の競合による葛藤やさまざまな不安ないし不満が、二〇一三年時点の日本社会の排外主義の主要因とは言い難いことが示された。

それらに比べて排外主義のさまざまな側面に対して大きな影響力を有していたのは、各種のナショナリズムであった。特に日本の「単一民族国家」の神話を支えるような民族・文化的純化主義は、排外主義一般を強めることが明らかとなった[16]。また日本型の愛国心は、反中・反韓とも強くつながり、また脅威認知にも強く影響している。つまり現代日本では、「戦後教育」の見直しを求めるような歴史修正主義的な「愛国心」が、強く反中国・反韓国意識に影響しているのである。さらにこの結果は、日本社会における排外主義が、「単一民族国家」の神話を支える民族・文化的純化主義や戦前回帰型の愛国心などから強く影響を受けたひとつの「思考の型」として形成されていることを推察させる。加えて、一九九〇年代に盛り上がった歴史修正主義的な議論が、二〇〇〇年代の排外主義運動の思想的な基盤となっていったことを傍証するものでもあろう（この点に関わる言説の分析は明戸（2016）などを参照のこと)。

その一方、日本の伝統文化やスポーツでの活躍に誇りを感じる民族・文化的プライドは、排外主義一般をむしろ抑制する可能性があることが示された。また、日本の民主主義や社会保障制度などへの誇りである市民・政治的プライドも、「国を愛するべき」というような類いの押しつけ的愛国心を伴わない場合は、排外主義を弱める傾向があると考えられる。ただし愛国心と市民・政治的プライドの間の相関係数は〇・五を超えており、日常的には歴史修正主義的な愛国心の表明と、民主主義への誇りのような市民・政治的プライドが、日本では混濁しやすいことも事実である。そのため愛国心を統制しない分析を行った拙著(田辺 2011)では、欧州の国々の先行研究においては「建設的な愛国心」(constructive patriotism)(Davidov 2010)として扱われる市民・政治的プライドが、排外主義と結びついたのだと考えられる。

### 日本における排外主義のゆくえ

本章の分析結果から、まず日本社会における排外主義を支える根底のひとつとして、戦後以来続く「単一民族国家」の神話の内面化の度合いともいいうる強い民族・文化的純化主義の存在が指摘できよう。そのため、その低減や無効化が、排外主義に対するひとつの処方箋となるであろう。以前拙著(田辺編 2011)でも述べたように純化主義は、客観的な社会的属性や社会状況に基づくものではなく、「単一民族国家」の神話を前提に一部の人々が抱くイデオロギーである。だからこそ、「単一民族国家」という神話を打破し、人々が別様の「日本人」イメージを持ちうる対抗言説(たとえば「多民族国家日本」など)を広めることは、遠回りのようでいて現状の排外主義を低減させる方法のひとつであると考えられる。

また国旗・国歌(日の丸・君が代)の称揚や戦後教育の見直しを求める類いの愛国心も、反中国・反韓国意識や脅威認知を強めていた。この点については、両純化主義が脅威認知に影響していたことも併せて考えると、国民国家間の対抗関係のようなフレームを前提とした意識自体が、排外主義を強める傾向を示すものである。また、日本の（侵略と植民地支配という）歴史問題の未精算が国家間の対立として表出される現況は、排外主義のための肥沃な土壌となっている（樋口 2014）。そのため、歴史問題の最終解決こそがもちろん最善の道ではあるが、それが困難である現状では、まず少なくとも不毛な領土紛争を棚上げするような国際関係の改善も、排外主義低減のための一助となるであろう。

その上で本章の分析によって示された通り、排外主義も下位概念ごとに規定要因が異なる点は無視できない。そのため排外主義を論題とするときには、対象となる下位概念を明確化した上で、個別のメカニズムを考慮した議論を行う必要があるだろう。言い換えれば、排外主義もその内容ごとに正当化する「お話」の作り方が異なっているのである。特にナショナリズムとの関係では、関連する理屈の違いから、排外主義の下位概念ごとに関連の仕方が異なっていた。たとえば、外国人一般は日本人との「民族的違い」で、いわば民族・文化的純化主義という「単一民族国家」のイデオロギーによって排除される傾向がある。それに対して中国人と韓国人については、特に二〇一三年時点の文脈では、日本という国家に対する「敵」とみなされ、日本型愛国心をベースに排除されていた。この点はさらに踏み込んでいえば、排外主義をどのように低減させるのかという実践的課題を考えるときも、その違いを意識しなければ見当違いの処方箋を出すこととなるだろう。

本章で行った分析によって、曖昧な印象論や一部の特徴的な事例の検討にとどまらず、一般化可能な形で現代日本社会の排外主義の現状とその担い手が明らかになったと思われる。しかし本章の議論については課題も少なくない。まず排外主義同士の規定・関連構造については、その因果的なメカニズムなども含めて未検討である。さらに各概念に関する指標について、特に市民・政治的脅威認知や愛国心などはより適切な質問文による再調査・再分析が必要であろう。それら課題を果たすためにも、また今後も日本社会における排外主義の現状を実証的に把握し続けるためにも、それら諸点を改善した上で、本章と同様の調査・分析を継続的に行っていきたい。

**謝辞**

本章は、ＪＳＰＳ科研費基盤研究（Ｂ）（課題番号：25285146/16H03702、研究代表者：田辺俊介）の助成を受けたものである。

**注**

（1）たとえばINTERNATIONAL SOCIAL SURVEY PROGRAMME（ISSP）では、移民に対する態度を含む「ナショナル・アイデンティティ」モジュールを一九九五年、二〇〇三年、二〇一三年と継続的に行っている。また欧州内の国際比較であるEUROPEAN SOCIAL SURVEY（ESS）やEUROPEAN VALUE SURVEY（EVS）などでも、移民統合問題や極右政党伸張などの問題の実証的把握のために移民への態度が主要トピックのひとつとなっている。

（2）このようなネーションの境界設定については従来の研究においてさまざまな命名がされてきているが、～イズムとしてのナショナリズムの下位概念であることを示すためにも、以前の拙著（田辺編 2011）と同じく「純化主義」と名付けた。また図9－1では、帰属的属性を条件とする民族・文化的純化主義は変更不可能なことを示すために実線で、一方変更・加入可能な基準に基づく市民・政治的純化主義は境界線自体が変化しうることを示すために点線で表現している。

（3）本章では、図9－1では提示している「自国中心主義」と「人種主義」（レイシズム）については、後述する調査において適切な指標化ができていないこともあり、取り扱わない。ただし、排外主義の一側面として、境界外の「他者」とみなす存在に比して自らのネーションを優越視し、優先すべきとの主義主張である「自国中心主義」や、民族・文化的純化主義において「外部」とみなされる民族・人種的少数派に対するネガティヴな態度である「人種主義」（レイシズム）も決して無視できる存在ではないため、今後の研究において対象としていきたい。また付言となるが、アメリカでは排外主義に関わる問題の多くが、黒人やヒスパニックへの人種的差別や偏見として表出されているため、「レイシズム」という用語を用いた研究が一大潮流となっている。その流れを日本における在日コリアンへの偏見に適応した研究としては、高

(2015) などがあげられよう。

(4) 自己定義や法制度への忠誠のような主観的・獲得的要素によってネーションの内外を分ける基準のことを示す。

(5) 「権利を認めない」ことは脅威と認識した次の段階の「排除」とも考えられ、より適切な指標による今後の検討が必要であろう。

(6) これ以外にも職業的地位として、専門職その他の職業大分類、正規職や非正規あるいは自営業主か失業者など従業上の地位などとの関連も分析した結果、自営業主の排外主義の平均値が他の人々よりも高かった。しかし教育や年齢などの変数を統制するとその効果が小さくなったため、今回はモデルの簡便性を優先して分析に含めていない。

(7) 接触経験については、より能動的な形態の接触（国際交流サークルへの加入など）もデータに含まれている。しかしそれら能動的な交流は、そもそも排外主義が低いために接触を経験する、という逆の因果を示す可能性が高いことから、本章の分析からは除いている。また調査では「どの国の外国人との経験か」を弁別して尋ねており、たとえば中国人との接触経験がアメリカ人への排外性を低減するのかなどのような「接触の二次転移効果」(Pettigrew 2009：五十嵐 2016) の検討も可能である。しかし本章では接触仮説の検討は主たるテーマではないことから、どの外国人であれ受動的な場面における接触経験の有無のみに集約して分析した。

(8) 日本全国の平均以上、平均から平均の半分、平均の半分未満の三つに区分した。その三区分によって、有権者人口もほぼ三等分されている。

(9) この点については、本調査への協力者の年齢層として定年退職後の可能性が高い六五歳以上が約三割と、日本全国の人口に占める割合よりも七ポイントほど高いことが影響している可能性もある。しかし単純にクロス集計表で世代差をみても、六五歳以上の世代もそれ以下の世代とほぼ同程度に脅威と感じており、現実的な職の競合の有無が影響しているとは考えにくい結果であった。

(10) 解析には Mplus version 7.4 を用いた。各変数を順序尺度として扱った上で、検証的因子分析を行っている（推定法は重みつき最小二乗法）。また反外国主義を一元的に扱う（つまり、「どの外国も同様に排除している」と仮定）モデルの適合度は、RMSEA＝.087、CFI＝.987 と、特に RMSEA が基準とされる .05 を上回り、あまりよくなかった。一方反外国主義を二つに分けた場合、RMSRA＝.046、CFI＝.997 と大きく改善した（なお、モデルの適合度を上げるために、対アメリカ人と対ドイツ人の二項目の誤差に相関を認めている）。そのため、本章の続く分析では、「対中国・韓国」と「対その他の外国一般」の二種類に反外国主義を分けて分析していく。

(11)　簡便化のために構造方程式モデルによる因子得点ではなく、主要な測定指標による主成分得点を用いた。また主成分得点は全体平均が0になるように計算されているため、プラスであれば全体平均より高く、マイナスであれば全体平均より低いことを示す。

(12)　排外主義に対する年齢の効果の詳細な分析はここでは行わないが、本来年齢の効果は加齢（age）、時代（period）、世代（cohort）の効果に分けられる。それらを峻別して年齢の排外主義への影響を分析した研究としては、たとえば原田（2017）を参照のこと。

(13)　各変数を順序尺度として扱った上で、検証的因子分析を行っている（推定法は重みつき最小二乗法）。

(14)　モデルに投入された変数は統計的には相互に統制されているため、他の変数の影響を取り除いた上での独自の効果量が係数となっている、との理解で説明していく。

(15)　このような事件が起こったときに忘れがちなのは、その事件に反応し、浦和レッズへの処分を求める署名が一万以上も集まったことである。つまり、少数の排外主義者（ノイジー・マイノリティ）の背後に、反排外主義的意識を持つ圧倒的多数のサイレント・マジョリティがいるのである。

(16)　一方で、自身を日本人と思うことや日本の政治制度を尊重することを成員の条件とする市民・政治的純化主義は、反外国主義とはあまり関連せず、二種類の脅威認知とだけ強く関連していた。この点は推察の域を出ないが、市民・政治的純化主義が日本社会へのコミットメントの度合いとも強く関連し、コミットメントが強い分「外部」からのセキュリティ脅威に反応しやすくなると考えられる。しかしながら、そのコミットメントそのものは、直接的に「外部」の排除にはつながらないために、市民・政治的純化主義が反外国主義と関連しなかったと思われる。

## 文献

Adorno, Theodor W., Else Frenkel-Brunswik, Daniel Levinson and Nevitt Sanfordet, 1950, *The Authoritarian Personality*, Harper and Row.（＝一九八〇、田中義久・矢沢修次郎訳『権威主義的パーソナリティ』青木書店。）

明戸隆浩、二〇一六、「ナショナリズムと排外主義のあいだ――九〇年代以降の日本における『保守』言説の転換」『社会学年誌』57：四五-六二頁。

Allport, Gordon W., 1954, *The Nature of Prejudice*, Addison-Wesley.（＝一九六八、原谷達夫・野村昭訳『偏見の心理』培風館。）

Coenders, Marcel and Peer Scheepers, 2003, "The Effect of Education on Nationalism and Ethnic Exclusionism: An International Comparison", *Political Psychology*, 24 (2): 313-343.

Davidov, Eldad, Bart Meuleman, Jaak Billiet, and Peter Schmidt, 2008, "Values and Support for Immigration: A Cross-Country Comparison", *European Sociological Review*, 24: 583-599.

Davidov, Eldad, 2010, "Nationalism and Constructive Patriotism: A Longitudinal Test of Comparability in 22 Countries with the ISSP", *International Journal of Public Opinion Research*, 23 (1): 88-103.

Facchini, Giovanni and Anna Maria Mayda, 2008, "From Individual Attitudes towards Migrants to Migration Policy Outcomes: Theory and evidence", *Economic Policy*, October: 651-713.

Fasel, Nicole, Eva G. T. Green and Oriane Sarrasin, 2013, "Facing Cultural Diversity: Anti-Immigrant Attitudes in Europe", *European Psychologist*, 18: 253-262.

古谷経衡、二〇一五、『ネット右翼の終わり――ヘイトスピーチはなぜ無くならないのか』晶文社。

Hage, Ghassan, 2003, *Against Paranoid Nationalism: Searching for Hope in a Shrinking Society*, Pluto Press.（＝二〇〇八、塩原良和訳『希望の分配メカニズム――パラノイア・ナショナリズム批判』御茶の水書房。）

Haidt, Jonathan, 2012, *The Righteous Mind: Why, Good People Are Divided by Politics and Religion*, Pantheon.（＝二〇一四、高橋洋訳『社会はなぜ左と右にわかれるのか――対立を超えるための道徳心理学』紀伊國屋書店。）

濱田国佑、二〇一六、「排外意識と脅威認知との関連の時点間比較」『現代日本におけるナショナリズムと政治時点国際比較による実証研究ＪＳＰＳ科研費基盤研究（Ｂ）成果報告書』四九-六一頁。

原田哲志、二〇一七、「ＪＧＳＳ累積データ 2000-2012にみる排外主義の変化――若者の排外主義高揚論の検討」『日本版総合的社会調査共同研究拠点研究論文集［17］JGSS Research Series No. 17』一九-二八頁。

樋口直人、二〇一四、『日本型排外主義――在特会・外国人参政権・東アジア地政学』名古屋大学出版会。

Hjerm, Mikael, 1998, "National Identities, National Pride and Xenophobia: A Comparison of Four Western Countries", *Acta Sociologica*, 41: 335-347.

Hjerm, Mikael, 2001, "Education, xenophobia and nationalism: A comparative analysis", *Journal of Ethnic and Migration Studies*, 27 (1): 37-60.

Hjerm, Mikael, 2003, "National Sentiments in Eastern and Western Europe", Nationalities Papers: *The Journal of Nationalism and Ethnicity*, 31 (4): 413-429.

Hoffer, Eric, 1951, *The True Believer-Thoughts on the Nature of Mass Movements*, Harper & Brothers.（＝二〇〇六、高根正昭訳『大衆運動』紀伊國屋書店。）

五十嵐彰、二〇一六、「接触の二次転移効果における二次集団との事前の接触の（非）重要性」『現代日本におけるナショナリズムと政治時点国際比較による実証研究ＪＳＰＳ科研費基盤研究（Ｂ）成果報告書』八八-九八頁。

Jackson, Jay W., 1993, "Realistic group conflict theory: A review and evaluation of the theoretical and empirical literature", *The Psychological Record*, 43 (3): 395-413.

香山リカ、二〇一五、『がちナショナリズム――「愛国者」たちの不安の正体』筑摩書房。

金明秀、二〇一五、「日本における排外主義の規定要因――社会意識論のフレームを用いて」『フォーラム現代社会学』14：三六-五三頁。

Kunovich, Robert M., 2004, "Social structural position and prejudice: an exploration of cross-national differences in regression slopes", *Social Science Research*, 33: 20-44.

永吉希久子、二〇一五、「排外意識に対する社会経済的地位の効果――権威主義的態度の媒介効果の検証」数理社会学会監修『計量社会学入門――社会をデータで読む』世界思想社、二〇八-二二九頁。

永吉希久子、二〇一七、「日本の排外意識に関する研究動向と今後の展開可能性」『東北大学文学研究科　研究年報』66：一四三-一六四頁。

Nagayoshi, Kikuko and Mikael Hjerm, 2015, "Anti-immigration attitudes in different welfare states: Do types of labor market policies matter ?", *International Journal of Comparative Sociology,* 56 (2): 141–162.

Raijman, Rebeca, Eldad Davidov, Peter Schmidt and Oshrat Hochman, 2008, "What Does a Nation Owe Non-Citizens ?: National Attachments, Perception of Threat and Attitudes towards Granting Citizenship Rights in a Comparative Perspective", *International Journal of Comparative Sociology,* 49: 195–220.

Pehrson, Samuel, Vivian L. Vignoles, and Rupert Brown, 2009, "National Identification and Anti-Immigrant Prejudice: Individual and Contextual Effects of National Definitions", *Social, Psychology Quarterly,* 72 (1): 24–38.

Pettigrew, Thomas F., and Linda R. Tropp, 2006, "A Meta-Analytic Test of Intergroup Contact Theory", *Journal of Personality and Social Psychology,* 90 (5): 751–783.

Pettigrew, Thomas F., 2009, "Secondary transfer effect of contact", *Social Psychology,* 40: 55–65.

Riek, Blake M., Eric W. Mania and Samuel. L. Gaertner, 2006, "Intergroup threat and outgroup attitudes: A meta-analytic review", *Personality and Social Psychology Review,* 10 (4): 336–353.

Scheepers, Peer, Merove Gijberts and Marcel Coenders, 2002, "Ethnic Exclusionism in European Countries: Public Oppositions to Civil Rights for Legal Migrants as a Response to Perceived Threat", *European Sociological Review,* 18: 17–34.

Semyonov, Moshe, Rebeca Raijman and Anastasia Gorodzeisky, 2006, "The Rise of Anti-Foreigner Sentiment in European Societies, 1988–2000", *American Sociological Review,* 71 (3): 426–449.

Tajfel, Henry and John. C. Turner, 1979, "An Integrative Theory of Intergroup Conflict", W. G. Austin and S. Worchel eds., *The Social Psychology of Intergroup Relations,* Brooks-Cole, 33–47.

高史明、二〇一五、『レイシズムを解剖する――在日コリアンへの偏見とインターネット』勁草書房。

高原基彰、二〇〇六、『不安型ナショナリズムの時代――日韓中のネット世代が憎みあう本当の理由』洋泉社。

田辺俊介、二〇一一、「日韓のナショナル・アイデンティティの概念構造の不変性と異質性の検討――ISSP2003 データを用いた多母集団共分散構造分析」『社会学評論』62（3）：二八四–三〇〇頁。

田辺俊介編著、二〇一一、『外国人へのまなざしと政治意識――社会調査で読み解く日本のナショナリズム』勁草書房。

田辺俊介、二〇一六a、「ナショナリズムの捉え方――概念図式による整理の試み」『社会学年誌』早稲田社会学会57：一-二一頁。

田辺俊介、二〇一六b、「日本におけるナショナリズムの時点間比較と規定要因――2時点間の測定における等価性の実証的検討」『現代日本におけるナショナリズムと政治時点国際比較による実証研究JSPS科研費基盤研究（B）成果報告書』二九-四八頁。

辻大介、二〇〇八、『インターネットにおける「右傾化」現象に関する実証研究調査結果概要報告書』（＝http://www.d-tsuji.com/paper/r04/report04.pdf）。

安田浩一、二〇一二、『ネットと愛国――在特会の「闇」を追いかけて』講談社。

# 終章　エスニック排外主義の解決をめざして

樽本英樹

## 1　分析の視角

本書は第1章から第9章でさまざまな社会を取り上げ、そこに現れたエスニック排外主義を考察していった。ここでエスニック排外主義の定義を確認しておこう。

エスニック排外主義とは、個人、集団、制度といった主体が、ある客体を移民・外国人などを含意しうるエスニシティ、人種、国籍、ネーション、宗教といった属性を根拠として、尊厳を貶めるなど否定的に評価したり、諸機会および諸権利の享受を妨げたりする態度・状態および実践である。

各章で検討した排外主義的な現象は、この定義にほぼ当てはまるものであろう。しかし同時に、個々の現象や現象に対する対処などにはいくつかの違いも存在した。そこでこの終章では、できるだけ比較の視点を確保して共通性と差異性に着目しながら本書で何が明らかにできたのかを確認することにしよう。序章で説明したように確認のポイントは、第一に排外主義の社会的特徴、第二に排外主義の生起メカニズム、第三に排外主義の解決策と緩和策である。

## 2　エスニック排外主義の社会的特徴

### 各社会の状況

まず確認すべきは、エスニック排外主義の社会的特徴である。各章を簡潔にまとめると以下のようになる。

まずフランスで広まっているのは、普遍主義的な文化的排外主義である。すなわち、生物学的特徴を根拠とする伝統的な人種主義ではなく、「フランス文化とは合わない文化を持っている」といった文化的理由で差別を行う人種主義である。しかし「肌の色」のような生物学的だと見なされやすい人種的根拠が消えてなくなったわけではない。人種に暗に言及するために文化が持ち出されているのだ。そして文化的排外主義はフランス共和制という普遍主義的政治文化により強化されていた。

その隣国、英国の場合は旧宗主国と旧植民地の関係が国内に浸潤した形で人種主義が広まった。当初排外主義の対象は旧植民地移民であり、「肌の色」などを標的とした人種的な偏見が差別を誘発していた。一九九〇年代以降は旧植民地移民に対する人種主義に加えて、イスラム嫌悪、新規移民や難民に対する排斥的態度が広がっていった。その流れに乗って、英国国民党（BNP）など極右的・ポピュリスト的な政治勢力が台頭していった。

エスニック国家から移民国家へと転換したドイツでも、フランスや英国に劣らず排外主義が表面化している。その最も大きな特徴は、ペギーダ（Pegida）などに見られるように普通の市民が反移民・反難民・反イスラムを主張するため街頭デモに出ているという事実である。また市民の動きと平行して、ポピュリスト政党「ドイツのための選択肢」（AfD）が急速に勢力を伸ばしてきた。このような状況下において、知識人や政治家などがイスラム嫌悪的な「イスラム批判」を展開してきた。イスラム的文化を「市民的でないもの」と規定し、治安の悪化や福祉的再分配の不適切性という観点からムスリムを批判し排除を正当化しているのである。

イタリアでも、二〇一五年一月フランス・パリで起こったシャルリ・エブド襲撃事件をきっかけにムスリムが大きく政治問題化したけれども、それ以前の一九九〇年代末に移民受け入れ国へと転換し移民法を整備し始めた頃から、移民は社会の不安定要素であるという認識は広まっていた。そして移民を攻撃する排外主義やイスラム嫌悪が急速に広がってきた。なかでも顕著なのは、北部同盟（Lega Nord）である。イタリア北部の自治拡大を要求する地域政党として誕生した北部同盟は非合法移民とムスリム移民の受け入れや定住に異議を申し立てることで、全国的な人気を獲得するようになった。そしてより中央政界へ進出するため、二〇一八年総選挙で同盟（Lega）と名乗り始めた。

一般的には平穏なイメージを持つ北欧諸国においても、排外主義は広まっている。そこで広まっている排外主義は、主に福祉愛国主義（welfare chauvinism）の形態をとっている。すなわち、移民・難民は福祉のパイを奪う存在だと主張し再分配の観点から排除しようとする動きとなっている。そのひとつの結果として、デンマークではデンマーク国民党（Dansk Folkeparti）、ノルウェーでは進歩党（Fremskrittspartiet）、フィンランドでは真フィン党（Perussuomalaiset）、極右政党とは縁遠いと見られていたスウェーデンでもスウェーデン民主党（Sverigedemokraterna）といった極右政党が躍進することになった。

大西洋を隔てたアメリカ合衆国でも排外主義的な動きが現れている。二〇一七年一月にトランプ大統領が就任してにわかに排外主義的な緊張が生じているように見えるけれども、その源泉は一九世紀前半にまでさかのぼる。当時カトリック移民に反対する人々は「アメリカ生まれ」を自称し、それを根拠として「異教徒」や「外国人」を排除しようとした。このネイティヴィズムは、一九七〇年代以降の非合法移民の急増を経た一九八〇年代九〇年代には「シヴィック・ネイティヴィズム」へと変化した。移民を排除する理由として、アメリカの公民的な（civic）理想や理念の価値を低下させる移民は排除すべきであるという主張が展開されるようになったのである。さらに二一世紀になると、同時多発テロ事件などの影響から移民の排除は国境管理や治安の維持のため必要だと正当化されるようになり、ネイティヴィズムは安全保障と治安維持の様相を帯びるようになったのである。

以上のようなヨーロッパ諸社会やアメリカ合衆国の経験と比べると、アジア諸社会の排外主義は異なる特徴を有しているようにも見える。

韓国においても、外国人や多文化家族に対する排外主義が生じている。しかし特徴的なのは、韓国人と先祖を共有する同族者に対するそれが顕著になっているという点である。ただし同族者といってもその内容は多様である。中国に居住していた朝鮮族、中央アジアに居住していた高麗人、サハリン残留者、在日コリアン、脱北者といった多様な人々が、排外的な経験を被っているのである。

アジアに属するもうひとつの社会、日本においても排外主義が近年大きな問題になっている。しかし突出した言説に着目すると、排外主義的な動きは一九九〇年代の「新しい教科書をつくる会」にさかのぼる。そして二〇〇〇年代には『マンガ嫌韓流』が登場し、二〇一〇年代以前に登場し一〇年代に大きく展開したのはヘイトスピーチである。対抗的な言説との関係から考えると、日本における排外主義はナショナル・アイデンティティに固執するそれから、人種主義の観点から自集団を肯定しようとするナショナリズムへ移行し、さらにヘイトスピーチへと展開したという。

日本における排外主義を人々の態度や意識の観点から見てみよう。調査によれば、反外国主義的な意識を持つ人々が一定割合で存在する。そのなかで特に顕著なのは、中国と韓国に対する否定的な感情である。次に、ネーションの市民・政治的側面にどのぐらい脅威を感じるかという点に関しては、外国人居住者への地方参政権付与と外国人居住者の地方公務員就任権の二つについて「認める者」、「認めない者」、「中間的な意見を持つ者」がほぼ三割ずつであった。最後に、民族・文化的マイノリティから脅威を受けているという意識に関しては、治安が乱されると思っている者はほぼ六割であり、職の競合が生じていると思っている者と思っていない者はそれぞれ三割であった。

### 社会的特徴のパターン

一般に、排外主義は社会によっていろいろな現れ方をする。本書で取り上げられている社会においても排外主義はさまざまな様相を見せているけれども、いくつかのパターンも備えているように見える。

第一に、文化的排外主義の登場である。伝統的な排外主義は人種を標識として用いてマイノリティを排除しようとすることが多かった。「劣った人種である」という生物学的と見なされる根拠に関する先入観・ステレオタイプがマイノリティの排除を正当化してきたのである。一方、近年の排外主義は人種を標識にすることも多々あるとはいえ、より顕著なことにマイノリティが持つ文化を根拠にマイノリティへの攻撃がなされるようにもなっている。いわく、「マイノリティはこのホスト社会の文化には適応できない文化を持っている。したがって排除されて当然である」と。この人種から文化へという排除根拠の変化が第一のパターンである。

第二に、外国人・移民を排除する新たな正当化の根拠が強調されてきた。それらは安全保障・治安と福祉国家的再分配である。二〇〇一年の合衆国同時多発テロ事件以降に顕著になった外国人・移民問題の安全保障化は、二〇一五年パリにおけるシャルリ・エブド襲撃事件以後の多くのテロ事件によって加速してきた。「安全保障や治安を脅かすがゆえに外国人・移民は排除すべきなのだ」という正当化が広まってきたのである。一方再分配は、グローバル化が深化して社会民主主義的政策の実施が難しくなるにしたがって問題化してきた。緊縮財政をとらざるをえない状況下で、「外国人・移民のようなよそ者に福祉給付など与える必要はない」という正当化根拠が強化されてきたのである。

第三に、排外主義の標的の問題である。近年ヨーロッパ諸国では新規移民や難民志望者が標的になると同時に、圧倒的にムスリム移民が排除の対象となっている。ムスリム移民の持つ文化的、政治的、社会的存在感の増加がホスト社会における排外主義を引き起こす誘因となっている面はある。ただし少なからぬムスリム移民が滞在しているにもかかわらず、主要な標的とはなっていない社会もある。アメリカ合衆国の場合、ムスリム移民よりむしろヒスパニック移民がその一部の非合法的な入国や滞在などの理由から主要な標的となってきた。一方、アジア諸国ではムスリム移民は大きな問題とはなっていない点にも注目すべきである。かわりに、日本では韓国および中国からやってきた隣国出身者が主な標的となっているし、東アジアに属するもうひとつの国、韓国では共通の先祖を持つ同族移民が主な標的となっているのである。

## 3 エスニック排外主義の生起メカニズム

### 各社会の状況

以上のような外国人・移民に対する排外主義はどのようなメカニズムで生起しているのであろうか。本書の各章がすべて正面から生起メカニズムを論じているわけではないものの、いくつかの示唆を与えている。

まずフランスでは、基本的な政治理念である共和主義によって「肌の色」のような人種的差異の存在を否認することで社会統合を実現しようとしている。ところが実態としては人種主義を根拠としたさまざまな不平等、差別、不公正な扱いが広まっている。この理念と実態とのギャップがダブル・スタンダードとなり、普遍主義的な文化的排外主義が成立しているというのである。

英国における排外主義は、旧植民地移民の流入に伴って植民地主義が国内に転化されて生じた。その後「超多様化」が生じ、さまざまな移民のなかでも特にムスリム移民の存在感が増大したのである。そしてマジョリティによる排外主義がイスラム過激主義と相乗効果を醸し出すことで、累積的過激主義の様相を呈するようになった。

ドイツに関しても示唆が得られる。二〇一五年前後には難民の流入が増加することで「ドイツのための選択肢」（AfD）のようなポピュリスト政党やペギーダ（Pegida）のような極右運動が伸張してきた。またドイツ社会にムスリム移民が増加し定住するにしたがって、イスラム文化に対する否定的評価も表明されるようになった。その典型が「民主主義 対 イスラム」という対立図式に依拠した「イスラム批判」である。職や住宅などの資源に関して難民やムスリム移民がドイツ人住民と「競合」するという理解の枠組みが持ち込まれると、緊縮財政のもとで移民や難民は社会福祉再分配に対する負担であるという排外主義的言説がつくり出されることになったのである。

ドイツの隣国であるイタリアにおいてもイスラム嫌悪が広がり、北部同盟（現、同盟）など極右政党が台頭してきた。それらの背後には、もちろんムスリム移民など移民や難民が急増してきたという事情がある。その急増がイタリアのナショナル・アイデンティティの動揺につながり、排外主義が生じてきたのである。そもそも不安定になりがちなイタリアのナショナル・アイデンティティに礎を与えてきたのはカトリックという宗教である。しかし、人々が宗教から離れる世俗化が進行すると同時にムスリム移民が増えることでそのような基礎付けが危うくなってきた。一方、国家とカトリックとの間に成立してきた協約システムは、イスラム教に対しては機能していない。このことがさらにイスラム嫌悪を助長しているのである。

移民や外国人に比較的寛容な北欧諸社会におけるエスニック排外主義は、主に福祉愛国主義の様相を示していた。福祉愛国主義の生起メカニズムとして鍵を握るのは、福祉国家制度の性質である。すなわち、不平等是正を志向する「寛大さ」、移民に福祉受給の権利を認める「開放性」、そしてミーンズテストなどにより受給の適正性を判断する「選別性」の関係を見ると、寛大で非選別的な制度を移民に開放することで福祉愛国主義を抑制しうる。逆に、選別性を導入している社会の方が移民排除意識を助長するということが指摘されている。

移民国家であるアメリカ合衆国では、「アメリカ生まれ」の特権を強調したネイティヴィズムとして移民・外国人に対する排外主義が噴出していた。ネイティヴィズムが生じる最も基底的な要因は、ナショナル・アイデンティティのゆらぎであるという。すなわち、建国から今日に至るまで合衆国は自らの「国のかたち」を常に問い直している。その問い直しのたびにネイティヴィズムが顕在化するのである。「国のかたち」の問い直しを迫っている近年の主体は、ヒスパニック移民、非合法移民、そしてテロリストなどであり、それぞれに対して排外主義的な動きが起きているのである。

一方、アジアに属する韓国においてマジョリティと先祖を共有する同族移民に対する排外主義はなぜ生じるのであろうか。ミクロ的な個人的態度・感情に基づく「愛憎」や「知らないことへの罪悪感」、メゾ的な要因である「村のように機能するネットワーク」が影響を与えながらも、最も影響を与えているのは朝鮮半島の分断など歴史的経緯や地域感情などの政治状況であるという。ただしこれらのマクロ的要因が排外主義へとどのようにつながるのかについては今後探究の余地がある。

日本における排外主義はどのようなメカニズムで生起しているのだろうか。第一に、言説の観点からの示唆があった。一九九〇年代に顕著となった排外主義的言説は対抗的な言説との関係を考えると、自分のネーションを肯定しようとする動機またはネーションを前提にしようという動機（ナショナル・アイデンティティ 対 反ナショナル・アイデンティティ）によって引き起こされていた。二〇〇〇年代には自分のネーションを否定されることへの反発（ナショナリズム 対 反ナショナリズム）が排外主義を形成した。二〇一〇年代に問題化しているヘイトスピーチは単に自分のネーションの肯定や否定されたことへの反発ではなく、対抗的な言説もナショナル・アイデンティティやナショナリズムに依拠したものが出てきて、より複雑な構図を描くようになったという。

第二に、このような言説的観点からの説明に加えて、個々の人々の属性や意識・態度という観点からも排外主義の生起メカニズムが示唆されている。その示唆は、特定の個人的属性や不満・不安よりもナショナリズムへの帰依が排外主義的な意識・態度に結びついているという。すなわち、民族・文化的純化主義を肯定する人々は排外主義一般の意識・態度を強く持つ傾向にある。さらに、日本型愛国心を持っている人々は反中国・反韓国意識を持つ傾向にあるという。

## 生起メカニズムのパターン

各国の考察から示唆されたエスニック排外主義の生起メカニズムは、その社会的特徴と同じように多様性をはらんでいる。しかし同時にパターンも見られる。ここではそのパターンに絞って、序章で触れた需要的側面と供給的側面の区別を念頭に置きながら考えてみよう。

前提として、排外主義の標的となっている人々の当該社会内での存在感の増大がある。存在感はまずは流入数や滞在数の増加によってもたらされる。これが多くの場合、需要的側面においてネーションやナショナル・アイデンティティの動揺につながっていく。このような動揺が、「外部」に属する「他者」と見なされやすい移民・難民などを市民性（citizenry）から排除しようというパターンを生み出す。序章で触れた排外主義の説明に則すると、大衆外国人嫌悪論に近いメカニズムが顕著になっているのである（表序－2）。注意しなければならないのは、日本のようにネーションやナショナル・アイデンティティをエスニシティや人種に基づいて理解するエスニック国家だけでこのような動揺が生じ、排除が引き起こされているのではないという点である。フランスのように共和主義的にネーションやナショナル・アイデンティティを理解する社会においても、またアメリカ合衆国のように「移民による建国」という自己理解を有する社会においてもネーションやナショナル・アイデンティティの動揺による排除が生じているという共通性が見られるのである。

ただし、ローカルな場などに目を転じるとネーションやアイデンティティの問題とともにより物質的な問題が関連している場合もある。たとえば、フランスや英国などで見られるようにローカルな場における職や住宅などの資源に関して移民とマジョリティの間で競合関係が存在する、あるいは存在すると当事者に信じられると、ネーションやナショナル・アイデンティティの動揺を強化しつつ排外主義を生起させることはあるだろう。この点で、エスニック競合論も一定の説明力を有することがあるであろう。

需要的側面におけるネーションやナショナル・アイデンティティの動揺、そして資源をめぐるエスニックな競合は、経済状況の悪化によって引き金を引かれたり強化されたりする。それらの結果、イスラム嫌悪のような排外主義的な態度や行為が生み出されていく。特に近年グローバル化がさらに深化し、経済発展が見込めず不況にあえぐ各国の多くは緊縮財政政策をとらざるをえなくなっている。その状況で福祉などに関する再分配の問題が表面化してくる。すなわち、移民・外国人は市民性の「外部」に存在するという認識が広まり、再分配の対象から排除するべきだという言説が広まり、実践的に排外的な行為や制度の形成につながっていく。エスニック競合論的側面が現れてくるのである。

本書の各章は、諸社会を検討することで生起メカニズムの需要的側面に関して以上のような示唆を与えてくれるのである。それでは供給的側面に関してはどのような含意が得られるであろうか。

第一に、排外主義の標的になっているのは新規の移民・難民や「肌の色」の異なるマイノリティ、ムスリム移民のような異教徒、あるいは韓国の場合のように同族移民などであった。特定の人々が存在感を増大させているとしても、なぜこれら特定の人々が標的になっているのであろうか。ひとつのパターンは、地政学的位置関係や国際関係的事情が政治的含意を帯びたためである。日本を例にとると、在日コリアンがヘイトスピーチの標的になったのは二〇〇二年日韓共催サッカーワールドカップが引き金となったと言われている。また、特に二〇〇〇年代半ばから顕著となった尖閣諸島問題が中国系住民に対する排外的意識を助長することになった。このような地政学的または国際関係的事情といったマクロな要因の政治問題化は、人々に排外的態度や行為を促す供給的要因として働くのであり、序章で触れた政治的機会構造を広げたとも考えうる。

第二に、移民・難民の安全保障問題化にも供給的要因が働いている。以前から移民・難民は「治安を乱す者」と見なされる傾向にあったけれども、二〇〇一年合衆国同時多発テロ事件以降は「安全保障の脅威である」というより強い言説が急速に広まった。この傾向は、フランスにおけるシャルリ・エブド襲撃事件など頻発しているテロ事件によってさらに加速していった。移民・難民のなかでも特にムスリムは、「安全保障や治安を維持するためには排除してもよい存在」として扱われることがきわめて多くなった。このように、テロ事件は移民・難民の安全保障問題化に関してエスニック排外主義の供給的要因として働いたのである。これも排外主義に対して政治的機会構造を広げることになった。

さらには第三に、文化的排外主義の言説の登場と極右団体の言説ソフト化も供給的要因に数えることができる。文化的排外主義の言説の登場は、以前ならば排外主義への関与に躊躇した人々を排外主義へと誘うようになった。同じく極右団体の言説ソフト化もより多くの人々を排外主義に動員することを可能にした。これらをフレーミング

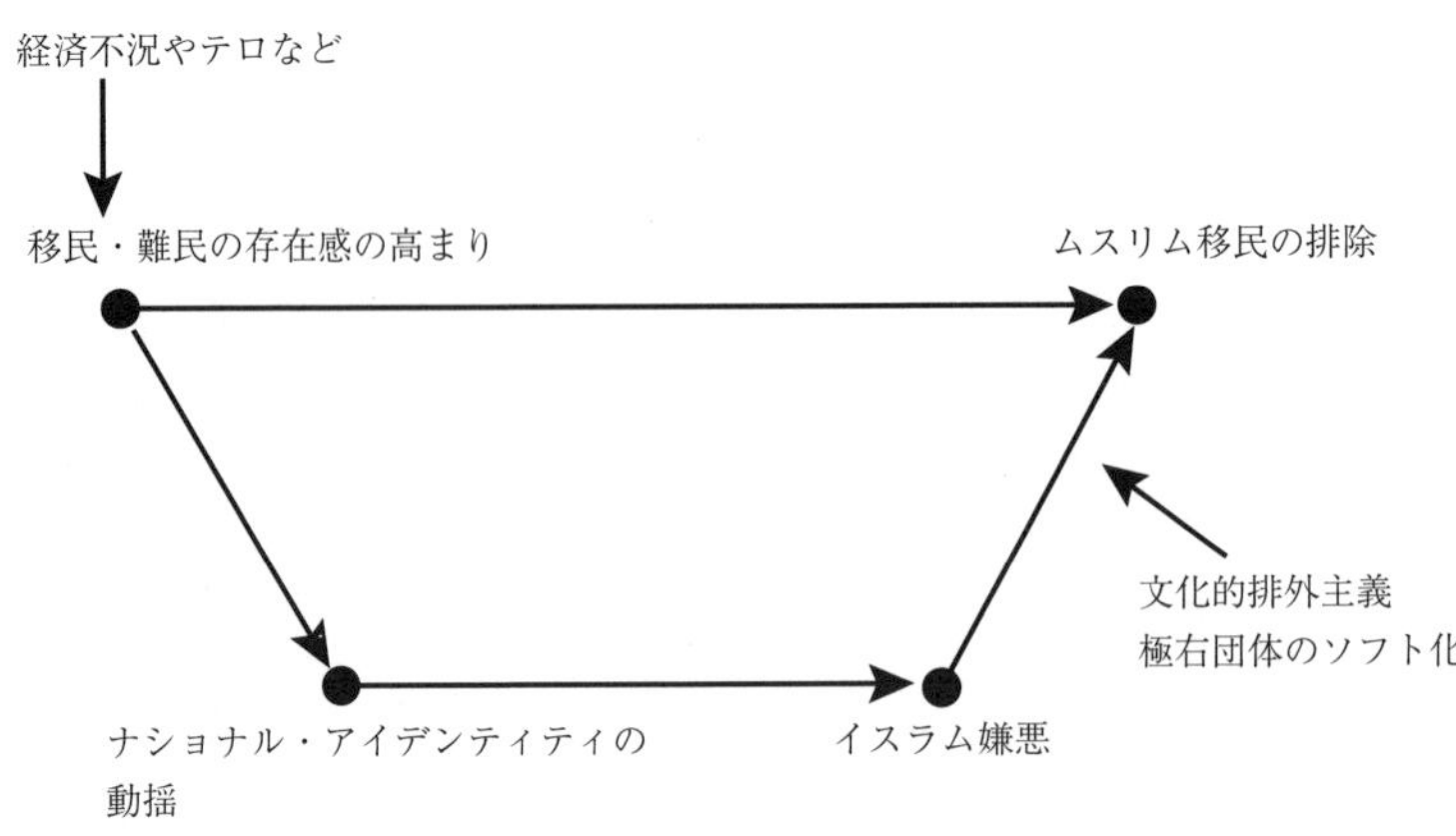


**図終-1**　マクロ-ミクロ水準から見た生起メカニズム

出所：Coleman（1990：8-11＝2004：24-31）を参照しつつ筆者作成。

の共振と表現できるかもしれないし、新たな政治的機会構造が開かれたと記述することも可能であろう。要点は、文化的排外主義の言説や極右団体の言説ソフト化が人々を排外主義に走らせる空間を形成する供給的要因として働いたという点である。

ムスリム移民に対する排外主義に関して、マクロ水準とミクロ水準という観点から生起メカニズムのひとつのパターンを図示すると、たとえば図終-1のようになる。マクロ水準において経済不況やテロ事件などが移民・難民の存在感を大きく高め、ミクロ水準においてはナショナル・アイデンティティが動揺しイスラム嫌悪が広まっていく。そこに文化的排外主義の言説や極右団体の言説ソフト化が影響することで、ムスリム移民の排除が顕在化していくのである。

## 4　エスニック排外主義の解決策と緩和策

### 各社会からの示唆

排外主義の社会的特徴および生起メカニズムに続き検討すべきは、各社会の事例から見たエスニック排外主義の解決策および緩和策である。

まずフランスの事例で示唆されているのは、共和主義のもとで行われている人種の扱い方の変更である。共和主義のもとでは「肌の色」を認識することは積極的に拒否される。しかしこの拒否が排除を引き起こしていた。すなわち共和主義の理想が排除をつくり出しているのである。そこで逆に、「『肌の色』の認識を拒否することで排除が起こりうる」という現実を前提にして、人種に基づきより現実的な差別是正策を行うべきだという。

英国の事例から示唆されるのも、社会規範もしくは政策枠組みの構築である。二〇〇一年のイングランド北部における「人種暴動」の勃発前後から「複数コミュニティを包括するコミュニティ」の必要性が主張され、コミュニティ結合（community cohesion）が提唱されたのは、当初は旧植民地移民の過激主義を抑制しようとするためであった。しかしその後、二〇〇五年のロンドン同時爆破テロ事件などによりムスリム移民の過激化が懸念され「超多様性」が進行し、それと並行してイスラム嫌悪などマジョリティによる排外主義が噴出すると、宗教が多文化主義政策へと編入されるようになった。あるタイプのナショナル・コミュニティ（national community）を形成・強化するという方向性が多文化主義と衝突する可能性もあり批判もあるけれども、排外主義の解決策・緩和策のひとつとして模索されている。

ドイツの事例から示唆される解決法は、「イスラム批判」で形成されてしまった「民主主義 対 イスラム」という対立的な言説を無効化することであろう。英国のように多文化主義を拡張していくことは無効化のために有効な手段になりうるであろう。そのためには、現在進みつつ見えるドイツ・ネーションの再エスノナショナル化を阻止することがまず第一に着手すべき課題となる。エスノナショナルでないネーションの模索が次なる課題となろう。

イタリアにおいては、カトリックに礎を求めてきたナショナル・アイデンティティが動揺していた。イタリアの事例から、どのような処方箋が描けるのであろうか。ムスリム移民が着実に増加しかつその存在感を増している状況においては、ムスリム移民たちを宗教的側面からも社会に統合する必要がある。そこで、現在カトリックが政府と結んでいる「協約」を拡大しイスラム教を編入することがすぐさま緊要な課題であると理解される。

北欧諸社会の事例から得られた示唆は福祉国家体制に関するものである。不平等是正という点で十分に「寛大で」、ミーンズテストなどにより受給の適正性を判断されない「非選別的な」福祉制度を導入すれば、エスニック排外主義は減少する可能性が高い。ただし、北欧諸社会の一部などすでにこの条件を満たしている社会ではさらにどのような解決策がとりうるのか。この点を今後検討しなくてはならないだろう。

移民国家であるアメリカ合衆国のエスニック排外主義は、「アメリカ生まれ」を特権視するネイティヴィズムを基本とするものであった。重要なことは、移民国家の理想を求めて「国のかたち」を問い直すことが排外主義を生み出すという事実である。そこで、移民国家という理想と排外主義という現実が協働的な関係を形成していることを認識し、その解消をめざさなくてはならない。どのような理想をめざせばよいかは大きな課題であるけれども、少なくとも「アメリカ生まれ」の特権視をあらためるという方向性は明らかである。

先祖をマジョリティと共有する同族移民が排外主義の主たる標的となっている韓国の事例から示唆された解決策・緩和策は、同族移民に対して身近な人々がより理解しサポートすること、そして同族移民を保護するための法を整備することであった。さらに、市民によってマスコミと政治家の排外主義的な発言を監視することも提言されている。一方、排外主義を引き起こす主要因は朝鮮半島の分断など歴史的経緯や地域感情などの政治状況であるとも指摘されている。歴史的経緯や政治状況を無力化することは少なくとも短期的にはきわめて難しい。したがって、これらマクロな要因が変わらないなかで、いかに排外主義が緩和できるかをめざさなければならない。

最後に、日本に関しては二つの方向の解決策・緩和策が含意されている。第一に、排外主義的言説が依拠しているナショナル・アイデンティティの過度な肯定、自分のネーションへの反発としての過度なナショナリズム、そして人種主義という三つの要因に対してそれぞれ対抗的な言説を形成することである。この点に関連して第二に、民族・文化的純化主義に基づくナショナリズムを抑制するためには、過度な愛国心を低減することが効果を持ちうる。具体的には、国旗・国歌の称揚、戦後教育否定などを見なおす必要が示唆されている。すなわち、愛国心以外の民族・文化的プライドを人々が持つことで、排外主義は抑制されるというのである。また、社会構造的でマクロな要因としての旧植民地をめぐる歴史問題の解決は、困難ではあれ排外主義を緩和するとされている。

### 解決策・緩和策のパターン

エスニック排外主義の解決策・緩和策に関して各社会から得られた示唆もやはり多様であったけれども、あるパターンにまとめられるであろう。まず、あるタイプのナショナル・アイデンティティやナショナリズムが外国人・移民に対する排除を生み出す傾向が大きいと認識することが重要である。ナショナル・アイデンティティやナショナリズムのうち、特にエスノナショナル的傾向を強く持つナショナル・アイデンティティやナショナリズムを低減し、より多様な人々をメンバーとして許容するネーション理解が広まるようにすることが有効である。そのためには、多様な外国人や移民、そしてそうした人々が持つさまざまな文化を包摂する多文化主義的な制度の採用がめざされるべきであろう。なかでも、イスラム教で問題になっているようなホスト社会が「異宗教」と見なす傾向にある宗教を包摂する制度をつくり上げるべきである。

このような解決策・緩和策に対する本書からの示唆については、序章で説明したような関与主体やその相互行為そして協働の可能性までは論じられていない。また、アイデンティティやナショナリズムなど理念や意識に力点を置く一方、構造的な不平等の是正についても十分な検討はなされていない。これらは今後考察すべき大きな課題として残されている。

## 5　残された課題

本書は一冊の紙幅を費やしてさまざまな社会の事例に基づきエスニック排外主義を探究してきた。にもかかわらず、検討しきれなかった少なからぬ課題を抱えている。主なものとして第一に、冒頭でも述べたように本書の射程はエスニック排外主義である。すなわち移民および外国人に対する排外主義を中心に取り上げ、他の属性に関しては移民および外国人との関連で取り上げる形をとっている。しかし、高齢者、女性、ＬＧＢＴＱの人々など他のマイノリティに対する排外主義をないがしろにするわけでは決してない。逆に、本書の外国人・移民に関する探究が他のマイノリティに対する排外主義の理解と解決のためにも何らかの意味で役立つことを切に願っている。

第二に、本書はヨーロッパ、アメリカ、アジアに属する諸社会をできるだけ広く対象にしようとしてきたものの、取り上げられなかった社会が多く残ってしまっている。また、それぞれの社会で取り上げることのできた排外主義の種類もすべてとは言いがたい。このような非網羅性は今後研究を継続させることで徐々に克服していきたいと考えている。

最後に、九名の執筆陣の強みを活かすことを優先したため、用語、理論、方法論、視角などが統一されていない。このような非統一性を克服するためには新たな研究デザインを構築する必要がある。これも大きな難題ではあるけれども、今後の研究で克服すべき課題であると十分認識している。

このように山積になった課題に対処するためには、本書のような試みを少しずつ積み重ねるしかない。世界中でわき起こっているエスニック排外主義を緩和し解決するために、本書が少しでも役立てばと強く望んでいる。

# 人名索引

## あ 行



## か 行



## さ 行



## た 行



## な 行



## は 行

## ま・や・ら 行

# 事項索引

## あ　行



## か　行

## さ　行

## た 行

## な　行



## は　行

## ま　行



## や　行



## ら　行

## わ 行



## A-Z

永吉希久子（ながよし・きくこ）**第5章**

1982年　大阪府生まれ
2010年　大阪大学大学院文学研究科博士後期課程修了，博士（人間科学）
現　在　東北大学文学部准教授
主　著　「外国籍者への権利付与意識の規定構造」『理論と方法』29（2），2014年。
　　　　『行動科学の統計学』共立出版，2016年。

南川文里（みなみかわ・ふみのり）**第6章**

1973年　愛知県生まれ
2001年　一橋大学大学院社会学研究科博士後期課程単位取得退学，博士（社会学）
現　在　立命館大学国際関係学部教授
主　著　『アメリカ多文化社会論――「多からなる一」の系譜と現在』法律文化社，2016年。
　　　　『「ヘイト」の時代のアメリカ史――人種・民族・国籍を考える』（共著）彩流社，2017年。

明戸隆浩（あけど・たかひろ）**第7章**

1976年　名古屋市生まれ
2010年　東京大学大学院人文社会系研究科博士課程単位取得退学
現　在　東京大学大学院情報学環特任助教
主　著　『ヘイトスピーチ』（共訳）2014年，明石書店。
　　　　『奇妙なナショナリズムの時代』（共著）岩波書店，2015年。

髙 鮮 徽（こう・そんふぃ）**第8章**

1960年　済州島生まれ
1996年　中央大学文学研究科社会学専攻博士後期課程修了，博士（社会学）
現　在　文教大学国際学部非常勤講師
主　著　『在日済州島出身者の生活過程――関東地方を中心に』新幹社，1996年。
　　　　『20世紀の滞日済州島人――その生活過程と意識』明石書店，1998年。

田辺俊介（たなべ・しゅんすけ）**第9章**

1976年　神奈川県生まれ
2005年　東京都立大学大学院社会科学研究科博士課程単位取得退学，博士（社会学）
現　在　早稲田大学文学学術院教授
主　著　『ナショナル・アイデンティティの国際比較』慶應義塾大学出版会，2010年。
　　　　『外国人へのまなざしと政治意識』（編著）勁草書房，2011年。

《執筆者紹介》（執筆順，＊は編著者）

＊樽本英樹（たるもと・ひでき）序章，第2章，終章

1965年　名古屋市生まれ
1999年　東京大学大学院人文社会系研究科博士課程修了，博士（社会学）
現　在　早稲田大学文学学術院教授
著　書　『国際移民と市民権ガバナンス――日英比較の国際社会学』ミネルヴァ書房，2012年。
　　　　『よくわかる国際社会学［第2版］』ミネルヴァ書房，2016年。

森千香子（もり・ちかこ）第1章

1972年　東京都生まれ
2010年　フランス社会科学高等研究院（EHESS）博士課程修了，博士（社会学）
現　在　同志社大学社会学部教授
主　著　『国境政策のパラドクス』（共編著）勁草書房，2014年。
　　　　『排除と抵抗の郊外――フランス〈移民〉集住地域の形成と変容』東京大学出版会，2016年。

佐藤成基（さとう・しげき）第3章

1963年　東京都生まれ
1998年　カリフォルニア大学ロサンゼルス校大学院博士課程修了，博士（社会学）
現　在　法政大学社会学部教授
主　著　『ナショナル・アイデンティティと領土――戦後ドイツの東方国境をめぐる論争』新曜社，2008年。
　　　　『国家の社会学』青弓社，2014年。

秦泉寺友紀（しんせんじ・ゆき）第4章

1973年　神奈川県生まれ
2007年　東京大学大学院人文社会系研究科博士課程単位取得退学
現　在　和洋女子大学人文学部国際学科准教授
主　著　『近代イタリアの歴史――16世紀から現代まで』（共著）ミネルヴァ書房，2012年。
　　　　「食文化の変容にみる戦後イタリア社会――一九六〇年代を中心として」『日伊文化研究』56，2018年。

排外主義の国際比較
——先進諸国における外国人移民の実態——

2018年9月30日　初版第1刷発行　〈検印省略〉
2019年9月30日　初版第2刷発行

定価はカバーに
表示しています

編著者　樽　本　英　樹
発行者　杉　田　啓　三
印刷者　坂　本　喜　杏

発行所　株式会社　ミネルヴァ書房
607-8494　京都市山科区日ノ岡堤谷町1
電話代表　(075) 581-5191
振替口座　01020-0-8076



冨山房インターナショナル・新生製本

ISBN 978-4-623-08363-3
Printed in Japan